4차산업혁명,
어떤 기업에
투자할 것인가

4차산업혁명, 어떤 기업에 투자할 것인가

초판 1쇄 발행 2017년 10월 10일
초판 2쇄 발행 2018년 1월 31일

지은이	곽재혁 · 유나무
펴낸이	조종현
기획편집	정희숙
책임교정	이상모
표지 디자인	투에스디자인
본문 디자인	주경미

펴낸곳	길위의책
출판 등록	제312-25100-2015-000068호 · 2015년 9월 23일
주소	03741 서울시 서대문구 서소문로 43-8, 101-1501
전화	02-393-3537 · **팩스** 0303-0945-3537
전자우편	roadonbook@naver.com

ⓒ 곽재혁 · 유나무 2017

ISBN 979-11-961036-5-1(03320)

이 도서의 국립중앙도서관 출판예정도서목록(CIP)은 서지정보유통지원시스템 홈페이지(http://seoji.nl.go.kr)와 국가자료공동목록시스템(http://www.nl.go.kr/kolisnet)에서 이용하실 수 있습니다. (CIP 제어번호 : CIP2017022837)

4차산업혁명, 어떤 기업에 투자할 것인가

4차 산업혁명 시대를 선도하는
맞춤형 투자전략 가이드

곽재혁 · 유나무 지음

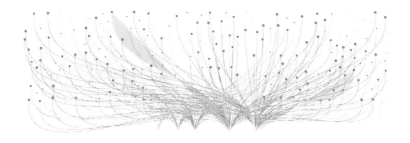

길위의책

차례

Part 1   4차 산업혁명 시대, 위기인가? 아니면 기회인가?

Part 2 4차 산업혁명의
10대 투자 핵심 분야 점검

Part 3 투자자들을 위한 국내외 유망
4차 산업혁명 테마주 집중분석

해외 대표 4차산업혁명주 TOP10

국내 대표 4차산업혁명주 TOP8

Part 4　간접투자자들을 위한 국내외
4차 산업혁명 테마주 펀드 살펴보기

머리말

4차 산업혁명
투자자가 가야 할 길

 전 세계가 4차 산업혁명을 기대하고 있다. 인류가 탄생한 이후 현재까지 세 번의 기술혁명이 있었다. 그때마다 생산성이 비약적으로 증가해 인류는 전에 없는 풍요를 누려왔다. 그러나 수요를 촉진해 경제를 성장시키는 방식은 한계에 다다랐다. 4차 산업혁명으로 촉발될 생산성 증대가 한계에 처한 경제를 되살릴 유일한 대안일지도 모른다.

 물론 일각에서는 4차 산업혁명이란 말만 그럴 듯 할 뿐 실체가 없는 마케팅 수단에 불과하다는 지적도 한다. 아직까지 해당 산업과 기업 모두 대규모로 생산성을 혁신하지 못했고, 그에 맞는 기술까지 발전하려면 여전히 상당한 시간과 비용을 투자해야 하는 단계이기 때문이다.

 하지만 현재 진행되고 있는 다양한 관련 신기술 덕분에 4차 산업혁명이 일어날 가능성은 이미 여러 사례로 확인되고 있다. 각국 정부와 글로벌 기업이 막대한 투자를 지속하고 있는 상황을 감안할 때, 4차 산업혁명이 피할 수 없는 메가트렌드인 것만은 확실하다.

 그런데 로봇과 인공지능 시스템을 이용해 비약적으로 증가한 자본생산성이 많은 노동자의 일자리를 잠식할 것이라는 우려의 목소리도 적지 않다. 따라서 우리가 해야 할 바는 두 가지로 명확하게 좁혀진다. 로봇 등 기계가 대신하기 어려운 분야에서 노동 경쟁력을 확보하는 것이 그 하나고 4차 산업혁명의 수혜를 받는 기업에 투자해 그 과실을 향유하는 것이 다른 하나다.

따라서 이 책은 주식(또는 펀드) 투자자의 관점에서 4차 산업혁명이 일으킬 변화의 흐름을 보다 종합적으로 이해하는 데 도움을 주고, 막 4차 산업혁명 테마에 눈을 뜨기 시작한 일반인에게 다양한 투자 기회와 방법을 알려주고자 제작했다.

이 책에서는 어떤 기술이 4차 산업혁명을 이끄는지 밝히고 그 기술의 특성과 시장에 미치는 영향을 1차적으로 설명한다. 그리고 그와 관련한 국내외 기업 정보와 투자에 유망한 주요 기업, 간접투자자에게 맞는 펀드상품의 핵심정보까지 알기 쉽게 정리했다.

파트 1에서는 아직도 4차 산업혁명이란 개념이 생경한 독자를 위해 이를 간략하게 정리했으며 동시에 왜 우리가 4차 산업주에 투자해야 하는지 그 이유도 다시 한 번 강조한다.

파트 2에서는 인공지능, 네트워킹 시스템, 클라우드 컴퓨팅, 반도체 등 하드웨어, 로봇, 사물인터넷, 자율주행 자동차, 가상현실/증강현실, 3D 프린팅, 드론 등 4차 산업혁명을 이끌 핵심 산업의 특성과 대표 기업의 동향을 살펴본다. 4차 산업의 영역이 워낙 다양하다 보니 이를 일목요연하게 정리하는 것만도 4차 산업혁명주 투자에 많은 도움이 될 것이다.

파트 3에서는 주식투자자에게 유용하도록 앞서 분류한 분야별로 국내외 4차 산업을 대표하는 기업의 특성과 현황을 살펴본다. 포털사이트에서 쉽게 접할 수 있는 재무 현황 같은 피상적 정보 외에도 투자자가 기본적으로 알아두어야 할 분석지표와 기업의 성장 과정, 대주주 및 최고경영자의 이력 등을 쉽고 일목요연하게 기업마다 정리했다.

파트 4에서는 주식투자에 익숙치 않은 일반인이 보다 손쉽고 편하게 투자할 수 있도록 국내외 4차 산업혁명 테마주에 간접 투자하는 다양한 펀드를 살펴본다. 투자에 관심이 많고 시간적 여유가 있는 이들에게 맞는 상장지수펀드(ETF)와 생업에 바쁜 직장인과 자영업자가 장기 적립식으로 편하게 투자할 수 있는 주식형펀드로 나누어 정리했다.

어떤 변화가 생기면 대부분은 이를 막아보려고 애쓰지만 어떤 이는 이를 역이용해서 오히려 기회의 발판으로 삼는다. 4차 산업혁명이 일으킬 변화를 잘 활용해 경력을 관리하고 투자 기회를 잡으려는 마인드는 미래를 대비하는 필수 생존전략이다. 현 시점에서 이런 고민을 하는 많은 대한민국의 투자자 여러분께 이 책이 아무쪼록 조금이나마 도움이 되길 바란다.

끝으로 이 책이 나오기까지 많은 분께서 도움을 주셨다. 우선 곽재혁 저자의 직장 상사로서 이 책의 추천사를 흔쾌히 맡아주신 KB국민은행의 박정림 부행장님께 감사의 말씀을 드린다. 또한 이번 출간에 많은 도움과 격려를 주신 KB국민은행 투자솔루션부 김정도 부장님, 책의 방향을 잡는 데 인사이트를 주신 KB증권 WM리서치부의 이상화 이사님과 임상국 부장님, 바쁜 중에도 편집에 조언을 주신 KB국민은행 대구PB센터 김수용 팀장님께 감사의 말씀을 드린다.

그리고 유나무 저자의 직장 선배로서 많은 도움을 주신 키움증권 황현순 부사장님, 박연채 전무님, 엄준기 부장님, 하나UBS자산운용 김종원 본부장님, 우창균 실장님, 박소연 과장님, SBS CNBC 임종윤 부장님, KACA 후배, 여유회, 최윤정 님께도 감사의 말씀을 드린다.

변화를 대하는 우리의 자세

"제4차 산업혁명을 뒷받침하는 기술이 모든 산업에 걸쳐 기업에 거대한 충격을 주고 있으며 앞으로 디지털 플랫폼을 잘 활용하는 혁신 기업이 현재 시장을 점유하고 있는 기존 기업을 제치게 될 것이다."

(2016년 다보스포럼, 클라우스 슈밥 회장)

당시 클라우스 슈밥 회장의 말처럼 4차 산업혁명이 일으킬 변화를 전 세계가 촉각을 곤두세우고 바라보고 있다. 실제로 신기술이 출현해 파괴적 혁신을 가속화함으로써 기업 생태계에 엄청난 변화가 일어날 것이다.

이미 매스컴에서는 공장장 없이도 알아서 작업 방식과 양을 결정하는 스마트공장, 스스로 절전과 절수를 하고 도난 방지 등 빌딩 관리를 능동적으로 하는 스마트빌딩, 온도와 습도를 사전에 체크해 적당한 시점에 일정 양의 물을 뿌리고 작물이 잘 자라도록 빛을 쪼여주는 스마트팜 등 다양한 4차 산업혁명 관련 기술이 선사할 효과를 이야기하고 있다.

은행도 마찬가지다. 과거에는 붐비는 은행 창구에서 바로 업무를 처리하거나 전문적으로 자산관리 상담이라도 받으려면 거액의 자산을 예치한 VIP 고객이어야 했다. 하지만 이제 인공지능이 결합된 로보어드바이저나 챗봇이 도입되면서 자산규모가 크지 않은 일반 서민도 자신에게 맞는 투자 조언을 받을 수 있다. 누구나 개인 집사를 두게 된 것이다.

최근 정치인이나 기업인, 학자 등 각계 각층에서 4차 산업혁명을 핫 이슈로 다루고 정부, 회사, 개인 차원에서 다양한 대책 수립이 필요하다고 외치고 있다.

분명한 것은 4차 산업 시대가 제도적으로 성숙하면 기업의 수익성은 좋아지겠지만 근로자의 일자리는 줄어들 가능성이 높다는 것이다. 전기와 연료만 공급하면 24시간 일할 수 있는 로봇 등 기계가 인공지능의 발달과 더불어 다양한 업무 영역으로 빠르게 확산되고 있기 때문이다. 이러한 변화의 흐름은 이제 거스를 수 없는 대세가 되었다.

4차 산업혁명이 일으키는 또다른 현상은 온라인 비즈니스와 공유경제, 온디맨드 경제가 심해져 구조적으로 저금리를 유발할 수 있다는 것이다.

예를 들어 세계 제1의 택시 기업 우버는 소유 자동차가, 제1의 숙박 업체인 에어비앤비(Airbnb)는 소유 부동산이, 제1의 온라인 유통채널 아마존은 실물 점포가 없다. 즉, 대규모 시설투자 없이도 고부가가치를 내는 글로벌 비즈니스가 가능한 환경이므로 자금 수요는 상대적으로 위축돼 금리가 구조적으로 더욱 하락할 가능성이 높다. 설비투자 비중이 상대적으로 큰 스마트공장이라도 인건비 등이 축소되므로 이후 운전자금 수요는 현저하게 낮아질 것으로 보인다. 가뜩이나 저금리 때문에 자산을 관리하기 힘든 개인은 앞으로 계속 어려움을 겪거나 더 어려워질 가능성이 높다.

4차 산업시대에 대응하는 근로자로서 경쟁우위를 확보할 다양한 지식을 습득할 필요가 있는 것은 물론이고 근로자가 아닌 주주로서 4차 산업발전의 과실을 향유하고 부를 창출하는 역발상의 지혜를 가져봄직도 하다. 4차 산업혁명 시대를 맞이해 이를 선도하는 기업을 이해하고 투자하는 데 보다 관심을 가져야 한다.

그러므로 현 시점에 나온 이 책은 그 의미가 크다. 특히 자칫 어렵고 딱딱하게 흐르기 쉬운 기술 관련 테마를 재미있는 예시와 더불어 부드럽게 분석했으며 산업의 변화와 기업의 움직임 등 세부 내용도 쉽게 이해할 수 있도록 잘 정리한 점이 인상적이다.

고객과 직원이 올바르게 자산을 관리할 수 있도록 돕고자 저자들이 기울인 노력에 박수를 보내며 많은 분께 이 책의 일독을 권유한다. 아울러 바쁜 일상 중에도 짬을 내 이 책을 펼친 독자의 건승을 기원하며 이 책에서 내어주는 지혜를 이용해 충분한 자산을 마련함으로써 행복한 미래를 맞이하기를 바란다.

2017년 9월
KB국민은행 WM그룹 대표 박정림

Part 1
4차 산업혁명 시대,
위기인가?
아니면 기회인가?
—

· · ·

　　4차 산업혁명이라는 말이 유행이다. 정치권에서 나온 수사이든, 산업계에서 나온 말이든 지금 4차 산업혁명 시대의 진입 단계에 있다는 말은 사실인 것 같다.

　　우리는 지금까지 세 번의 산업혁명을 겪었다. 증기기관이 출현해 물레를 방적기가 대체하기 시작하면서 첫 번째 산업혁명을 겪었고, 컨베이어벨트와 전기가 공장에 공급되면서 두 번째 산업혁명을 겪었다. 인터넷과 컴퓨터가 정보기술을 발전시키며 또 한 번의 산업혁명을 겪었다. 그리고 이제 네 번째 산업혁명을 목전에 두고 있다.

　　여기서 우리가 착각하지 말아야 할 것은 산업혁명이 유토피아 같은 미래로 우리를 이끌어주지 않는다는 것이다. 산업혁명이란 말은 생산이 혁명적으로 늘어난다는 의미일 뿐이며 우리 생활이나 삶을 개선한다는 의미까지 포함하는 것이 아니다.

　　과거를 되돌아보자. 1차 산업혁명으로 증기기관이 들어와 대량생산이 가능하게 됐다. 그럼으로써 아이러니하게도 인간의 노동력을 집중해야 할 필요가 생겼다. 전에는 여러 곳에 퍼져서 농사를 짓던 인력을 도시와 공장으로 불러들여 일을 시켰다. 1차 산업혁명 시대에 맞춰 살려면 근면과 성실 그리고 살인적인 노동을 견딜 만한 체력이 필요했다. 2차 산업혁명 시대에는 그와 더불어 한 분야에 특화된 기술이 있으면 좀 더 좋았다. 기술이 일부 노동을 대체해 살인적인 노동 환경은 '조금' 나아졌다. 3차 산업혁명 시대에는 소위 '창의'라는 것과 서비스 감각이 필요했다. 육체적 노동력은 거의 필요하지 않았다. 2012년 구글은 140억 달러에 이르는 수익을 올렸다. 그때 구글의 종업원 수는 3만 8000명가량이었다. 2차 산업혁명의 수혜자인 GM은 인플레이션을 감안해서 1979년 당시 110억 달러의 수익을 올렸는데, 종업원 수는 84만 명이었다. 3차 산업혁명 시대에 이미 육체 노동력의 필요성은 사라지기 시작했다.

4차 산업혁명은 인공지능, 로봇, 사물인터넷 등을 결합해 인간의 '결정과 판단 능력'까지 대체함으로써 '한계효용체감의 법칙'이 사라지는 시대다. 생산은 극단적으로 늘어나지만 지식 노동을 포함해 노동은 극단적으로 사라진다. 이 시기에 개인으로서 무엇을 해야 할까?

지구온난화는 지속되고 있다. 이것은 수많은 연구결과로 밝혀진 '사실'이며 '현상'이다. 지구온난화에 대처하는 자세는 무엇일까? 하나의 자세는 도전이다. 석탄 연료 사용을 줄이고 나무를 한 그루라도 더 심어서 온난화를 늦추려 한다. 또 하나의 자세는 적응이다. 어떤 기업은 그린란드 같은 동토 개발에 투자하고 있으며 북극 얼음이 녹아 북극해가 개방될 것을 가정하고 캐나다 북쪽에 투자한다.

4차 산업혁명도 지구온난화처럼 일어날 '현상'이다. 우리도 거기에 적응할 수 있다. 개인으로서 할 수 있는 최선의 방책은 사라질 노동보다 자본에 투자하는 것이다. 노동이 사라지면 생산을 하는 주체 즉, 사업주가 되면 된다. 그렇게 하려면 4차 산업혁명이 무엇인가를 알아야 하고, 지구온난화를 대비해 동토에 투자하듯이, 4차 산업혁명 시대에 떠오를 만한 회사에 투자해야 한다. 파트 1에서는 4차 산업혁명이 무엇인지와 그에 '적응'하는 투자자로서의 자세를 다룬다.

1. 투자자는 4차 산업혁명에서 무엇을 보아야 하는가

The Fourth Industrial Revolution

●

●

"전시장을 돌면서 기기들을 체험할 때마다 나는 기대와 두려움을 동시에 느꼈다. 내 눈앞에 펼쳐진 모든 것이 단순한 전시물이라기보다 현재와 전혀 다른 미래 세계의 축소판처럼 보였기 때문이다."

(CES 2017 참석자의 블로그에서)

"과거의 CES(미국가전협회 주관으로 매년 1월 미국 라스베이거스에서 열리는 세계 최대 규모의 가전·IT 제품 전시회)가 글로벌 가전, IT 업체만의 무대였다면 올해(2017년)는 자동차, 여행, 헬스케어, 스포츠업체 등 다양한 업종의 기업이 참여한 버라이어티 쇼라고 할 만하다."   (A증권 애널리스트 'ㄱ'씨)

2017년 1월 5일부터 8일간 열린 CES 2017에 참석한 많은 이들이 '이번 전시회에서 선보인 IT 제품과 기술력이 이전과 차원이 다르다'는 반응을 보였다. 이번 전시회가 특히 이전보다 더욱 많은 관심과 호평을 받은 이유는 지난 2016년 스위스에서 열린 다보스포럼에서 클라우스 슈밥 회장이 '4차 산업혁명'에 대해 발표한 후 처음으로 개최된 CES 행사였기 때문이다.

CES 2017에 참여한 많은 기업이 자율주행자동차, 인공지능 음성인식 플랫폼, 웨어러블 기기, 가상현실·증강현실 기기, 드론, 3D 프린터 등 4차 산업혁명의 핵심 기술로 구현한 제품을 실제로 선보였다. 그리고 대중은 바짝 다가온 새로운 사회를 우려와 기대가 섞인 눈길로 바라보았다.

3차 산업혁명까지의 흐름

4차 산업혁명(Fourth Industrial Revolution)이란 증기기관 발명(1차), 전기를 활용한 대량생산(2차), 정보기술과 산업자동화(3차)에 이은 네 번째 산업혁명이라는 의미에서 붙여진 말이다.

수력이나 풍력, 가축 또는 사람의 힘으로 움직이는 원시적인 기관만 존재하던 산업혁명 이전에는 항상 인구보다 물자가 모자랐다. 증가한 생산량보다 인구가 더욱 빨리 늘어났기 때문이다. 권력을 거머쥔 소수 특권층들만 풍족함을 누릴 수 있었을 뿐 일반 서민은 의식주 모든 분야에서 궁핍한 생활을 이어나갔다.

그런데 18세기 말 제임스 와트가 증기기관을 발명하면서 생산량이 엄청나게 증가했다. 증기기관은 인력이나 축력보다 훨씬 큰 힘을 낼 수 있었고 수력이나 풍력과 달리 어떤 조건에서나 활용할 수 있었기 때문이다. 게다가 이런 증기기관이 배나 기차 같은 운송수단의 동력으로 쓰이면서 교역과 상업이 활성화돼, 과거와는 비교할 수 없는 물질적 풍요를 누릴 수 있었다. 슈밥 회장은 이 시기를 1차 산업혁명이라고 정의했다.

이후 마이클 페러데이가 전기모터와 발전기를 발명하면서 19세기 후반부터 공장에 전기가 도입되었다. 대낮처럼 환하게 밝힌 공장에서 늦은 밤까지 작업할 수 있었고 컨베이어벨트를 이용한 분업체계가 도입되면서 생산량은 더욱 늘어났다. 과거에는 부유층이나 귀족만이 입고 신던 옷이나 신발을 누구나 사 입고 신게 되는 등 물질적인 풍요가 많은 이에게 돌아갔다.

가정에서도 마찬가지다. 전기를 활용한 세탁기, 냉장고 등이 발명되면서 주부의 부담이 줄었다. 라디오는 신문보다 더욱 빠르고 생생하게 사람들에게 정보를 전달해 주었고 내연기관이 소형화되면서 자동차 같은 개인 운송수단이 나타나 사람들은 먼 거리를 보다 편하게 이동했다. 당시의 기술 혁신을 2차 산업혁명이라고 한다.

시간이 지나 20세기 중반부터 컴퓨터와 인터넷 등 자동화 기기가 나오면서 생산성은 비약적으로 증가했다. 산업용 로봇이 등장해 단순 작업을 자동화함으로써 더욱 많은 물건을 대량생산했고 그와 반대로 과거보다 더욱 맞춤형의 소량생산도 가능해졌다.

과거 도서관을 이 잡듯이 뒤져야 겨우 찾던 정보를 마우스 몇 번 클릭해서 쉽게 찾고 공유할 수 있으며, 학자들이 수개월간 고민하던 문제를 컴퓨터가 단 몇 분만에 해결함으로써 인공위성을 쏘는 등의 복잡한 일도 더욱 쉽게 해결했다. 과거에는 누릴 수 없던 물질적 풍요와 편리함이 지식정보혁명이라고도 하는 3차 산업혁명에 의해 가능해졌다.

∙∙∙ 의사 결정이 자동화되는 시대

정보가 풍요해지면서 어느 순간부터 의사결정에 어려움을 느끼는 이들이 늘어났다. 사람들은 이러한 정보를 활용해 보다 옳게 판단하고 결정할 방법을 고민했다. 한편에서는 더욱 편하게 생활하고, 더욱 적은 비용으로 많은 수익을 내고 싶은 소비자와 기업가의 욕구가 커져갔다.

4차 산업혁명은 바로 이러한 욕구가 반영된 산물이라고 할 수 있다. 사람들은 인공지능을 활용해 정보의 홍수 속에서 보다 정확하고 합리적으로 의사를 결정하는 사회, 보다 정교해진 로봇이 24시간 전기의 힘만으로 원하는 제품을 얼마든지 만들어내는 사회, 과거 귀족의 전유물이던 편리성을 누구나 추구할 수 있는 사회를 앞두고 있다.

예를 들어 이전에는 귀족 또는 자본가만 마부나 운전기사를 부리며 편하게 다닐 수 있었지만 조만간 인공지능이 탑재된 자율주행차가 등장하면 누구나 이런 서비스를 누릴 수 있을 것이다. 잡다한 집안 일과 스케줄 관리도 음성인식 기능과 인공지능 그리고 사물인터넷이 도입된 가전제품이 처리해 줌으로써 과거에는 가사도우미나 비서가 있어야만 누리던 편리성을 누구나 누릴 수 있게 되었다.

뿐만 아니라 이제는 거액자산가가 아니더라도 로보어드바이저 같은 인공지능 자산관리사에게 자신에게 맞는 투자 조언을 의뢰할 수 있게 되었다. 기업가도 공장장이 관리하지 않아도 알아서 작업 방식과 양을 결정하는 스마트공장을 도입함으로써 보다 적은 비용과 인력으로 효율적인 사업이 가능해졌다.

이처럼 자신의 힘을 뛰어넘었고(1차), 발의 수고를 덜었으며(2차), 손이 자유로워지고 복잡한 대량의 계산에서 해방된(3차) 인류는 4차 산업혁명을 통해 판단과 선택의 갈등에서도 자유로워졌다. 또한 정교한 기계가 더욱 다양하고 어렵고 복잡한 일을 해내면서 손은 더욱 자유롭게 되었다.

산업혁명별 주요 특성

구분	1차 산업혁명	2차 산업혁명	3차 산업혁명	4차 산업혁명
시기	18세기	19세기 후반	20세기 중반	2015년 이후
핵심 발명품	내연기관	전기/기계	컴퓨터/인터넷 자동화기기/로봇	인공지능/5G통신 무인운송수단 3D 프린터
극복하는 한계요인	인간/자연의 물리적 힘	시간적인 제약 자유로운 이동	정보의 습득	정보의 선별
인간의 대체역량	몸(힘)	발(이동)	머리(수리적 계산) 손(반복적 작업)	머리(창의적 작업 판단과 선택) 손(정교한 수작업)

한편으로는 각 산업혁명기마다 과감하고 발 빠른 투자를 통해 부를 거머쥔 신흥 부자가 나타났다. 우선 1차 산업혁명기에는 최첨단 제품이자 최고의 아이템인 증기기관차와 철도 사업에 투자함으로써 영국의 허드슨과 미국의 밴더빌트 같은 철도왕(거부)들이 탄생했다. 1877년 밴더빌트의 재산은 당시 1억 달러(현재가치 약 1100억 달러, 한화 121조 원)에 달했다고 한다.

또한 20세기 초반 2차 산업혁명 시기 대량생산 시스템을 도입한 사업가들은 혁신적이고 전도 유망한 굴지의 대기업을 탄생시켰다. 헨리 포드가 1903년 10만 달러로 설립한 자동차 업체 포드사는 현재 미국을 대표하는 시가총액 수백억 달러의 다국적 자동차 기업으로 성장했다. 〈리치스트〉라는 잡지에 따르면 포드의 재산은 현재 가치로 약 2000억 달러에 달했다고 한다.

3차 산업혁명에서는 컴퓨터와 인터넷의 발전을 예견한 실리콘밸리의 젊은 엔지니어들이 차린 벤처기업 중 일부가 마이크로소프트, 애플, 구글, 아마존, 페이스북과 같이 세상에서 가장 주목받는 글로벌 IT 기업으로 성장했다. 이들은 2017년 5월 25일 현재 글로벌 증시 시가총액 상위 10 기업 중 1~5위를 차지하고 있다.

2. 4차 산업혁명 투자자는 파괴적 혁신에 주목하라

The Fourth Industrial Revolution

●

●

　많은 전문가가 4차 산업혁명으로 향후 기업의 생태계가 과거와는 비교할 수 없을 만큼 크고 빠르게 바뀔 것으로 전망하는데 이유는 바로 제조업(실물)과 정보통신업(가상)이라는 전혀 다른 유형의 산업이 융합해 새로운 제품과 서비스를 쏟아낼 것이기 때문이다. 지구의 역사에서 유성생식이 시작된 이후 진화의 속도가 엄청나게 빨라진 것과 비견할 만하다.

시장을 전복하는 파괴적 혁신

　전혀 다른 영역의 산업이 결합해 만들어 내는 새로운 제품, 새로운 수요는 기존 제품과 전혀 다른 편리성과 가격으로 새로운 시장이나 산업을 만들기도, 기존의 시장이나 산업을 없애기도 할 것이다. 이처럼 단순하고 저렴한 제품이나 서비스로 시장의 밑바닥을 공략한 후 빠르게 시장 전체를 장악하는 것을 파괴적 혁신(Disruptive Innovation)이라고 한다.

이러한 사례는 과거에도 종종 있었다. 예를 들어 디지털 음원인 MP3가 개발되고 애플의 아이튠즈라는 음원판매 사이트가 열리자 MP3를 재생하는 휴대용 플레이어 시장이 빠르게 성장한 반면 기존의 카세트/CD 플레이어 시장은 급격하게 규모가 줄었다. 요즘 카세트나 CD 플레이어는 고속도로 휴게소나 어르신들의 추억의 장소에서 간혹 구경할 수 있을 뿐이다.

핸드폰과 컴퓨터의 융합으로 나타난 스마트폰은 MP3 플레이어 외에도 내비게이션, 전자사전 등 수많은 포터블 기기 시장을 잠식해 들어갔다. 관련 앱만 깔면 모든 기능을 다 할 수 있는 만큼 소비자는 다른 포터블 기기를 사는 대신 고품질 스마트폰을 사고 보다 빠른 대용량 통신서비스로 이동했다.

•• 더욱 빨라진 파괴적 혁신

4차 산업혁명은 물리적, 디지털, 생물학적 공간의 경계가 없어지고 제조업과 정보통신업이 서로 융합해 경험해보지 못한 빠른 속도로 기술이 진보, 융합, 발전한다는 특징이 있다. 따라서 4차 산업혁명은 과거에 비해 더욱 자주, 크게, 그리고 빠른 속도로 파괴적 혁신을 일으킬 것이다.

예를 들어 빅데이터를 활용한 머신러닝을 적용하면 인공지능은 더욱 자동적이고 능동적인 활동이 가능해진다. 이 인공지능을 각각의 인터넷주소(IP)를 갖는 다양한 사물과 무선인터넷으로 연결할 수 있다(사물인터넷). 인공지능이 산업용 로봇과 결합하면 스마트공장, 자동차와 결합하면 자율주행차, 가전기기 및 주택과 결합하면 스마트홈 등 다양한 신산업이 생긴다.

또한 자율주행차가 발전하면 필연적으로 카셰어링(차를 사용한 만큼 비용을 지불하는 방식) 시장이 커지는데 이 경우 기존 자동차 브랜드의 시장 영향력은 줄어들 것이다. 어차피 내 차도 아닌데 벤츠면 어떻고 현대차면 어떤가. 유용하고 편리하면 그만이다.

따라서 기존과 달리 브랜드가 아니라 IT 기술 접목 여부 등 새로운 차별화 포인트가 산업의 시장지배력을 결정하는 요인이 될 것이다. 실제 2017년 4월 11일, 신생 기업이나 다름없는 테슬라가 100여 년 전통의 포드와 GM의 시가총액을 추월하는 일이 발생하면서 기존 완성차 업체의 긴장감은 더욱 높아졌다.

금융업에서도 이런 일이 일어나고 있다. 포털사이트 다음과 SNS를 운영하던 카카오가 카카오뱅크라는 인터넷 은행을 설립하자 기존 금융권이 긴장감을 감추지 못하고 있다. 누구나 사용하는 카카오톡으로 아무 데서나 자유롭게 송금하고 예금에 가입하거나 대출도 신청하는 인터넷 뱅킹이 등장하자 영세한 저축은행이나 금고는 비상 상황이다.

이와 같이 4차 산업혁명의 발전과 더불어 향후 십여 년 내에 상당히 빠른 속도로, 그리고 예측하기 어려운 다양한 방향으로 세상이 바뀔 가능성이 높다. 그리고 많은 기업이 그 속에서 기회를 잡아 시장의 승자로 우뚝 서거나 반대로 시장에서 퇴출당할 것이다. 투자자의 눈은 그쪽을 향해야 한다.

3. 노동환경이 변할 때 투자자는 어떤 선택을 해야 하는가

The Fourth Industrial Revolution

●

●

"마부의 일자리를 걱정했다면 자동차 산업은 진즉에 발전할 수 없었다. 기술혁신에 따른 일자리의 이동은 사회발전에서 불가피한 현상이다."

(B대 경영학과 교수 L씨)

2017년 4월 1일, 서울의 모 대학은 25개 단과대학 건물에 통합경비시스템을 도입하겠다고 발표했다. 건물마다 사람을 배치하는 대신 폐쇄회로TV(CCTV)와 센서를 설치해 중앙관제센터 한 곳에서 경비를 맡는 형식이다. 문제가 생기면 대기업 계열의 보안 전문 회사 직원이 출동한다.

사물인터넷 기술을 도입한 이 시스템 때문에 기존 경비원 20명의 일자리가 줄어듦으로써 이 학교에서는 더 이상 경비원을 찾아보기 어렵게 됐다. 또한 최근 서울의 한 대단지 아파트에서 열린 입주자 대표회의에서 통합경비시스템을 도입하기로 결의하면서 경비원 44명이 해고 처리되는 사태도 있었다.

인간의 노동이 사라지는 시대

4차 산업이라는 기술혁신 덕에 소비자와 기업은 기회를 맞은 반면, 똑같은 이유 탓에 근로자는 그 어느 때보다도 위기를 느끼고 있다. 1차 산업혁명 이후의 마부, 2차 산업혁명 이후의 가로등 관리사, 3차 산업혁명 이후의 주산원처럼 천직으로 알던 자신의 직업이 지구상에서 아예 자취를 감출 수 있기 때문이다.

이미 3차 산업혁명기인 1960년대 이후부터 회계장부를 담당하고 통계자료를 집계하거나 전화를 교환해 주는 일을 컴퓨터가 대신하고, 더 잘하면서 관련된 일자리는 상당수 줄어들거나 아예 없어져 버렸다. 4차 산업혁명기에는 이러한 변화가 더욱 빠르고 크게 다가올 가능성이 높다.

예를 들어 일본의 미즈호 은행은 2015년부터 소프트뱅크에서 개발한 인공지능 탑재 로봇 '페퍼'를 전국적으로 순차 도입하고 있다. 현재 기본 고객 응대는 물론이고 신상품이나 규정을 안내하고 상담 업무를 맡아 하고 있는데 일본어 외에 영어와 스페인어 구사가 가능해 외국인을 상대로 하는 고객 업무도 처리 가능하다.

이 정도면 단순히 계산해도 은행 점포 내의 청원경찰과 상담창구 직원, 외환창구 직원 세 명의 업무를 50퍼센트가량 대체한다. '페퍼'의 도입으로 이 점포에는 1.5명분의 잉여인력이 발생하는 셈인데, 그만큼 실적을 더 내지 못하면 인력 구조조정이 일어날 가능성이 높다.

법률, 의학, 금융 등 전문 직종에 종사하는 고소득자라고 상황이 녹록한 것은 아니다. 과거 3차 산업혁명 때만 해도 인간의 영역이라고만 생각하던 예술 등 창조 분야와 의학, 법학, 세무, 금융투자와 같은 전문 분야, 그리고 보석 가공 같은 정밀 세공업 등 섬세한 수작업이 필요한 분야에도 기계가 도입돼 엄청난 활약을 보이고 있다.

교육으로 쫓아갈 수 없는 기술 발전 속도 물론 일이 없어지기만 하고 생기지 않는 것은 아니다. 분명 4차 산업혁명이 새로운 직종과 산업을 창출할 것이다. 예를 들어 2008년 스티브 잡스가 아이폰의 애플리케이션 개발을 외부에 맡긴 이후 2015년 중순 애플리케이션 관련 시장 규모가 1000억 달러 이상으로 성장하는 등 IT 업무 종사자에게 새로운 직업과 기회를 마련해 주기도 했다.

하지만 재교육을 받는다고 해도 기존에 하던 일 대신 새로운 직업을 얻기까지 꽤 오랜 시간이 걸린다. 특히 고령화 사회라면 더욱 그러할 것이다. 영국의 경제학자 케인즈는 "기술혁신으로 (…) 일자리가 줄어드는 시간은 빠른 반면 인간이 새로운 일감을 찾는 데 걸리는 시간은 상대적으로 더 느릴 수밖에 없다"고 했다.

3차 산업혁명 시대부터 새로 창출되는 일자리가 사라지는 일자리를 못 따라가는 현상이 확연해졌다. 클라우스 슈밥 회장은 그의 저서에서 "이전 세기에 존재하지 않던 새로운 산업 분야에 고용된 미국의 노동인구는 1980년대 8퍼센트, 1990년대 4.5퍼센트, 2000년대 이후에는 0.5퍼센트로 점차 줄어들고 있다"고 주장했다.

●● 새로운 정책이 필요한 시대

이러한 분위기를 감안해 인공지능과 로봇을 활용해 경제활동을 했을 때는 이에 대한 세금을 내게 해서 사회적 비용을 충당하자는 일종의 '로봇세(로봇을 활용한 생산활동을 하는 경우, 고용주 또는 로봇의 소유자가 내는 세금) 개념'이 대안으로 등장하고 있다.

근로자의 소득에 세금을 적용하듯이 로봇의 생산물에도 세금을 물리면 어떤 효과가 있을까? 전문가들은 우선 이로써 재원을 마련한 다음 일자리를 잃은 노동자를 재교육시킬 수 있다고 주장한다. 덧붙여 로봇의 생산성을 세금만큼 낮춰 인간 근로자의 상대적 생산경쟁력을 높이는 효과도 있다고 한다. 로봇을 근로자로 취급해 부과하는 소득세 외에도 소비에 따른 부가가치세, 소유에 기인한 재산세 등을 부과하려는 움직임도 있다.

하지만 로봇 활동에 세금을 걷는 이런 발상에 반대하는 의견도 만만치 않다. 과도한 세금 때문에 기업의 사업 의욕이 꺾이고 혁신과 발전 자체가 더뎌질 수 있을 뿐 아니라 로봇세에 대한 현실적인 규정을 단기간에 마련하기가 쉽지 않기 때문이다.

세금을 매길 로봇의 범위를 어떻게 정할 것인가? 공장에 있는 산업용 로봇에만 매긴다면 이미 제조업 이상으로 로봇이나 인공지능을 도입한 서비스업과의 형평성 문제가 대두될 것이다. 주점의 청소용 로봇이나 안내용 로봇에도 소득세를 매길 것인가? 매긴다면 과연 생산량은 어떻게 측정하고 징수할 것인가? 컴퓨터 내에 시스템으로만 존재하는 인공지능도 로봇으로 볼 수 있을까? 정책을 정하는 사이 일자리 축소는 심각한 현실 문제가 될 것이다.

다음 챕터에서는 이렇게 변화하는 노동 환경에서 개인은 어떤 준비를 해야 하는지, 투자자로서 어떤 부분을 눈여겨봐야 하는지 이야기할 것이다.

4. 위기를 기회로 만드는 대안, 노동보다 투자가 유리한 시기가 온다

The Fourth Industrial Revolution

●

●

38억 년 전부터 현재까지 모든 생물에게 공통적으로 적용되는 명제가 있다면 바로 "변화하는 환경에 적응하고 이를 활용하는 자만이 생존하고 번영할 수 있다"는 것이다. 특히 혁신적 기술이 확산돼 소비 패턴이나 직업 선호도가 빠르게 변화하는 현재를 살아가는 우리가 과거의 가치나 관행적 패턴에 얽매여서는 발전은 고사하고 생존하기도 어려울 것이다.

4차 산업혁명 시대를 살아가는 개인으로서 생존하려면, 더 나아가 번영하려면 이와 관련된 인공지능, 사물인터넷 등 주요 산업의 변화를 이끄는 지식을 이해해야 한다.(참고로 이 책의 파트 2에서는 4차 산업의 세부 분야별 특성과 트렌드 변화를 설명한다.)

또한 4차 산업혁명기에는 가급적 생존확률이 높은 직업을 가져야 한다. 2016년 10월 한국고용정보원은 현재 국내 취업자의 12.5퍼센트는 인공지능이나 로봇으로 대체 가능한 '고위험 직업군'에 종사 중이며 기술이 발전하면 이러한 비율은 2020년에 41.3퍼센트, 2025년에는 70.6퍼센트까지 올라갈 것이라 전망하는 연구 결과를 발표했다.

직군별로 볼 때 회계사, 항공기 조종사, 투자 및 신용분석가, 자산운용사, 변호사는 상대적으로 미래에 인공지능과 로봇으로 대체될 가능성이 낮은 것으로 나타났다. 반면 청소원, 주방보조원, 매표원, 낙농업 종사자, 주차관리원 등 단순 서비스와 사무직, 생산직은 대체될 가능성이 높은 '고위험 직업군'으로 분류했다.

4차 산업혁명 시대에 어울리는 고소득 연봉자가 되고 싶다면 현재 나의 전공이나 직업 외에도 관련 정보통신 기술을 깊게 이해해야 한다. 예를 들어 자동차, 금융, 가전, 농업, 기타 전 산업 분야에서 그에 적용할 수 있는 인공지능이나 사물인터넷을 활용할 줄 알거나 업종 간 융합을 고려해 변화하는 산업 트렌드를 간파하는 그런 근로자가 승승장구할 것이다.

●●● 4차 산업혁명 시대의 투자자 요건

4차 산업혁명의 과실을 향유하고 부를 창출하는 방안으로 관련 기업의 근로자가 아닌 주주가 되는 역발상적 접근을 생각해 봄직하다. 다시 말해 4차 산업 관련주에 관심을 가지고 자금 일부라도 투자해 보는 것이다.

4차 산업혁명이 진행될수록 근로자보다 주주가 더욱 유리한 입장에 서기 때문이다. 사람보다 빠르고 일관적인 판단을 할 수 있는 인공지능이 사람보다 더욱 정교하게 일하는 시스템 하에서 사람의 노동력은 기계를 능가하기 어려울 것이다. 기계와 경쟁하는 편이 유리한지, 아니면 부리는 편이 유리한지는 이미 답이 나와 있다.

2017년 5월 18일 현재, 4차 산업혁명의 선도 기업이라는 아마존과 페이스북(25.9퍼센트 상승), 알파벳(구글의 모기업, 19.1퍼센트 상승), 애플(29.7퍼센트 상승) 등의 주가가 연초 대비 일제히 상승한 배경에는 위와 같은 투자자의 기대가 있다. 이와 더불어 조금이라도 더 나은 수익률을 얻으려고 국내외 4차 산업 관련주 투자를 문의하는 이들이 올해 들어 확연히 늘어나고 있다.

투자자로서 ① 산업과 시장이 변화하며 새로운 투자 기회가 열리고 ② 비용 효율적이면서도 높은 시장경쟁력을 확보하고 ③ 친환경적인 만큼 소비자 이미지가 좋고 ④ 각국 정부의 정책적 지원이 기대되는 4차 산업혁명 관련주에 주목해야 한다. 이에 대해서는 다음에 이어지는 챕터에서 자세히 설명한다.

5. 산업과 시장이 변화하는 곳에 투자하라

The Fourth Industrial Revolution

●

●

경제학자 슘페터는 "기술혁신이야말로 자본주의 경제 역사에서 가장 눈에 띄는 사건"이라고 말했다. 신기술 개발에 장밋빛 전망이 이어지면 주식시장에 버블이 끼는 부작용도 종종 발생하지만 장기적으로는 기술과 자본은 산업 규모를 키우고 효율성을 높이면서 생산량을 더욱 늘렸다. 주주나 경영자, 소비자 모두 만족하는 모습으로 변화한 것이다.

신기술을 수용하는 자세

1820년 증기기관차가 처음 선보인 당시 역마차 업자나 지주들은 소음과 연기 등 공해와 잠재된 위험을 이유로 내세우며 사업에 반대하는 목소리를 높였다. 심지어는 옥스퍼드대학과 이튼칼리지 같은 명문대 교수와 직원도 철도 건설에 앞장서서 반대하는 의견을 제시했다.

하지만 1825년과 1831년 미국과 영국에서 잇달아 개통된 철도는 곧 마차를 누르고 최고의 장거리 교통수단으로 자리매김했다. 지속적으로 대량의 화물과 사람을 운반해 주는 철도 덕에 지역 간 교역량은 급증했고 관광업도 활기를 띠었다. 교역량이 증가하자 수요가 늘어났고, 그 수요를 충당하려고 제조업에서 대량생산 시스템을 도입하는 등 훗날 2차 산업혁명을 유발하는 계기가 되었다.

당시 기술혁신에 따라 산업 구조가 변화하는 흐름을 제대로 간파하고 각각 철도와 철강 사업에 투자한 모건과 카네기는 막대한 부를 창출하며 19~20세기 최대 부호가 되었다.

1983년 이병철 삼성 회장이 반도체 사업을 추진한다고 발표하자 많은 이들이 우려의 시선을 보냈다. 하지만 과감하고 지속적으로 투자한 덕분에 삼성전자는 1990년대부터 메모리 반도체 분야에서 부동의 세계 1위 기업이 되었고 현재 주가는 1988년 당시 3만 2000원이던 것에 비해 65배가량 상승해 210만 원대가 되었다. 3차 산업혁명의 핵심 기반 산업인 반도체에 적극적으로 진입해 시장 확대의 결실을 향유했기에 가능한 일이었다.

필자의 고객 중에는 1988년부터 월급의 일정액을 무조건 삼성전자 주식을 사는 데 사용해 현재 100억 대의 재산을 마련한 이도 있다. 그는 당시 컴퓨터 시장에서 누가 살아남든 또는 망하든 핵심 부품인 반도체 수요는 꾸준히 늘어날 것으로 봤는데 1990년대 들어 삼성전자가 세계 1, 2위권에 진입하는 것을 보고는 부담 없이 장기투자했다고 한다.

애플은 전 세계에서 가장 혁신적인 IT 기업 중 하나로 꼽히지만 1997년만 해도 부도 위기에 몰린 부실기업이었다. 당시 마이크로소프트에 1억 5000만 달러를 투자받지 않았더라면 델 컴퓨터에 헐값으로 넘어갈 뻔한 이 기업은 스티브 잡스가 CEO로 복귀하면서 회생했다. 기존 제품의 장점을 융합한 아이팟, 아이폰, 아이패드 등 새로운 제품이 새로운 산업과 시장을 만들어 냈기 때문이다.

예를 들어 휴대용 컴퓨터라고 볼 수 있는 스마트폰 '아이폰'은 기존의 핸드폰, 전자사전, 내비게이션, MP3 플레이어 등 IT 제품 시장은 물론이고 카드지갑, 다이어리와 같은 제3의 제품 시장마저 잠식했다. 연간 15억 대가량 팔리는 스마트폰 시장과 약 1000억 달러가량으로 추산되는 애플리케이션 시장을 활짝 열었다.

투자자의 입장에서 부실 기업이던 시기는 그렇다 치고, 아이폰을 개발 중이라는 소식을 들었던 당시 이 가능성을 알아보고 투자했다면 2006년 말 대비 주가 1127퍼센트 상승(2017년 7월 31일 기준)이라는 투자 결실을 맛보았을 것이다.

새로운 제품, 새로운 투자 기회

우리는 네 번째 산업혁명기의 초입에서 다시 한 번 파괴적 혁신을 일으키는 새로운 제품과 시장의 성장을 보게 될 것이다. 또한 향후 제2의 삼성전자나 애플처럼 새로운 신화를 쓰는 스타 기업도 만날 것이다. 물론 기존 기업이라도 4차 산업혁명 관련 핵심 기술을 가지고 있다면 앞으로 더욱 번영할 가능성이 높다.

4차 산업혁명에 관련한 분야가 워낙 다양한 만큼 산업 간 파급효과를 상상하기란 어렵다. 핵심 인프라 분야는 인공지능과 통신 네트워크, 그리고 클라우드 컴퓨팅이지만 로봇, 사물인터넷, 자율주행차, 웨어러블컴퓨터, 3D 프린팅, 드론 비즈니스 등 다양한 산업과 시장이 파생해 재창조된다.

앞으로 거의 전 제조업과 서비스업에서, 4차 산업혁명 관련 기술력이 높은 기업을 고객이 선택할 것이다. 이런 움직임은 기존에 유사 산업 분야 내에서 기업 간 시장을 교체하던 수요까지 전부 대체하는 결과로 이어진다. 예를 들어 전기차와 자율주행차 기술이 발전하면서 엔진(내연기관) 출력 같은 기존 자동차 산업의 핵심 기술은 더 이상 시장에서 매력적인 요소가 아니다. 결국 기존 자동차 산업이 재편되며 어떤 기업은 위기를 맞겠지만 한편으로 다른 어떤 기업은 그동안 보지 못한 새로운 기술로 시장을 장악함으로써 투자자에게 새로운 기회를 활짝 열어 줄 것이다.

6. 비용 효율과 시장경쟁력에 투자 기회가 있다

"지난 해까지 스마트공장 보급·확산 사업 지원을 받은 2700개 기업은 생산성 향상, 원가 절감, 납기 단축 등 뚜렷한 실적 개선으로 마진율이 상승하는 모습을 보였습니다. 올해에도 정부는 1108억 원의 예산을 들여 2200개의 스마트공장 구축을 지원할 예정입니다."

2017년 1월 20일, 서울 금천구에서 중소기업중앙회와 한국산업단지공단, G밸리발전협의회가 개최한 '중소기업 스마트공장 지원 사업 설명회'가 열렸다. 이 자리에 100여 명의 중소기업 CEO가 직접 참석했다. 공장 건설에 들어가는 초기 비용을 감안하더라도 이후에 나타날 비용절감 효과에 참석자 대부분이 높은 관심을 보였다.

비용절감으로 이어지는 4차 산업혁명

4차 산업혁명을 선도하는 기업 중 하나로 꼽히는 아마존의 사례를 살펴보자. 아마존의 직원 수는 2015년 기준으로 유통의 강자 월마트의 10분의 1 수준이며 점포는 온라인으로만 존재한다. 하지만 판매 품목 수는 월마트가 13만 개인 반면 아마존은 3억 5000만 개에 달한다. 이렇듯 훨씬 비용 효율적인 사업구조를 구축한 덕분에 2003년부터 2015년까지 아마존의 주가는 3897퍼센트 상승했는데 동 기간 월마트의 주가가 37퍼센트 상승한 것과 비교하면 100배가 훌쩍 넘는다.

온라인 전자상거래를 기반으로 한다는 장점 외에도 아마존은 빅데이터와 인공지능을 활용한 스마트 물류센터를 운영함으로써 경쟁 기업에 비해 비용을 크게 절감하고 있다. 아마존의 110개 물류센터 중 상당수는 물류 로봇 키바(Kiva)를 도입해 활용하고 있다. 사람 대신 물류창고에서 특정 물품을 찾아 포장하는 프로세스를 수행하는 이 로봇 덕분에 2016년 아마존은 전년 대비 영업비용의 20퍼센트를 절감하는 효과를 거두었다.

효율적인 온디맨드 경제

이렇듯 4차 산업혁명 시대가 오면 기술혁신 덕분에 비용 지출구조가 효율적이고 유연해져서 더욱 고도화된 온디맨드 경제(제품을 공급자가 아닌 수요자가 직접 결정하는 수요-공급 구조)를 실현할 수 있다. 예를 들어 노트북을 구입할 때 공급자가 제품을 결정해 내놓는 것이 아니라 수요자의 요구에 맞춰 만든 제품을 공급하는 것이다.

과거에는 대량생산을 해서 규모의 경제를 구축해 단위당 생산비를 낮추는 것이 기업이 이익을 내는 열쇠였다. 공장 설비를 한 번 만들면 정형화된 제품을 일정 양 이상 만들어 팔아야 본전을 뽑을 수 있었다. 그래서 제품의 타입은 공급자가 정하고 고가품일 경우 소비자가 색상 정도를 결정하게 해주는 제한적 온디맨드 경제만 구현 가능했다.

스마트공장 구축과 3D 프린터 기술이 발전하는 4차 산업혁명 시대가 다가오자 다품종 소량생산의 차원을 넘어 높은 수준의 온디맨드 경제가 차츰 실현되고 있다. 예를 들어 나이키와 아디다스는 소비자가 직접 가지고 싶은 상품을 디자인해 주문할 수 있는 '나이키 ID'와 '마이아디다스'를 런칭했다.

특히 최근 3D 프린터는 기존에 사용하던 합성섬유나 플라스틱 재료는 물론 금속, 콘크리트 재료를 사용해 다양한 제품을 손쉽게 만들어 낸다. 따라서 시간이 지나면 온디맨드 경제는 자동차나 집 같은 다양한 제품을 생산하는 제조업으로 그 영역을 넓힐 것으로 보인다.

앞으로 많은 기업이 온디맨드 경제 구조 구축에 신규 투자를 아끼지 않을 것이다. 불필요한 비용을 줄이고, 과잉생산에 따른 재고 부담도 낮추는 동시에, 소비자 만족도를 높여 기업의 수입구조를 튼튼히 하면서 시장지배력도 강화할 수 있기 때문이다. 따라서 온디맨드 솔루션 플랫폼을 제공하고 설비를 공급하는 기업에게 엄청난 시장이 열릴 것이다.

7. 기업 가치를 높이는 친환경, 착한 기업에 투자하라

The Fourth Industrial Revolution

●

●

자원의 소비와 남용으로 지구가 빠르게 병들어 가고 있다. 2차 산업혁명의 산물인 자동차는 현재 지구상에 굴러다니는 것만 10억 대가 넘고 신흥국 경제가 성장하면서 매년 8000만 대 가까운 자동차가 새로 판매되고 있는 것으로 추정된다. 국제에너지기구(IEA)에 따르면 전 세계 에너지 사용량의 20퍼센트와 이산화탄소 배출량의 22퍼센트를 자동차가 차지하고 있다.

뿐만 아니라 철, 시멘트, 플라스틱, 종이 등 다양한 소재를 만들 때마다 환경이 훼손된다. 아직 쓸 만한 제품, 멀쩡한 건물이 경제 논리 때문에 버려지고, 부숴지는 가운데 산업쓰레기가 빠른 속도로 늘어나며 환경오염의 주범이 되고 있다.

친환경적인 4차 산업혁명

일본 환경단체인 아사히글래스재단이 1992년부터 전 세계의 환경 전문가를 대상으로 설문한 후 발표하는 '환경위기시계'는 2016년에 9시 47분을 가리켰다. 참고로 환경위기시계는 6시 1분부터 9시까지는 꽤 불안, 9시 1분부터 11시까지는 매우 불안으로 구분되어 있는데 12시는 인류 생존이 불가능한 마지막 시간, 즉 '인류의 멸망 시각'을 의미한다.

이제 환경보전, 지구온난화 방지는 인류의 생존에 꼭 필요한 과제다. 다행인 점은 이제 막 태동하고 있는 4차 산업혁명이 과거 다른 산업혁명보다 친환경적이라는 것이다. 화석연료 의존도를 낮춰 공해물질 배출을 줄일 수 있고 온디맨드 경제와 공유경제를 활성화해 자원낭비도 줄일 수 있다. 이를 적극적으로 받아들이는 기업을 소비자가 좋아함은 물론 정부의 정책 지원도 기대해 볼 만하다.

우선 자율주행차와 더불어 확산이 기대되는 전기차 관련 기업과 사물인터넷 분야 중 하나인 스마트그리드 관련 기업을 살펴보자. 엔진 대신 모터로 움직이는 전기차는 배기가스를 배출하지 않고 경제적인 데다가 공간 활용 측면에서도 상대적으로 유리한 만큼 시간이 지날수록 엔진을 동력기관으로 사용하는 기존 자동차를 꾸준히 대체해 나갈 것이다. 사물인터넷을 활용해 에너지를 공유하는 스마트그리드도 자원 남용을 막으므로 이산화탄소 배출 감소에 기여한다. 과거에는 대기전력이나 부주의로 새는 전력을 파악하고 제어할 수 없었지만 스마트홈이나 공장을 구축하면 전력 저장 장치를 활용해 남는 전력을 모으거나 모자란 곳에 제공해 돈을 벌 수도 있다.

성과로 이어지는 기업 이미지

환경 사업을 영위하는 기업은 각국 정부의 다양한 정책 지원 대상이 되는 만큼 안정적인 수익을 낼 가능성이 높다. 2017년 출범한 신정부는 2030년까지 전체 전력량의 20퍼센트를 풍력, 태양광 등 신재생에너지로 대체하겠다는 집중 육성 계획을 발표했다. 관련 기업은 정책 수혜 덕분에 기업 실적이 증가하고 주가도 상승할 가능성이 높다.

앞서 온디맨드 경제 또한 자원을 효율적으로 활용해 낭비를 줄이는 효과가 있다고 말했다. 과거에는 대량생산을 해서 제조단가를 낮추는 방식을 사용하다 보니 과잉생산이 불가피했다. 기업들은 이를 해소하고자 마케팅 비용을 많이 썼다. 하지만 스마트공장이나 3D 프린터는 소비자가 필요로 하는 제품을 필요한 시기에 만들어 낼 수 있다. 따라서 재고 부담을 줄일 수 있다.

4차 산업혁명의 한 요소인 공유경제(제품과 서비스를 필요한 만큼 빌려 쓰고, 필요 없는 만큼은 다른 사람에게 빌려 주는 소비 형태)도 제품과 서비스 생산에 필요한 시설투자 및 관리 부담을 줄여줄 것이다. 세계 제1의 온라인 숙박 공유서비스 업체 에어비앤비와 자동차 공유서비스 업체 집카 등은 공유경제 개념을 비즈니스 모델로 발전시켜 대규모 고정자산을 투자하지 않고도 사업을 영위하고 있다.

환경보호에 일조한다는 친환경 기업 이미지가 주가 상승에도 도움이 된다는 연구 결과가 있다. 국내 투자 분석 단체인 서스틴베스트는 2007년 1월 1일부터 2013년 9월 30일까지 국내 601개 상장 기업을 대상으로 '기업의 사회적 책임 수준(환경, 사회, 지배구조)'을 평가하고 각 평가 대상 기업의 주가수익률을 분석했다. 그 결과 최상위(AA) 및 차상위(A) 등급을 받은 기업의 주가는 63.58퍼센트 상승해 같은 기간 40.5퍼센트 상승한 코스피(KOSPI)보다 높았다.

8. 정부가 정책적 수혜를 주는 부분에 투자하라

The Fourth Industrial Revolution

지금까지 기술혁신을 주도한 국가는 경제가 번영함은 물론이고 세계의 패권을 잡아왔다. 18세기 초만 해도 면화와 양모가 주력 수출품이던 2류 산업국가 영국은 1, 2차 산업혁명을 거치며 가장 선진화된 첨단 공업국으로 탈바꿈했다. 역시 19세기 중반까지 농업 기반의 신흥국가이던 미국은 2, 3차 산업혁명을 통해 20세기 중반 이후부터 세계의 패권국이 됐다.

4차 산업혁명은 국가 정책

4차 산업혁명 시대에 글로벌 리딩국가가 될 나라는 어디일까? 21세기에 다가올 새로운 기회를 잡으려고 각국은 4차 산업과 관련한 다양한 육성책을 정부와 기업 차원에서 발표하고 있다. 우선 미국, 일본, 독일을 중심으로 주도권을 선점하려는 경쟁이 치열한 가운데 중국이 추격의 고삐를 죄고 있다.

미국에서는 구글, 아마존, 애플, 인텔, 엔비디아, 퀄컴, GE, 시스코, IBM 등 기술과 자금력을 보유한 글로벌 민간기업이 이미 4차 산업혁명을 주도하고 있다. 이들은 인공지능, 빅데이터, 클라우드 컴퓨팅, 자율주행차, 사물인터넷에서 핵심 기술을 보유한 가운데 초기 시장을 선점하고 있다. 또한 이를 바탕으로 각 분야에서 기술의 국제표준을 선도하고 있어 진입장벽 또한 탄탄해지고 있다.

이런 성과는 오바마 정부가 제조업을 부흥하고자 선진제조업파트너십(AMP)과 국가제조혁신네트워크(NNMI) 등을 출범하는 등의 노력을 했기에 가능한 일이었다. 2017년 트럼프 정부 또한 이들 기업에 세금을 인하해주고 각종 규제를 완화하는 등 다양한 혜택을 제시하는 한편, 민간 차원에서 기술 혁신과 상용화를 하도록 지속적으로 유도하고 있다.

만성적 저성장과 고령화에 시달리던 일본은 고민의 결과 로봇 산업에 기술력을 집중하고 상업화하면서 세계적으로 선두권을 유지하고 있다. 핵심 산업인 인공지능 또한 활발하게 연구 중인데 150여 개 기업과 단체가 로봇 산업 협의체를 구성하고 산·학 연계 활동을 강화하고 있다.

2016년 4월, 일본 경제산업성이 4차 산업혁명에 대비하는 신산업 구조비전 7대 전략을 선정해 발표하는 등 정부 차원에서도 발 빠르게 대응하고 있다. 발표한 7대 전략은 크게 데이터 활용을 촉진하는 환경 정비, 신기술 개발 가속화, 산업 및 취업 구조 전환 원활화, 인재 육성 및 고용 시스템 유연성 향상, 금융 기능 강화, 지역경제 활성화, 그리고 제4차 산업혁명에 필요한 경제 사회 시스템 고도화로 요약된다.

제조업 강국 독일은 경쟁력을 강화하고자 생산과 물류 설비에 사물인터넷 기술을 접목한 스마트공장으로 생산성을 제고해 나가는 동시에 이 분야의 기술을 국제 표준화하려는 계획을 추진하고 있다. 이를 위해 독일 정부는 2011년부터 인더스트리 4.0이라는 프로젝트를 진행 중이며 현재 60여 개의 산학 연구 기관이 어떻게 스마트공장을 확산하고 중소기업이 제조 혁신에 참여하도록 할지 연구하며 실용화에 필요한 활동을 강화하고 있다.

산업을 구조조정해 경제를 체질개선하려는 중국은 2025년까지 세계 제조업 2강에 진입한다는 목표를 골자로 하는 '중국제조2025' 전략을 발표했으며 이에 맞춰 스마트공장을 보급하는 등 제조업 혁신을 추진하고 있다. 전문가들은 중국의 기술 수준은 아직 한국보다 다소 열위에 있지만, 정부의 추진 의지를 감안하면 발전 속도가 상당히 빠를 것으로 예상한다.

대한민국의 4차 산업혁명 대비

대한민국은 현재 4차 산업혁명과 관련된 제도 전반이 미국, 일본, 독일 등 선진국에 비해 조금 뒤쳐져 있다는 평가를 받고 있다. 2016년 다보스포럼에서 선정한 '4차 산업혁명에 적응할 수 있는 국가 순위'에 한국은 미국(5위), 일본(12위), 독일(13위)보다 다소 뒤쳐진 25위에 올라 있다. 또한 한국과학기술기획평가원에 따르면 2016년 말 현재, 한국의 4차 산업혁명 핵심 기술 수준은 미국 대비 70에서 80퍼센트 수준에 머물러 있다.

따라서 이를 극복하고 2000년대 초반 인터넷 통신 강국이라 불리던 입지를 이어가고자 대한민국은 다양한 산업 및 과학 기술 정책을 추진하고 있다. 2016년 12월, 산업부가 주관하는 신산업 민관협의회에서 신산업 창출 정책 과제로 전기·자율차, 스마트·친환경 선박, 사물인터넷 가전, 로봇, 바이오헬스, 드론 등 4차 산업혁명 관련 12대 신산업을 제시했다.

2017년 3월에는 기획재정부가 '2018년도 예산안 편성 및 기금운용 계획안 작성 지침'을 통해 예산을 증액 편성할 4대 핵심분야를 언급했는데 여기에 '4차 산업혁명 대응'을 포함했다. 이번에 출범한 정부는 집권 기간 중에 관련 산업 육성 대책을 구체화할 것으로 보이는데 이에 영향을 받아 국내 증시에서 향후 4차 산업혁명이 핵심 테마 중 하나가 될 것으로 보인다.

정부 출범 초기, 정책 수혜를 받는 테마가 주가 급등으로 이어진 과거 사례가 있었다. 노태우 정부 시절 신도시 건설에 따른 건설주, 김대중 정부 시절 IT 벤처 활성화에 따른 코스닥주, 이명박 정부 시절 4대강 테마(중소) 건설주 및 녹색혁명 테마주가 이에 해당한다. 게다가 4차 산업혁명은 정권의 특성을 반영한 일시적 테마를 넘어 기술혁신을 동반하는 10년 이상의 글로벌 장기 트렌드인 만큼 시장에 미치는 영향이 더욱 클 것으로 예상한다.

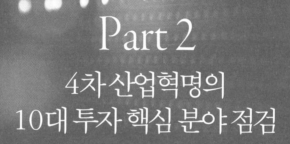

Part 2
4차 산업혁명의
10대 투자 핵심 분야 점검

—

슈밥 회장은 다보스포럼에서 처음 4차 산업혁명을 언급했는데 그와 관련한 업종과 분야는 무척 광범위하다. 그의 저서『4차 산업혁명』에서 열거한 분야만 체내삽입형 기기, 포터블 컴퓨터, 공유경제, 인공지능, 로봇, 사물인터넷, 3D 프린팅, 자율주행차, 웨어러블 컴퓨터, 스마트도시, 비트코인 같은 전자화폐, 유전자조작 기술 등 제조업, 금융업, 서비스업 등 산업 분야를 거의 망라하고 있다.

그런데 이 모든 분야를 아우르는 핵심 포인트는 엄청나게 많은 양의 정보를 저장하고 빠른 속도로 처리한 다음, 이를 바탕으로 기계가 스스로 능동적이고 신속한 의사결정을 내리는 데 있다. 따라서 능동적으로 판단하고 의사결정을 내리는 핵심 기술인 '인공지능', 대용량 데이터의 입출력을 돕는 '네트워킹과 정보통신', 빅데이터를 저장하는 동시에 공유해서 활용하는 '클라우드 컴퓨팅', 이 세 가지가 '반도체/저장장치'와 더불어 4차 산업혁명의 인프라에 해당한다.

앞서 언급한 세 가지 인프라 분야의 기술이 기존 제조업이나 서비스업과 결합해 이전에 없던 새로운 업종과 시장을 만들어 내고 있다. 예를 들어 인공지능과 네트워킹 시스템을 주택과 가전기기에 결합한 스마트홈 시장, 자동차와 결합한 자율주행차 시장, 로봇과 연결한 소셜 서비스 로봇 시장, 3D 프린터 및 산업 기기와 연결한 스마트공장 시장이 그것이다. 그리고 향후 제조업과 일상에 크게 파급효과를 미칠 3D 프린팅과 드론도 4차 산업혁명의 범주에 포함된다.

4차 산업혁명의 유형 및 테마별 구분

구분	핵심 분야 및 세부 업종
인프라 산업군	• 인공지능 : 가상 개인비서, 자율주행, 전문 분야별 특화 컨설팅 서비스 • 네트워킹 · 통신 : 5G 통신 서비스, 부품 및 장비 제조 • 빅데이터 · 클라우드 : 클라우드 서비스, 소프트웨어 개발 • 반도체 : 메모리 · 비메모리 반도체
파생 산업군	• 로봇 : 산업용, 소셜서비스용, 의료용, 기타(군사용 등) • 사물인터넷 : 스마트홈, 스마트공장 · 팜 · 마트, 웨어러블 기기 • 자율주행차 : 완성차, 자율주행 장비 및 부품 제조 • 가상현실/증강현실 : 기기제조 및 판매, 콘텐츠 개발 및 유통
기타 산업군	• 3D 프린팅 : 프린터 기기 제조, 재료 공급, 디자인 • 드론 : 공공용(군사 및 특수임무), 사업용(상업, 농업), 개인용(레저 등)

파트 2에서는 앞의 표에서 구분한 핵심 분야를 중심으로 최근 동향과 향후 전망을 정리해 보고 나아가서 연관 있는 국내외 주요 기업을 살펴볼 예정이다. 앞서 본 바와 같이 4차 산업혁명이 제조업과 정보통신업 전체를 아우르는 만큼 분야별 특정 기술의 발전 방향, 시장의 수요와 공급, 그리고 해당하는 기업을 파악해두면 투자에 많은 도움이 될 것이다.

참고로 파트 2에서 언급한 세부 분야별 업체에 대한 내용은 증권사 리포트, 국내외 언론자료, 해당 업체의 IR 자료 등을 참조해 작성했다. 단, 여기서 언급한 기업이 저자의 소속사에서 추천하는 종목을 의미하는 것은 아니며 기업의 언급 순서 또한 주식투자의 매력도를 반영한 것이 아님을 밝혀 둔다.

1. 인공지능
무엇을 해야 할지 스스로 결정한다

●

●

"알파고가 이겼다. 우리가 달에 착륙시켰다."

(데미스 라사시스 구글 딥마인드 CEO)

"이세돌과 대국하기 전에 봤던 알파고와는 확연히 다른 모습이다. 확실히 더 똑똑해졌다."

(프로기사 출신 바둑해설가 A씨)

4대1, 2016년 구글의 인공지능 알파고와 이세돌의 바둑대결은 알파고의 승리로 막을 내렸다. 이전까지 컴퓨터는 대용량으로 빠르게 연산하는 능력에 특화되었다고만 생각했는데 이제 이 능력을 넘어 스스로 학습하고 진화할 수 있다는 것을 세상에 알렸으며 앞으로 무한한 발전 가능성이 있다고 선언한 셈이다.

물론 과거에도 컴퓨터가 체스나 퀴즈 대결에서 인간 챔피언을 이긴 사례는 있지만 바둑은 빠른 연산과 검색만으로 해결할 수 있는 게임이 아니다.

인간이 개발한 가장 복잡한 보드게임인 바둑에서 창출되는 경우의 수는 총 2.08×10^{170}가지로(참고로 우주 공간 내 흩어져 있는 수소 원자의 수는 약 10^{80}개로 추정된다) 현존하는 최고의 슈퍼컴퓨터로도 이를 다 확인하는 것은 불가능하다고 알려져 있다.

따라서 세계 바둑챔피언과 한판 승부를 벌일 요량이라면 계산 능력만 가지고서는 승산이 없다. 하지만 알파고는 딥러닝 기술을 활용해 하루에 3만 번씩 대국을 진행했고 빠른 속도로 경험을 쌓으며 진화해 나갔다. 그 결과가 이세돌과의 대결이다. 알파고의 승리와 더불어 딥러닝(Deep-Learning) 기술을 바탕으로 한 인공지능에 사람들은 그 어느 때보다도 높은 관심을 보이고 있다.

인공지능 _ 오랜 한계를 극복하다

인공지능(Artificial Intelligence, AI)이란 학습을 통해 배우고 능동적으로 사고와 판단을 하며 감정을 느끼면서 진화해 가는 생물의 뇌를 본뜬 컴퓨터 프로그램을 의미한다. 20세기 중반 미국의 SF 작가인 아이작 아시모프는 미래 사회를 무대로 하는 '로봇 시리즈'에서 진작부터 인간에 버금가는 인공지능을 가진 로봇을 예견해 화제가 되기도 했다.

기계학습과 딥러닝이 인공지능을 발전시키다　인공지능은 1950년대부터 사람의 뇌를 본뜬 신경망 학습 개념인 머신러닝(Machine Learning)을 중심으로 발전해 왔다. 예를 들어 '귀가 뾰족하고 네 발 달린 동물은 고양이'라고 구체적으로 프로그래밍하지 않아도 여러 장의 사진을 비교해보고 학습해 스스로 고양이와 다른 동물을 구분해 내는 방식의 연구가 꾸준히 이루어졌다.

그 결과 수많은 데이터 중 유사한 것을 묶은 다음 미세조정을 하는 딥러닝 방식이 개발되면서 인공지능은 빠른 속도로 발전했다. 더 이상 주어진 프로그래밍에 의존해 제한된 연산만 하는 게 아니라 데이터만 주면 스스로 가장 적합한 답을 찾아내고 갈수록 정교해지는 인공지능이 출현한 것이다.

인공지능의 장점은 슈퍼컴퓨터와 빅데이터를 이용해 짧은 시간에 엄청난 양의 자료를 학습한 후 다양한 분야에서 의사결정을 보다 정교하게 내릴 수 있다는 점이다. 심지어 그동안 전문가의 영역으로만 알려진 의료와 법률 분야에서도 인공지능의 성과가 높게 나타나고 있으며 그 활용도 또한 점차 늘어나고 있다.

모든 분야에 응용되는 인공지능 1200만 페이지의 의학 정보를 학습한 IBM의 인공지능 '왓슨(Watson)'은 현재 가천대 길병원에서 직장암 환자를 진료하고 처방을 내리고 있는데 그 결과가 베테랑 전문의와 85퍼센트가량 일치한다. 임페리얼칼리지런던(ICL) 연구소의 폐고혈압 진단 인공지능은 심장질환 전문의의 진단 정확도 평균치인 60퍼센트를 훌쩍 뛰어넘어 80퍼센트의 정확도를 보였다.

뿐만 아니라 2016년 5월 미국 로펌 '베이커앤호스테틀러'는 IBM 왓슨 기반의 인공지능 변호사 로스(Ross)를 기업파산팀에 배치했다고 발표했다. 현재 담당 변호사가 특정 법률에 대한 질문을 하면 관련한 자료를 수집해 2~3페이지로 구성된 요약자료를 제공하는데, 전문 변호사의 리포트와 거의 차이점이 없다는 평가를 받고 있다.

이외에 금융권에서도 단순 사무 업무는 물론이고 금융 자문 및 트레이딩, 심지어 감사 업무에까지 인공지능의 역할이 확대되고 있다. 인공지능 기반의 챗봇이 사용자의 질문을 이해한 후 그에 맞는 응답을 하는 '사이버 콜센터'는 물론이고 개인의 투자 성향과 재무 니즈를 반영해 맞춤형 투자 제안을 해 주는 '로보어드바이저'가 속속 도입되고 있다.

인간만이 할 수 있다던 창조 영역도 예외는 아니다. 구글은 인공신경망이 음악을 만들 수 있는지 확인하고자 '마젠타 프로젝트(Magenta Project)'를 시도했고 80초짜리 피아노곡을 만들어 발표했다. 일본의 인공지능 연구자 마쓰바라 히토시 교수는 인공지능으로 만든 소설 작품을 공모전에 출품했는데 1차 심사를 통과해 화제가 되기도 했다.

최근에는 인간이 느끼는 기쁨, 분노, 행복, 불쾌감, 슬픔, 좌절감 같은 감정을 모방하는 형태로도 발전이 진행되고 있다. 예를 들어 IBM 인공지능 '왓슨'과 클라우드로 연결된 소셜 로봇 '페퍼'는 상황에 따라 100여 가지의 감정을 표현할 수 있는데 일본에서는 이런 로봇과 대화하며 감정의 교류를 즐기는 사람들이 늘어나고 있다.

핵심 분야를 선점하려는 기업의 노력 현재 인공지능은 4차 산업혁명 전 분야, 예를 들어 로봇, 자율주행차, 헬스케어(진단, 유전자 분석, 의료 실험 결과 도출), 사물인터넷(스마트홈, 스마트공장, 웨어러블 기기) 등 다양한 분야에서 활용되고 있으며 용도 또한 점차 확대될 것이다. 글로벌 시장조사업체 트랙티카(Tractica)는 향후 기업용 인공지능 시스템 시장이 2015년 2억 달러에서 2024년 111억 달러 규모로 연 평균 56.1퍼센트 급성장할 것으로 전망했다.

인공지능 플랫폼을 활용한 서비스 시장을 선점하려는 노력도 계속되고 있다. IBM, 애플, 구글(알파벳의 자회사), 아마존, 마이크로소프트 등 자금력이 풍부한 전통 글로벌 기업은 자체적으로 인공지능을 개발하면서도 실리콘밸리에서 딥러닝을 연구하는 벤처기업을 거액에 인수함으로써 기술력을 높여나가고 있다.

예를 들어 구글은 2014년 무려 6억 달러라는 거액을 들여 인공지능 개발업체 딥마인드(DeepMind)를 인수했는데 그 결과로 인공지능의 핵심 기술을 손에 넣었다. 구글은 이후 2016년 이세돌과 바둑 대결을 펼친 '알파고'를 선보이며 세상을 놀라게 했다. 이런 이유 덕분에 주가 또한 승승장구했다. 2017년 6월 현재 구글의 모회사인 '알파벳' 주가는 2014년 초에 비해 무려 78.4퍼센트 상승했다.

내 손안의 비서, 가상 개인비서 서비스

인공지능(머리)에 음성인식(귀) 시스템을 결합한 가상 개인비서(Virtual Personal Assistants) 서비스(사용자의 말을 이해하고 원하는 정보를 제공하는 일련의 작업을 수행하며 사용자의 습관 혹은 행동 패턴을 학습해 개인에게 맞추는 서비스)는 현재 인공지능 플랫폼을 활용한 가장 보편화된 비즈니스다.

가상 개인비서는 주로 스마트폰에 탑재됐는데 최근 사물인터넷과 결합해 다른 가전기기로 확대되고 있다. 아마존은 원통형 스피커 에코(Echo)에 음성인식 인공지능 시스템 알렉사(Alexa)를 탑재해 집의 가전기기를 작동하거나 인터넷 쇼핑, 정보검색을 대화로 수행할 수 있도록 했다. 또한 LG 전자, 월풀, 현대차, 포드, 폭스바겐 등 자율주행차와 사물인터넷 관련 업체 상당수가 알렉사를 채택하고 있다.

아마존 외에 인공지능 관련 사업에 뛰어들어 성과를 내고 있는 업체는 애플과 구글, 마이크로소프트 등 IT 업계의 강자들이다. 머신러닝을 기반으로 한 인공지능 스타트업을 인수합병해 단시일 내에 기술력을 확보한 다음 정보 포털이나 네트워킹 시스템 같은 자사의 장점과 결합함으로써 사업을 빠르게 확대해 가고 있다.

애플의 시리(Siri)는 2011년 업계 최초로 스마트폰에 탑재된 음성인식 서비스로서 가상 개인비서 시장을 열었다. 처음에는 스케줄 관리, 알람 설정 등 간단한 업무를 수행하는 수준에서 현재는 사용자의 습관을 학습해 상황에 맞는 정보를 제공하거나 기능을 작동하는 방향으로 발전하고 있다. 그리고 애플은 사람의 얼굴 표정으로 감정을 분석하는 기술을 보유한 기업인 이모션트(Emotient)를 인수해 시리를 강화하려 하고 있다.

'알파고'를 선보이며 세상을 놀라게 한 구글은 음성인식 개인비서 서비스인 구글 어시스턴트(Assistant)를 출시했다. 세계 최대 검색포털 구글이 수집한 빅데이터 외에도 G메일, 구글 지도, 유튜브 등 자사의 앱을 활용해 일정, 날씨, 뉴스 및 이벤트 검색, 식당 추천과 예약, 항공편 안내, 교통정보 제공 등 전 세계의 다양한 정보를 수집해 제공할 수 있다는 강점이 있다.

2014년에 출시된 마이크로소프트의 개인비서 서비스 코타나(Cortana)는 애플의 시리와 비슷하게 음성 명령을 받고 그 명령을 해석해 실행하는 방식으로 작동한다. 안드로이드폰 외에도 아이폰, PC, 엑스박스 등 다양한 유형의 기기에서 사용 가능하다. 최근 마이크로소프트는 기업용 SNS계의 페이스북이라는 링크드인을 인수했는데 이 회사의 방대한 데이터를 활용하면 코타나의 성능이 더욱 강화될 것으로 기대하고 있다.

인공지능 플랫폼을 활용한 가상 개인비서 시장은 앞서 살펴보았듯이 빠른 성장이 기대된다. 시장조사기관 '트렌스페런시 마켓리서치'는 2016년 현재 8억 2000만 달러로 추정되는 지능형 가상 개인비서 시장 규모가 연평균 32.8퍼센트씩 성장해 2024년에는 80억 달러로 아홉 배 이상 증가할 것으로 전망했다.

국내외 인공지능 플랫폼 서비스 관련 대표 기업 및 동향

아직 인공지능 플랫폼 서비스의 수익창출력은 낮은 편이다. 사람을 완전히 배제해도 문제가 없을 만큼 완벽한 서비스를 제공하려면 더욱 정교한 인공지능을 개발하고 학습시킬 필요가 있기 때문이다. 따라서 인공지능 플랫폼 서비스를 얼마나 정교하게 만들고 범용화해 시장성을 확보하는지가 향후 주가 흐름에 많은 영향을 미칠 것이다. 많은 기업이 자사의 강점을 인공지능 플랫폼과 접목해 시너지를 냄으로써 위의 목표를 이루려 하고 있다.

앞서 말했듯이 아마존은 인공지능 음성인식 시스템 알렉사를 스마트홈 스피커 에코 및 LG 전자의 각종 가전제품에 장착하고 기존 장점인 전자상거래 비즈니스와 접목해 활용하고 있다. 애플은 2011년부터 인공지능 음성인식 시스템 시리를 아이폰에 탑재했으며 구글은 다양한 정보 및 콘텐츠 검색에 특화된 구글 어시스턴트를 구글폰 픽셀과 LG 전자의 G6에 탑재했다.

특히 구글은 2015년 9월 머신러닝 시스템 '텐서플로우'를 개발했는데 비전문가도 알고리즘을 짤 수 있도록 플랫폼을 오픈소스로 개방했다. 이를 통해 사용자 저변을 확대해 개발 인력을 확보하고 혁신 속도를 높이는 전략을 취하고 있다. 더 나아가 텐서플로우의 성능을 극대화할 수 있는 반도체 칩

'TPU'를 개발하는 등 그 영역을 점차 확장하고 있다.

　국내 기업으로는 2017년 자체 개발한 인공지능 플랫폼 '클로바'를 공개한 네이버, 메신저 내 챗봇을 활용한 대화형 서비스를 제공할 예정인 카카오 등이 있다. 국내 검색엔진 1위 업체인 네이버는 클로버를 기반으로 상반기 중 스마트홈 스피커를 출시해 '에코'의 아성에 도전장을 내겠다는 계획을 피력했다. 최근에는 자율주행 기술 개발에도 박차를 가하는 등 사업 영역을 점차 확장해 나가고 있다.

[해외 주요 인공지능 플랫폼 서비스 관련업체] (2017년 7월 31일 기준)

업체명(소재지)
거래증시 / 종목코드   개요 및 주요사업 / 최근 동향

ALPHABET (미국) NASDAQ/ GOOGL

지주회사, 인터넷 검색엔진 및 운영체제 글로벌 1위 업체 구글의 모기업
음성인식 개인비서 서비스 구글 어시스턴스 출시, 머신러닝 전용 프로세서 TPU 개발
▶ 현재 주가 945.5달러 _ 최근 1년간 (+) 19.5%, 2년간 (+) 43.8%
▶ 최근 결산월 기준 매출액 전년대비 (+) 20.4%, 영업이익 (+) 22.5%
▶ 현재 주가수익배율(PER) 34.2배

APPLE(미국) NASDAQ/APPL

스마트폰, 랩탑, 스마트워치 등 포터블 IT 기기 제조 · 판매, IT 글로벌 리딩 업체
음성인식 개인비서 서비스 시리 출시, 반도체 개발 기술 확보를 위한 기업인수 추진
▶ 현재 주가 148.73달러 _ 최근 1년간 (+) 45.5%, 2년간 (+) 27.5%
▶ 최근 결산월 기준 매출액 전년대비 (+) 7.7%, 영업이익 (−) 15.7%
▶ 현재 주가수익배율(PER) 16.9배

IBM Corp(미국) NYSE/IBM

하드웨어(서버), 소프트웨어 개발 · 판매 등 기업 컨설팅 솔루션 제공 업체
인공지능 플랫폼 왓슨 개발, 의료 · 법률 등 전문 분야 특화 서비스 제공
▶ 현재 주가 144.67달러 _ 최근 1년간 (−) 6.7%, 2년간 (−) 4.0%
▶ 최근 결산월 기준 매출액 전년대비 (−) 2.2%, 영업이익 (−) 22.7%
▶ 현재 주가수익배율(PER) 12.0배

BAIDU(중국) NASDAQ/BIDU SHA/600865

중국 1위 인터넷 검색엔진 운영 업체, 최근 자율주행 시스템 개발 등 영역 확대
인공지능 음성인식 시스템 딥스피치 개발, 전자상거래 정보 제공 서비스 실시
▶ 현재 주가 226.35달러 _ 최근 1년간 (+) 41.8%, 2년간 (+) 31.1%
▶ 최근 결산월 기준 매출액 전년대비 (+) 6.3%, 영업이익 (−) 13.9%
▶ 현재 주가수익배율(PER) 47.4배

Amazon(미국) NASDAQ/ AMZN

글로벌 1위의 전자상거래 및 클라우드 서비스 제공 업체
음성인식 인공지능 플랫폼 알렉사 개발, 스마트폼 플랫폼 '에코' 시리즈 출시
알렉사를 통한 스마트가전, 자율주행차 업체와의 B2B 비즈니스 활성화
▶ 현재 주가 987.78달러 _ 최근 1년간 (+) 30.2%, 2년간 (+) 84.2%
▶ 최근 결산월 기준 매출액 전년대비 (+) 27.1%, 영업이익 (+) 87.5%
▶ 현재 주가수익배율(PER) 249.2배

운영체제 등 소프트웨어 개발·판매, 클라우드 서비스 제공 업체

인공지능 플랫폼 코타나 개발, 반도체 제조 기업 엔트리그 인수 등 사업 영역 확장

▶ 현재 주가 72.7달러 _ 최근 1년간 (+) 31.5%, 2년간 (+) 64.0%

▶ 최근 결산월 기준 매출액 전년대비 (+) 5.4%, 영업이익 (+) 12.1%

▶ 현재 주가수익배율(PER) 26.8배

미국 1위의 소셜네트워크 서비스 플랫폼 운영 업체

인공지능 기반 사진인식 시스템 딥페이스, 차세대 음성인식 비서 자비스 공개

▶ 현재 주가 169.25달러 _ 최근 1년간 (+) 36.6%, 2년간 (+) 80.0%

▶ 최근 결산월 기준 매출액 전년대비 (+) 54.2%, 영업이익 (+) 99.6%

▶ 현재 주가수익배율(PER) 36.8배

※ 현재 주가수익배율(PER)은 최근 공시 재무제표 기준 과거 4분기 순익을 반영한 수치임 _ 구글 파이낸스

※ BAIDU는 중국 기업이지만 미국 나스닥 증시에도 ADR(예탁증서) 형태로 상장 및 거래 중

※ 상장증시 약어 표기는 나스닥(미) = NASDAQ, 뉴욕증권거래소(미) = NYSE 임

[국내 주요 인공지능 플랫폼 서비스 관련업체] (2017년 7월 31일 기준)

업체명(종목코드)	개요 및 주요사업 / 최근 동향

NAVER (035420)

국내 검색엔진 1위 업체. 전자상거래, 광고, SNS 등 다양한 수익 구조 구축
인공지능 기반의 번역 서비스 '파파고'와 개인비서 서비스 '클로버' 제공
▸ 현재 주가 803,000원 _ 최근 1년간 (+) 13.1%, 2년간 (+) 53.5%
▸ 2017년 매출액 전년대비 (+) 14.3%, 영업이익 (+) 10.3% 예상
▸ 2017년 추정 순이익 반영 주가수익배율(PER) 30.6배

카카오 (035720)

메신저 서비스 카카오톡 내 챗봇 활용 대화형 커머스 서비스 제공
인공지능 플랫폼 개발 자회사 카카오브레인 설립 및 기술개발 중
▸ 현재 주가 120,000원 _ 최근 1년간 (+) 32.0%, 2년간 (−) 0.7%
▸ 2017년 매출액 전년대비 (+) 28.7%, 영업이익 (+) 57.5% 예상
▸ 2017년 추정 순이익 반영 주가수익배율(PER) 55.9배

삼성전자 (005930)

메모리 반도체 및 스마트폰 시장점유율 글로벌 1위 업체
2017년 인공지능 플랫폼 기반 개인비서 빅스비 출시, 갤럭시 8에 탑재
▸ 현재 주가 2,410,000원 _ 최근 1년간 (+) 56.6%, 2년간 (+) 103.4%
▸ 2017년 매출액 전년대비 (+) 18.1%, 영업이익 (+) 78.8% 예상
▸ 2017년 추정 순이익 반영 주가수익배율(PER) 9.3배

※ 기업별 (예상, 추정)재무지표는 국내외 금융정보제공 업체에서 제공하는 애널리스트 컨센서스를 참조
하였으며 이에 해당하지 않는 기업의 경우 최근 결산월 기준 자료를 제시하였음 _ 네이버 증권

2. 통신 · 네트워크 서비스
대규모 데이터를 빛의 속도로 전송한다

The Fourth Industrial Revolution

우리에게 필요한 산소는 코와 호흡기로 공급받지만 이를 몸 속 구석구석 전달하는 기관은 바로 피의 통로인 혈관이다. 우리 몸의 혈관을 한 줄로 펼치면 10만 킬로미터 정도인데 이는 지구를 두 바퀴 반이나 감을 수 있는 길이다. 건강한 사람이 자유롭게 활동하는 배경에는 혈액을 몸 구석구석까지 보내는 건강한 혈관이 있다.

앞서 말한 인공지능을 4차 산업혁명의 머리라고 한다면 통신 · 네트워크 서비스는 혈관이라고 할 만하다. 4차 산업혁명의 차별화 포인트가 모든 사물이 연결돼 서로 정보를 주고 받는 데서 시작하기 때문이다.

1960년대부터 세상에 나타난 인터넷은 빠르게 확장하며 세계 구석구석 다양한 정보를 전달하고 수집하는 역할을 하고 있다. 1960년대에 두 대의 컴퓨터로 시작된 인터넷 네트워킹 단말기 수는 PC의 등장으로 1990년 초 100만 대가량으로 늘어났다. 이후 초고속인터넷이 대중화되면서 2000년대에는 10억 대의 PC와 랩탑이, 무선인터넷이 보편화된 2010년대에는 120억 대의

PC와 랩탑, 스마트폰, 태블릿 PC가 인터넷에 연결됐다. 전문가들은 2020년까지 사물인터넷이 활성화되면 가전제품과 기기를 포함해 총 500억 대 이상의 기기가 인터넷에 연결될 것으로 전망한다.

이 수많은 기기가 외부로부터 데이터를 받고 새로 생성하는 데이터를 끊김 없이 적시에 전달하려면 차세대 이동통신(5G)을 바탕으로 한 통신 기술과 이를 뒷받침해 줄 네트워크 단말기가 필요하다. 그러므로 이와 관련한 산업의 중요성이 어느 때보다 커지고 있다.

차세대 통신 및 네트워크 서비스 _ 5G, 나와 세상을 연결하다

1세대 이동통신(1G)의 상용화 시기는 1984년으로 알려져 있다. 당시는 음성통화만 가능한 아날로그 통신이었는데 가입비 100여만 원에 기기값만 한 대에 150만 원에서 400만 원가량 한 만큼 고소득 사업가나 사용했다. 1980년대 후반 고르바초프 소련 전 대통령이 애용하던 휴대폰이 TV에 나왔는데 모양이 벽돌 같다고 해서 '벽돌폰'이라는 별칭을 얻기도 했다.

통신기술의 표준화와 상용화 과정 밀레니엄 시대를 맞아 전 세계적으로 인터넷 통신망이 빠르게 확산되면서 데이터의 디지털화도 속도를 높였 다. 그런 와중에 2세대 이동통신(2G)이 출연했다. 음성신호를 디지털 신호로 전환해 전송할 수 있었으며 이를 이용해 문자도 보낼 수 있었다. 또한 2G부터 가입비가 몇 만 원대로 파격적으로 줄어 이동통신의 대중화 시대를 열기도 했다.

2006년 애플의 스마트폰이 출시되면서 3세대 이동통신(3G) 시대가 열렸다. 이 단계에서 전화기는 음성이나 문자를 주고받는 수준을 넘어 영상통화가 가능해졌고 콘텐츠를 다운로드 받거나 앱을 설치해 다양한 전자기기의 기능을 대신할 수 있었다. 이는 3G부터 아직 적지만 일정 수준의 데이터 서비스가 가능해졌기 때문이다.

2011년에는 LTE라는 단어로 우리에게 친숙한 4세대 이동통신(4G) 시대가 열렸다. 통신기술의 발전으로 스마트폰의 성능도 덩달아 높아졌고 애플리케이션도 다양해져서 언제 어디서든 인터넷에 접속할 수 있음은 물론 게임도 즐길 수 있었다. 이제 전화기는 통신 기기의 수준에서 손 안의 PC로서 그 역할과 용도를 확장했다.

그리고 2016년, 이동통신은 또 한 번 진화를 위한 기술 개발에 들어갔다. 바로 차세대 이동통신 5G의 상용화다. 5G에서는 광대역 주파수를 이용해 4G보다 약 100배 빠른 전송 속도와 많은 전송량을 구현할 수 있다. 800메가바이트짜리 영화 한 편을 다운받는 데 4G(LTE-A)에서 43초가 걸린다면 5G에서는 1초도 걸리지 않는다. 4G가 2차선 국도라면 5G는 12차선 고속도로인 셈이다.

5G는 현재 통신용으로 이용하는 800메가헤르츠~2.6기가헤르츠 범위를 넘어 24~86기가헤르츠 범위에서 주파수가 결정될 것으로 보인다. 참고로 주파수가 높을수록 더 많은 정보를 빠르게 전달할 수 있다. 비행기가 낮은 고도에서 날 때보다 높은 고도에서 날면 공기 저항을 덜 받아 더 빠르게 운행할 수 있는 것과 같은 원리다.

스위스 제네바의 국제전기통신연합(ITU)은 2017년부터 표준화 작업에 들어갔다. 2020년까지 5G의 주파수 범위를 결정하는 등 5G 시스템의 표준화를 완료할 예정이다. 한국은 2018년에 5G에 사용할 24기가헤르츠 이상의 주파수를 공급해 평창올림픽에 맞춰 시범서비스를 실시한 다음 2020년부터는 전 지역에 5G 서비스를 제공할 예정이다.

엄청나게 늘어날 미래의 통신 양을 책임질 기술 5G 기술은 4차 산업혁명 시대에 출현할 로봇, 사물인터넷, 자율주행차 등 다양한 파생 산업을 성공적으로 정착시키는 데 필요한 필수 기술이라고 앞서 언급한 바 있다. 현재의 4G로도 포터블 컴퓨터 정도가 생산해 내는 전송량은 무리없이 소화하지만 4차 산업혁명이 고도화되면 데이터 트래픽이 이전과 비교하기 어려울 만큼 엄청나게 늘어날 것이기 때문이다.

예를 들어 뉴욕에 있는 남자친구가 종로의 여자친구에게 가상현실 기술을 적용한 전화를 걸었을 때 실제로 여자친구 앞에서 대화하는 것처럼 보이게 하고 싶다면 어느 정도의 데이터가 필요할까? 전문가에 따르면 총 17개의 방향에서 촬영한 화면이 필요하다고 한다. 과거보다 17배로 늘어난 사진 양에 더해 실재감을 높이는 선명한 화질까지 감안하면 과거보다 월등히 빠른 통신 속도가 요구된다.

자율주행차도 마찬가지다. 미 도로교통국이 정의하는 완전자율주행을 실현하려면 사각지대 없는 전방향 도로 영상과 더불어 GPS로 주변의 다른 자동차의 움직임 데이터까지 실시간으로 파악해서 자동차 주행에 반영해야 한다.

이처럼 5G가 제공하는 속도와 막대한 데이터 양은 4차 산업혁명 시대에 세계의 만물을 연결하는 데 필요한 가장 중요한 요소다. 즉, 집은 물론이고 학교 등 공공시설, 공장·회사 등 산업시설, 도시 및 국가 차원의 재난대응

시스템 구축·관리에 필요한 가장 핵심적인 기반산업인 것이다. 따라서 이런 기대감과 시장잠재력은 5G 관련 통신·네트워크 기업의 주가에도 꾸준히 반영될 것으로 보인다.

SK텔레콤, KT, LG 유플러스 등 통신서비스주가 2016년부터 꾸준히 상승하면서 2017년 상반기 중 52주 신고가를 형성한 이후 현재까지 강세를 보이고 있는 이유도 결국은 4차 산업혁명의 인프라 산업인 5G에 투자자의 기대감이 강하게 반영되었기 때문으로 해석된다.

국내외 차세대 통신 및 네트워크 서비스 관련 대표 기업 및 동향

현재 4차 산업혁명과 관련해 정부 주도로 가장 빠르게 인프라를 구축할 것으로 보이는 분야가 바로 통신 및 네트워크 서비스 분야다. 지난 10년에서 15년 동안에 걸쳐 전 세계 무선통신 사업자는 네트워크 용량을 20배로 늘렸지만 같은 기간 동안 수요는 100배 이상 증가했다. 향후 사물인터넷과 자율주행차 분야가 성장하면 더욱 폭발적으로 수요가 증가할 것이기에 정부는 서둘고 있는 것이다.

이 분야는 통신사업자와 네트워크 장비 및 부품 제조업자 등으로 구성되는데 우선 통신사업자는 정부의 허가를 받아 통신망을 설치·관리하며 소비자로부터 이용료를 받는 업체다. 네트워크 장비 제조업자는 통신사업자가 네트워크를 구축하고 서비스를 안정적으로 제공하도록 다양한 장비를 공급하는 업체다. 최근에는 이런 장비의 성능을 유지, 업그레이드 해주는 칩셋을 공급하는 업체의 비중이 점차 커지고 있다.

글로벌 네트워크·통신장비 시장은 에릭슨, 노키아(알카텔루슨트 합병), 화웨이, ZTE가 4강 구도를 형성하고 있다. 이 분야의 1위 업체인 에릭슨이 만든 통신장비는 전 세계 무선트래픽의 40퍼센트를 담당하고 있다. 한때 휴대폰 최강자이던 노키아는 2013년 네트워크 분야로 사업을 재편한 후 현재 네트워크 3대 업체로 부상함으로써 재기에 성공했다.

국내 기업도 5G 시범 서비스를 분주하게 준비하고 있다. 국내 제일의 기간통신 사업자인 SK 텔레콤은 2019년까지 5G 관련 기술을 개발하고 상용화에 6조 원을 투자할 예정이다. 또한 이를 위해 삼성전자, 노키아, 에릭슨, 인텔 등 IT와 네트워크 업계의 강자들과 기술개발 등을 협업하는 5G 글로벌혁신센터를 구축했다.

[해외 주요 차세대 통신 및 네트워크 서비스 관련업체]

(2017년 7월 31일 기준)

업체명(소재지)
거래증시 / 종목코드   개요 및 주요사업 / 최근 동향

Ericsson
(스웨덴)
NASDAQ/ERIC
STO/
ERIC-A/B

글로벌 1위의 네트워크 · 통신 장비, 소프트웨어 개발 등 솔루션 제공 업체
2017년 내 안테나 일체형 5G 통신 장비 출시 예정
▶ 현재 주가 6.42달러 _ 최근 1년간 (-)12.6%, 2년간 (-)36.3%
▶ 최근 결산월 기준 매출액 전년대비 (-)9.8%, 영업이익 (-)71.1%

NOKIA(핀란드)
NYSE/NOK
HEL/NOKIA

모바일 네트워크 · 통신 장비, 소프트웨어 개발 글로벌 리딩업체
알카텔 루슨트 인수로 규모 확대, KT와 장비 개발 및 네트워크 구축 협업
▶ 현재 주가 6.39달러 _ 최근 1년간 (+)14.1%, 2년간 (-)1.6%
▶ 최근 결산월 기준 매출액 전년대비 (+)89.0%, 영업이익 적자전환

ZTE(중국)
HKG/0763
SHE/000063

이동통신 장비 제조 및 네트워크 솔루션 제공 업체
5G용 통신 장비 제품, 상용화 전단계(Pre-5G)의 통합 솔루션 개발 완료
▶ 현재 주가 20.1홍콩달러 _ 최근 1년간 (+)92.5%, 2년간 (+)20.1%
▶ 최근 결산월 기준 매출액 전년대비 (+)1.0%, 영업이익 적자전환

Qualcomm(미국)
NASDAQ/
QCOM

글로벌 1위 스마트폰용 AP 제조, 무선통신 기기 및 운영 소프트웨어 개발 업체
5G전용 모뎀 칩셋 개발 착수, 높은 기술력 및 브랜드 인지도 보유
▶ 현재 주가 53.19달러 _ 최근 1년간 (-)11.9%, 2년간 (-)11.2%
▶ 최근 결산월 기준 매출액 전년대비 (-)6.8%, 순이익 (+)12.9%
▶ 현재 주가수익배율(PER) 20.4배

※ 현재 주가수익배율(PER)은 최근 공시 재무제표 기준 과거 4분기 순익을 반영한 수치임 _ 구글 파이낸스
※ 기업별 (예상)재무지표는 국내외 금융정보제공 업체에서 제공하는 애널리스트 컨센서스 참조
※ 노키아는 핀란드 기업이지만 미국 증시에 ADR(예탁증서) 상장 및 거래 중
※ 상장증시 약어 표기는 나스닥(미) = NASDAQ, 뉴욕증권거래소(미) = NYSE, 홍콩증권거래소(중)
= HKG, 심천증권거래소(중) = SHE, 스톡홀름증권거래소(스) = STO, 헬싱키증권거래소(핀) = HEL임

[국내 주요 차세대 통신 및 네트워크 서비스 관련업체]
(2017년 7월 31일 기준)

업체명(종목코드)	개요 및 주요사업 / 최근 동향

SKT (017670)

이동통신(국내 시장점유율 1위) 및 유선통신 사업, 검색광고, 콘텐츠 서비스 제공 업체

5G 이동통신망 구축에 2019년까지 6조 원 투자 및 연내 시범서비스 출시 예정

▶ 현재 주가 278,000원 _ 최근 1년간 (+) 20.9%, 2년간 (+) 11.4%

▶ 2017년 매출액 전년대비 (+) 1.5%, 영업이익 (+) 7.0% 예상

▶ 2017년 추정 순이익 반영 주가수익배율(PER) 9.3배

KT (030200)

이동통신 및 유선통신(국내 시장점유율 1위) 사업, 콘텐츠 서비스 제공 업체

평창동계올림픽 공식협력업체(5G 시범서비스 실시 예정),
자율주행 특화 5G 서비스 기술개발 중

▶ 현재 주가 34,800원 _ 최근 1년간 (+) 9.6%, 2년간 (+) 13.7%

▶ 2017년 매출액 전년대비 (+) 0.8%, 영업이익 (+) 6.5% 예상

▶ 2017년 추정 순이익 반영 주가수익배율(PER) 11.6배

LG U+ (032640)

이동통신 사업을 주축으로 단말기 판매, 콘텐츠 서비스 업체

2017년 상반기 NB－IoT(협대역 사물인터넷) 전용망 구축, 연내 5G 시범서비스 출시 예정

▶ 현재 주가 16,650원 _ 최근 1년간 (+) 52.1%, 2년간 (+) 44.2%

▶ 2017년 매출액 전년대비 (+) 4.2%, 영업이익 (+) 9.8% 예상

▶ 2017년 추정 순이익 반영 주가수익배율(PER) 13.4배

에이스테크 (088880)

기지국용 부품(안테나, 국내 시장점유율 1위) 및 RF 부품 제조 업체

에릭슨, 노키아 등 글로벌 장비 업체를 판매처로 확보함으로써 탄탄한 해외 시장 기반 확보

▶ 현재 주가 4,330원 _ 최근 1년간 (-) 7.8%, 2년간 (+) 8.3%

▶ 2017년 매출액 전년대비 (+) 24.3%, 영업이익 흑자전환 예상

▶ 2017년 추정 순이익 반영 주가수익배율(PER) 8.9배

대한광통신 (010170)

광통신 섬유, 케이블 제조 공급 업체(광섬유 전 공정에서 자체 생산력 보유)

생산체제 효율화를 통한 가격경쟁력 확보,
추후 국내외 통신인프라 구축 확대의 수혜 기대

▶ 현재 주가 3,785원 _ 최근 1년간 (+) 132.9%, 2년간 (+) 252.1%

▶ 2017년 매출액 전년대비 (+) 19.7%, 영업이익 흑자전환 예상

▶ 2017년 추정 순이익 반영 주가수익배율(PER) 14.0배

오이솔루션
(138080)

국내 시장점유율 1위의 송·수신용 광 트랜시버 제조 업체

해외 수출규모 증가 추세 향후 5G 통신망 확충에 따른 제품 수요 증가 및 수혜 기대

▶ 현재 주가 12,650원 _ 최근 1년간 (+) 6.3%, 2년간 (−) 22.9%

▶ 2017년 매출액 전년대비 (+) 26.4%, 영업이익 (+) 88.5% 예상

▶ 2017년 추정 순이익 반영 주가수익배율(PER) 11.1배

다산네트웍스
(039560)

네트워크 솔루션 및 통신장비 개발 및 제조, 자동차 자동화 솔루션 공급 업체

자율주행차량 제어 단말기, 이더넷스위치,
보안 소프트웨어 등 자율주행 특화 통신부품 개발

▶ 현재 주가 5,350원 _ 최근 1년간 (−) 29.1%, 2년간 (−) 15.2%

▶ 2017년 매출액 전년대비 (+) 77.5%, 영업이익 흑자전환 예상

▶ 2017년 추정 순이익 반영 주가수익배율(PER) 10.0배

모다
(149940)

무선 데이터통신 단말기(모바일라우터) 등 통신장비 제조, 도매 업체

추후 데이터 송수신량 증가에 따른 단말기 수요 증가 기대

▶ 현재 주가 8,930원 _ 최근 1년간 (−) 23.0%, 2년간 (+) 119.7%

▶ 2017년 매출액 전년대비 (+) 118.7%, 영업이익 (+) 829.4% 예상

▶ 2017년 추정 순이익 반영 주가수익배율(PER) 7.9배

엔텔스
(069410)

통신서비스 운영지원 시스템(빌링시스템 국내 시장점유율 1위) 개발 및 공급 업체

추후 5G사업에 따른 무선데이터 트래픽 증가 시 기업실적 성장 수혜 기대

▶ 현재 주가 14,100원 _ 최근 1년간 (+) 0.0%, 2년간 (−) 19.2%

▶ 2017년 매출액 전년대비 (+) 7.0%, 영업이익 (+) 1,345.3% 예상

▶ 2017년 추정 순이익 반영 주가수익배율(PER) 26.2배

※ 기업별 (예상, 추정)재무지표는 국내외 금융정보제공 업체에서 제공하는 애널리스트 컨센서스를 참조
하였으며 이에 해당하지 않는 기업의 경우 최근 결산월 기준 자료를 제시하였음 _ 네이버 증권

3. 빅데이터와 클라우드 컴퓨팅
엄청난 슈퍼컴퓨터를 언제 어디서나 사용한다

The Fourth Industrial Revolution

최근 정보 부족에서 과잉의 시대로 변화하면서 정보를 어떻게 취합해 활용할 것인가와 이런 정보를 어떻게 관리할 것인가에 대한 고민이 점차 깊어지고 있다.

특히 온라인 플랫폼 정보가 쏟아지면서 디지털 데이터 공급량이 빠르게 증가하고 있다. IT 시장 분석 기관 IDC는 2013년 기준으로 3조 8000억 기가바이트인 전 세계 디지털 데이터 누적 생산량이 2016년에는 10조 기가바이트, 2020년에는 35조 기가바이트로 증가할 것으로 예상한다.

주요 원인은 페이스북, 트위터 등 소셜네트워킹서비스가 활발해짐에 따라 비정형 데이터 생산이 크게 증가하고 있기 때문이다. 공장의 매출액, 관리비, 직원수처럼 형식과 단위가 정해져 있어 데이터베이스로 만들기 용이한 정형 데이터와 달리 일정한 형식이 없는 비정형 데이터는 최근 빅데이터를 활용할 수 있게 됨에 따라 그 효용성이 상당히 커졌다. 오라클은 비정형 데이터 비중이 전체의 88퍼센트가량을 차지하는 것으로 보고 있다.

이런 대용량 정보의 관리와 저장, 처리에 어려움을 겪고 있는 개인과 기업에 클라우드 컴퓨팅이 그 대안으로 떠오르고 있다. 클라우드 컴퓨팅은 기존의 PC나 스마트폰처럼 내부 저장 공간에 데이터를 저장하는 것이 아니라 인터넷에 가상으로 떠 있는 서버에 프로그램을 설치하고 정보를 저장해 두는 것을 의미한다. 사용자는 인터넷 접속만 하면 언제 어디서든 이를 불러내 이용하고 다시 저장할 수 있고, 대신 클라우드 컴퓨팅 회사에 사용료를 지불한다.

이 클라우드 컴퓨팅의 핵심 기술 중 하나는 수십, 수백만의 사용자에게 각각의 프로그램 및 저장공간을 제공해야 한다는 것인데 이를 '가상화'라고 한다. 사용자가 각자 자신의 드라이브를 '가지고 있는 것처럼' 접속 시마다 확인해서 편집하고 저장 보관할 수 있도록 하는 것이다.

또 하나의 핵심 기술은 '분산처리'다. 사용자 입장에서는 각자의 가상 드라이브를 사용하는 것이지만 서비스 공급자 입장에서는 사용자 수십, 수백만이 모여 거대한 구름이 형성된다. 그에 맞게 여러 대의 서버를 연결하고 데이터를 관리해야 한다. 만약 한 대의 서버에 문제가 생기거나 트래픽에 과부하가 걸려도 서비스가 끊기지 않도록 다른 서버에 분산해서 작업을 처리하고 백업을 해두어야 한다.

4차 산업혁명에서
클라우드 컴퓨팅 서비스의 다양한 역할

분산처리와 가상화로 구현되는 클라우드 컴퓨팅은 4차 산업혁명에서 어떤 역할을 하게 될까?

앞서 말한 대로 특정 단말기 문제로 프로그램이 오작동할 가능성을 줄여준다. 특히 스마트 공장이나 도로 위 자율주행차처럼 한 번의 오작동이 큰 사고나 재해로 연결될 가능성이 높은 경우에는 개별 서버나 저장장치로 프로그램을 돌리는 것보다 훨씬 안정적이다.

덧붙여 프로그램이나 정보를 유지하는 비용도 줄일 수 있다. 대용량 서버를 구축하는 데 들어가는 초기 비용도 크고, 막대한 비용이 들어간 서버를 상시적으로 사용하는 것도 아니라면 회사 입장에서는 자원 낭비다. 대표적으로 전자상거래나 세무회계컨설팅 업체 같은 경우는 연말, 분기말 등 특정 시점과 이외 시점에 사용하는 데이터 용량 차이가 엄청나다.

뿐만 아니라 서버를 설치하려면 공간을 확보하고 냉방 환경을 구축해야 하며 소프트웨어를 설치하고 개발해야 한다. 게다가 장애가 있을 때 조치해야 하는 등 기술 지원과 관련된 부대비용도 만만찮을뿐더러 새 응용프로그램이 출시돼 업그레이드해야 한다면 시스템을 갈아 엎어야 하는 일도 생긴다. 하지만 클라우드 컴퓨팅을 이용하면 사용한 만큼만 비용을 내면 되고 위에서 언급한 고민도 해결할 수 있다. 클라우드 컴퓨팅은 서버 외주 또는 공유경제라고 할 수 있다.

언제 어디서나 강력한 컴퓨팅과 대용량 저장 공간 사용 가장 중요한 점은 인터넷만 되면 어디서든지 사용할 수 있기 때문에 기기 및 장소의 제약이 없어진다는 것이다. 2016년 알파고와 이세돌의 세기의 대결에서 한 기자가 "알파고의 슈퍼컴퓨터는 어디 있나요?"라고 묻자 구글 관계자가 "알파고는 구름 위에 있습니다"라고 답변했다. 클라우드 컴퓨팅을 통해 미국에 있는 알파고의 서버에 접속해 서울에서 대국을 진행한 것이다.

더 놀라운 점은 당시 알파고가 클라우드 컴퓨팅의 핵심 기술인 분산처리로 연결된 1200대의 서버를 활용해 초당 10만 가지의 수를 고려하며 최적의 수를 둘 수 있었다는 것이다. 최정상급 프로기사가 초당 100가지의 수를 고려하는 것이 한계라는 전문가의 의견을 감안할 때 당시 대국은 알파고와 더불어 클라우드 컴퓨팅의 승리라고 할 수도 있다.

또 다른 예를 들어보자. 어떤 사람의 감정을 파악하고 그에 맞게 대응하는 인공지능을 만들려면 감정 상태를 반영하는 안면근육 변화, 미간의 주름, 목소리 높낮이 등을 데이터로 만들어 학습해야 한다. 당연히 샘플 데이터가 많을수록 좋은데 이 많은 데이터를 저장하고 처리하고 관리하는, 현존하는 최고의 대안이 바로 클라우드 컴퓨팅이다.

자율주행차도 마찬가지다. 사람의 조작 없이 스스로 판단하고 움직이려면 도로 위의 다양한 상황을 인공지능이 학습해야 한다. 어떤 형태가 차량이고 사람이고 신호등이고 도로인지 물체를 정확히 인지하려면 엄청난 용량의 샘플 데이터가 필요하다.

만약 이런 샘플 데이터를 저장하고 처리하는 서버를 차량 내부에 개별적으로 둔다면 콘테이너 한 대를 뒤에 끌고 다녀도 모자랄 판이지만 클라우드 컴퓨팅을 이용하면 간단히 해결할 수 있다. 운전 중 일어나는 수많은 상황을 학습하고 그 엄청난 데이터를 클라우드에 저장하고 공유했다가 활용하는 것이다.

보안은 계속 보완해야 할 과제 클라우드 컴퓨팅이 인공지능, 통신 네트워크 서비스와 더불어 4차 산업혁명을 떠받치는 3대 기반산업 중 하나인 이유를 앞에서 말했다. 물론 클라우드 컴퓨팅 회사가 모든 데이터를 보유하는 만큼 정보 유출에 대한 우려가 있지만 제도적으로 점차 보완될 것으로 본다. 오히려 관리 대상이 분산되지 않고 집중돼 관리 감독에 더욱 효율적일 것이라는 시각도 있다.

IDC는 2014년 565억 달러에 불과하던 세계 클라우드 컴퓨팅 시장이 2016년에는 863억 달러로, 2018년에는 1275억 달러까지 커질 것으로 전망하고 있다. 4차 산업혁명의 구조상 빅데이터의 활용량이 기하급수적으로 늘어나고 있는 점을 감안할 때 이러한 성장세는 이후로도 지속될 것으로 보인다.

국내외 클라우드 컴퓨팅 관련 대표 기업 및 동향

최초에 남는 서버를 다른 기업에 빌려주는 단순한 발상의 전환에서 시작한 클라우드 컴퓨팅은 IT 업종에서 파급효과가 가장 큰 인프라 산업으로 자리 잡았다. 많은 기업이 비용을 절감하고 효율적으로 운영하려고 네트워크로 원격 서버를 사용하는 클라우드 서비스를 활용하고 있으며 정보 관리에 민감한 금융업에서도 데이터센터를 클라우드 컴퓨팅으로 전환하려 하고 있다.

예를 들어 일본 최대 금융그룹인 미쓰비시 UFG는 우선 향후 10년 내 시스템의 절반을 클라우드 컴퓨팅으로 전환할 예정이며 장기적으로는 전부 전환할 계획을 세웠다. 소매금융 전문 금융기관인 미국의 캐피탈원은 아예 자체 데이터센터 전부를 클라우드로 전환하겠다는 운영 계획을 발표하기도 했다.

이 새로운 비즈니스를 현실화해 거대하게 성장시킨 클라우드 컴퓨팅 분야의 대표 기업은 아마존이다. 이 회사의 클라우드 서비스인 AWS는 치열한 경쟁 속에서도 독보적인 업계 1위를 유지하고 있으며 아마존 전체 매출의 10퍼센트를 담당하고 있다. 이외에 마이크로소프트, IBM, 구글의 3사를 더해 이들 4사의 클라우드 컴퓨팅 시장점유율은 전체 시장의 80퍼센트 수준이다.

반면 이들 빅4에 비해 규모의 경제에서 열위에 있는 후발 업체는 아마존처럼 IT 인프라 장비를 빌려주는 IaaS(Infrastracture as a Service) 형태의 클라우드 서비스 외에 뭔가 차별성 있는 서비스를 제공해야 살아남을 수 있다.

따라서 후발업체는 IT 인프라 외에 운영체제와 데이터 분석이나 인공지능·머신러닝 관련 API 등의 플랫폼을 같이 빌려줌으로써 원하는 소프트웨어를 편리하게 개발할 수 있도록 하는 PaaS(Platform as a Service), 또는 이미 만들어진 솔루션 소프트웨어를 웹에서 바로 쓸 수 있게 하는 SaaS(Software as a Service) 형태로 주로 제공하고 있다.

[해외 주요 클라우드 컴퓨팅 관련업체] (2017년 7월 31일 기준)

업체명(소재지)
거래증시 / 종목코드   개요 및 주요사업 / 최근 동향

Amazon(미국)
NASDAQ/AMZN

글로벌 1위 전자상거래, 클라우드 서비스 제공 업체
클라우드 서비스 AWS 출시, CIA, 나사 등 다양한 기관 및 회사들과 계약
▸ 현재 주가 987.78달러 _ 최근 1년간 (+)30.2%, 2년간 (+)84.2%
▸ 최근 결산월 기준 매출액 전년대비 (+)27.1%, 영업이익 (+)87.5%
▸ 현재 주가수익배율(PER) 249.2배

Microsoft(미국)
NASDAQ/
MSFT

운영체제 등 소프트웨어 개발 · 판매, 및 클라우드 서비스 제공 업체
클라우드 서비스 애저 출시, 세계 최대 데이터센터와 보안 인프라 구축
▸ 현재 주가 72.7달러 _ 최근 1년간 (+)31.5%, 2년간 (+)64.0%
▸ 최근 결산월 기준 매출액 전년대비 (+)5.4%, 영업이익 (+)12.1%
▸ 현재 주가수익배율(PER) 26.8배

IBM Corp(미국)
NYSE/IBM

하드웨어(서버), 소프트웨어 개발 · 판매, 기업 컨설팅 솔루션 제공 업체
클라우드 서비스 IBM 블루믹스 출시, 인공지능 왓슨 API 활용으로 차별화
▸ 현재 주가 144.67달러 _ 최근 1년간 (−)6.7%, 2년간 (−)4.0%
▸ 최근 결산월 기준 매출액 전년대비 (−)2.2%, 영업이익 (−)22.7%
▸ 현재 주가수익배율(PER) 12.0배

ALPHABET(미국)
NASDAQ/
GOOGL

지주회사, 인터넷 검색엔진 및 운영체제 글로벌 1위 업체 구글의 모기업
클라우드 서비스 GCP 출시, 엔비디아의 인공지능용 최신 GPU 탑재로 서비스 개선
▸ 현재 주가 945.5달러 _ 최근 1년간 (+)19.5%, 2년간 (+)43.8%
▸ 최근 결산월 기준 매출액 전년대비 (+)20.4%, 영업이익 (+)22.5%
▸ 현재 주가수익배율(PER) 34.2배

Oracle(미국)
NYSE/ORCL

기업경영 지원을 위한 비즈니스솔루션 소프트웨어(DBMS 등) 개발 업체
클라우드 플랫폼을 통한 600여 가지의 기업용 소프트웨어 패키지 제공
▸ 현재 주가 49.93달러 _ 최근 1년간 (+)23.6%, 2년간 (+)29.0%
▸ 최근 결산월 기준 매출액 전년대비 (+)1.8%, 영업이익 (+)0.8%
▸ 현재 주가수익배율(PER) 22.6배

SAP(독일)
NYSE/SAP
ETR/SAP

종합 비즈니스 관리 소프트웨어 개발 업체, 클라우드 기반 서비스 확대 중
2017년 구글과 클라우드 비즈니스 파트너십 체결
▶ 현재 주가 105.85달러 _ 최근 1년간 (+) 22.8%, 2년간 (+) 52.2%
▶ 최근 결산월 기준 매출액 전년대비 (+) 6.1%, 영업이익 (+) 20.8%
▶ 현재 주가수익배율(PER) 31.3배

SALESFORCE
(미국)
NYSE/CRM

CRM에 특화된 클라우드 기반 주문형 솔루션 소프트웨어 제공 업체
▶ 현재 주가 90.80달러 _ 최근 1년간 (+) 11.0%, 2년간 (+) 23.9%
▶ 최근 결산월 기준 매출액 전년대비 (+) 25.9%, 영업이익 (−) 44.5%

VMware(미국)
NYSE/VMW

클라우드 서비스용 워크스테이션 및 가상화 소프트웨어 공급 업체
▶ 현재 주가 92.71달러 _ 최근 1년간 (+) 27.0%, 2년간 (+) 4.0%
▶ 최근 결산월 기준 매출액 전년대비 (+) 6.7%, 영업이익 (+) 20.2%
▶ 현재 주가수익배율(PER) 31.1배

※ 현재 주가수익배율(PER)은 최근 공시 재무제표 기준 과거 4분기 순익을 반영한 수치임 _ 구글 파이낸스
※ 기업별 (예상)재무지표는 국내외 금융정보제공 업체에서 제공하는 애널리스트 컨센서스 참조
※ SAP은 독일 기업이지만 미국 증시에 ADR(예탁증서) 형태로 상장 및 거래 중
※ 상장증시 약어 표기는 나스닥(미) = NASDAQ, 뉴욕증권거래소(미) = NYSE, 세트라거래소(독) = ETR임

[국내 주요 클라우드 컴퓨팅 관련업체]

(2017년 7월 31일 기준)

업체명(종목코드)　개요 및 주요사업 / 최근 동향

NAVER
(035420)

검색엔진 국내 1위 업체로서 전자상거래, 광고, SNS 등 다양한 수익 구조 구축
2017년 4월 기업용 클라우드 서비스 '네이버 클라우드 플랫폼' 출시
▶ 현재 주가 803,000원 _ 최근 1년간 (+) 13.1%, 2년간 (+) 53.5%
▶ 2017년 매출액 전년대비 (+) 14.3%, 영업이익 (+) 10.3% 예상
▶ 2017년 추정 순이익 반영 주가수익배율(PER) 30.6배

더존비즈온
(012510)

ERP 기반 비즈니스 소프트웨어 서비스(국내 시장점유율 1위) 제공 업체
클라우드 서비스 고객 확대에 따른 기업실적 증가세 지속 예상
▶ 현재 주가 34,900원 _ 최근 1년간 (+) 50.1%, 2년간 (+) 64.2%
▶ 2017년 매출액 전년대비 (+) 13.4%, 영업이익 (+) 20.3% 예상
▶ 2017년 추정 순이익 반영 주가수익배율(PER) 27.9배

효성ITX
(094280)

컨텍센터 서비스가 주력인 클라우드 및 시스템통합관리 서비스 제공 업체
2016년 말 인공지능 콜센터 상담 솔루션 익스트림 VOC 출시
▶ 현재 주가 15,700원 _ 최근 1년간 (+) 20.8%, 2년간 (+) 3.3%
▶ 2017년 매출액 전년대비 (+) 13.3%, 영업이익 (+) 27.6% 예상
▶ 2017년 추정 순이익 반영 주가수익배율(PER) 16.6배

엑셈
(205100)

서버 DB(데이터베이스) 관리 솔루션 소프트웨어 개발 업체
데이터 트래픽 증가에 따른 수주량의 점진적인 증가 예상
▶ 현재 주가 5,110원 _ 최근 1년간 (+) 36.3%, 2년간 (+) 3.0%
▶ 2017년 매출액 전년대비 (+) 22.4%, 영업이익 (+) 460.2% 예상
▶ 2017년 추정 순이익 반영 주가수익배율(PER) 23.9배

※ 기업별 (예상, 추정)재무지표는 국내외 금융정보제공 업체에서 제공하는 애널리스트 컨센서스를 참조
하였으며 이에 해당하지 않는 기업의 경우 최근 결산월 기준 자료를 제시하였음 _ 네이버 증권

4. 기타 하드웨어(반도체, 저장장치) 더 많은 데이터를 더 빨리 처리한다

The Fourth Industrial Revolution

"개인 PC에서 필요한 저장용량은 앞으로도 최대 1메가바이트를 넘지 않을 것이다."

PC가 막 대중화되기 시작한 1980년대 초만 해도 업계 전문가들이 미래를 바라보는 시각은 상당히 제한적이었다. 현재 개인 PC의 저장용량이 테라바이트(TB) 시대에 접어든 만큼 이 예측은 보기좋게 빗나갔고 요즘은 전문가의 미래예측 오류에 대한 대표적인 사례로 인용되고 있다(위의 말은 빌 게이츠가 했다고 전해지고 있으나 빌 게이츠 본인은 저런 말을 한 적이 없다고 주장한다).

이해는 되는 것이 1980년대 초까지만 해도 대학이나 회사 전산실에서는 천공카드에 한 줄씩 프로그램을 코딩한 다음 펀치로 뚫어 기계실에 제출하고 그 다음 날 결과값을 받아봤다. 그만큼 최근 30년간 현재의 모습을 상상조차 하기 어려울 만큼 기술이 빠르게 발전했다고 볼 수 있으며 앞으로 그 속도가 빠르면 빨라졌지 느려질 것 같진 않다.

여하튼 반도체야말로 모든 전자기기에서 가장 필수적인 재료인 동시에 가장 빠른 속도로 진화해야 하는 '4차 산업의 쌀'이라고 할 수 있다. 인공지능의 장점인 빠른 학습 능력을 뒷받침하려면 연산과 정보처리, 저장을 담당하는 반도체의 성능이 당연 우수해야 한다. 아무리 우수한 프로그램을 개발한다 하더라도 탑재된 반도체의 성능이 떨어지면 무용지물이나 마찬가지기 때문이다.

따라서 다가오는 4차 산업혁명 환경에 맞게 빠른 연산과 제어, 대량 데이터 처리, 저장을 실현하려는 반도체 산업에도 변화가 일어나고 있다. 반도체는 크게 정보를 저장하고 읽는 메모리 반도체와 읽은 정보를 연산·처리하는 비메모리 반도체로 구분한다. 비메모리 반도체는 전자기기 시스템을 제어·관리하는 다양한 역할을 담당한다고 해서 시스템 반도체라고도 한다.

시스템 반도체의 특성과 트렌드

시스템 반도체는 연산과 논리 작업 등 정보를 처리해서 전자기기의 모든 기능을 제어하고 운용하는 주요 부품이다. 사람의 두뇌에 비유하면 계산과 추리를 담당하고 있다. 컴퓨터, 스마트폰 등 전자기기는 아무리 소프트웨어가 뛰어나도 시스템 반도체의 처리속도가 빠르지 않으면 무용지물이다.

따라서 시스템 반도체의 성능과 품질은 전자기기의 성능과 직결된다. 대표적으로 인텔의 컴퓨터 중앙처리장치(CPU)와 시스템온칩(Soc), 그리고 스마트폰에 사용하는 애플리케이션 프로세서(AP)가 있다. 그런데 최근 인공지능, 가상현실, 증강현실 등이 발달함에 따라 기능별로 특화된 시스템 반도체가 개발되는 등 그 종류가 다양해지고 있다.

실례로 최근 사물을 인식하는 인공지능이 발달함에 따라 GPU(그래픽처리

장치)가 주목받고 있다. 원래 컴퓨터에서 게임이나 영상편집에 필요한 연산을 담당하던 이 부품이 사물을 인식시키는 딥러닝 과정에서는 CPU보다 탁월한 성능을 발휘한다는 사실이 알려졌기 때문이다. CPU가 일정한 데이터를 빠르게 처리하는 반면 GPU는 느리지만 대량의 데이터를 동시에 처리하는 데 강하다.

외장형 GPU 시장의 70퍼센트 이상을 점유 중인 엔비디아(Nvidia)는 최근 4차 산업혁명의 신데렐라로 주목받으며 2년간 매출액이 360퍼센트 이상 증가했고 2015년부터 2017년 6월까지 주가는 618퍼센트 폭등했다. 여기에 자율주행차 시장을 선점하고자 수많은 관련 기업과 협업 관계를 구축해둔 것을 감안할 때 추가 성장 가능성 또한 매우 높다.

메모리 반도체의 특성과 트렌드

지능은 계산과 추리(정보처리) 그리고 암기(저장)라는 두 분야로 분류할 수 있다. 이해와 응용은 빠른데 암기를 잘 못한다든지 암기는 엄청 잘하는데 도통 이해를 못한다면 모두 학습 활동에 장애가 있다고 할 수 있다. 다시 말해 두 기능이 서로 엇비슷해야 효과적인 학습 활동이 가능하다는 뜻이다.

컴퓨터도 마찬가지다. 아무리 시스템 반도체가 뛰어나도 정보를 저장하고 불러내는 메모리 반도체(정보를 저장·보관했다가 필요한 시점에서 다시 불러내 활용할 수 있는 장치)가 낙후됐으면 제 기능을 발휘할 수 없다.

메모리 반도체에는 대표적으로 정보처리 속도를 높이는 D램(RAM)과 정보 저장만을 위한 낸드플래시(NAND Flash)가 있는데 D램은 데이터 입출력 속도가 빠르지만 전원이 꺼지면 정보가 사라지는 반면 낸드플래시는 입출력 속도가 느리지만 전원이 꺼져도 정보가 남는다.

　최근 폭발적으로 증가하는 데이터 용량에 맞춰 글로벌 메모리 반도체 시장 규모 또한 빠르게 증가하고 있다. IC 인사이츠에 따르면 2016년 740억 달러 내외로 추청되는 글로벌 메모리 반도체 시장은 2018년 800억 달러, 2021년 1100억 달러에 달할 것으로 예측된다. 특히 제4차 산업혁명으로 보다 고용량 데이터 처리와 저장이 동시에 필요해지는 현재, 디지털 데이터 증가율은 연평균 41퍼센트에 이를 것으로 예상된다.

　메모리 반도체 외의 기타 데이터 저장매체 시장도 향후 많은 변화가 예상된다. 개인용 컴퓨터가 활성화된 이후에 하드디스크(HDD)와 CD, DVD, 솔리드스테이트드라이브(SSD)가 차례로 출시되면서 데이터 저장용량과 속도 모두 빠르게 증가했다. 하지만 디지털 데이터의 양이 워낙 빠르게 증가하다 보니 저장 기술을 시급히 혁신해야 할 필요성이 대두되고 있다.

　이런 가운데 차세대 저장매체의 대안으로 최근 DNA 스토리지가 주목받고 있다. DNA 구성 요소인 아데닌(A), 구아닌(G), 시토신(C), 티민(T)에 디지털 신호를 대입해 데이터를 저장하는 이 신기술이 상용화될 경우 현재 지구상의 모든 디지털 데이터를 단 1킬로그램의 DNA에 저장하는 것이 가능하다. 현재 마이크로소프트가 워싱턴대와 함께 2016년 7월, 200메가바이트의 디지털 데이터를 저장하는 데 성공했다.

국내외 반도체, 하드웨어 관련 대표 기업 및 동향

시스템 반도체는 그 종류가 다양한 만큼 경쟁도 치열하다. 전체적으로는 상위 5개 회사의 시장점유율이 40퍼센트 수준에 불과할 정도다. 시장조사기관 IHS에 따르면 시스템 반도체 시장점유율은 인텔 20.3퍼센트, 퀄컴 6.8퍼센트, 텍사스인스트루먼트(TI) 5.1퍼센트, NXP 4.0퍼센트, 삼성전자 3.7퍼센트 수준이다.

이외에 스마트폰용 AP 분야에서 시장점유율을 확대해 나가고 있는 삼성전자, GPU 분야 글로벌 1위 개발 업체 엔비디아, OLED 등 디스플레이 증착장비 분야에서 독보적인 경쟁력을 보이는 어플라이드 머티리얼즈 등이 분야별 선도 기업으로 떠오르고 있다.

메모리 반도체의 글로벌 메인 플레이어는 삼성전자와 SK 하이닉스(한), 마이크론(미), 도시바, 웨스턴디지털 등이다. D램 시장은 삼성전자와 SK 하이닉스 그리고 마이크론의 3강 체제가 지속되고 있다. 2016년 3분기 현재 시장점유율은 삼성전자가 50.2퍼센트, SK 하이닉스가 24.8퍼센트, 마이크론이 18.5퍼센트다.

반면 낸드프래시 시장은 삼성전자가 여전히 1위를 달리지만 D램에 비해 경쟁이 다소 치열한 편이다. 2016년 3분기 현재 시장점유율은 삼성전자 36퍼센트, 도시바 20퍼센트, 웨스턴디지털 16퍼센트, 마이크론 11퍼센트, SK하이닉스 10퍼센트 순이다.

[해외 주요 반도체 · 하드웨어 관련업체] (2017년 7월 31일 기준)

업체명(소재지)
거래증시 / 종목코드   개요 및 주요사업 / 최근 동향

INTEL(미국)
NASDAQ/INTC

글로벌 1위의 시스템 반도체(CPU, AP 등) 제조 업체

3D크로스포인트 기술을 활용한 메모리 반도체 시장 진출 선언

▶ 현재 주가 35.21달러 _ 최근 1년간 (+)4.8%, 2년간 (+)30.4%

▶ 최근 결산월 기준 매출액 전년대비 (+)7.3%, 영업이익 (−)10.1%

▶ 현재 주가수익배율(PER) 13.5배

Qualcomm(미국)
NASDAQ/QCOM

글로벌 1위 스마트폰용 AP 제조, 무선통신기기 및 운영 소프트웨어 개발 업체

차세대 AP 스냅드래곤 835 개발, 자율주행 전용 부품(AP 및 5G모뎀 칩) 개발 중

▶ 현재 주가 53.19달러 _ 최근 1년간 (−)11.9%, 2년간 (−)11.2%

▶ 최근 결산월 기준 매출액 전년대비 (−)6.8%, 순이익 (+)12.9%

▶ 현재 주가수익배율(PER) 20.4배

NVIDIA(미국)
NASDAQ/NVDA

글로벌 1위의 GPU 제조 및 소프트웨어 개발 업체

최근 인공지능 · 자율주행차 · 가상현실 분야에서의 GPU 활용도 확대

▶ 현재 주가 162.51달러 _ 최근 1년간 (+)186.2%, 2년간 (+)730.9%

▶ 최근 결산월 기준 매출액 전년대비 (+)37.9%, 영업이익 (+)158.9%

▶ 현재 주가수익배율(PER) 46.5배

Texas Instruments(미국)
NASDAQ/TXN

글로벌 1위의 전원 관리, 디지털 신호처리 등 아날로그반도체 제조 업체

사물인터넷 시장의 확대에 따른 수혜 기대

▶ 현재 주가 81.38달러 _ 최근 1년간 (+)19.7%, 2년간 (+)71.5%

▶ 최근 결산월 기준 매출액 전년대비 (+)2.8%, 영업이익 (+)12.3%

▶ 현재 주가수익배율(PER) 20.0배

Micron Technology(미국)
NASDAQ/MU

D램, 3D 낸드 등 메모리 반도체 제조 업체

데이터트래픽 증가 및 빠른 정보처리 요구로 메모리 반도체 수요 증가

▶ 현재 주가 28.12달러 _ 최근 1년간 (+)104.7%, 2년간 (+)51.9%

▶ 최근 결산월 기준 매출액 전년대비 (−)23.4%, 영업이익 (−)94.4%

▶ 현재 주가수익배율(PER) 12.9배

Western Digital (미국) NASDAQ/ WDC

HDD, SDD 등 저장장치 제조 업체, USB 제조 업체 샌디스크의 모기업
향후 데이터 트래픽 증가의 수혜 기대
▶ 현재 주가 85.12달러 _ 최근 1년간 (+)84.1%, 2년간 (+)5.5%
▶ 최근 결산월 기준 매출액 전년대비 (+)46.9%, 영업이익 (+)319.3%
▶ 현재 주가수익배율(PER) 66.8배

Xilinx(미국) NASDAQ/ XLNX

FPGA 등 주문형 반도체 개발 및 판매 업체
▶ 현재 주가 63.26달러 _ 최근 1년간 (+)26.9%, 2년간 (+)59.6%
▶ 최근 결산월 기준 매출액 전년대비 (+)6.1%, 영업이익 (+)4.4%
▶ 현재 주가수익배율(PER) 27.1배

※ 현재 주가수익배율(PER)은 최근 공시 재무제표 기준 과거 4분기 순익을 반영한 수치임 _ 구글 파이낸스
※ 기업별 (예상)재무지표는 국내외 금융정보제공 업체에서 제공하는 애널리스트 컨센서스 참조
※ 상장증시 약어 표기는 나스닥(미) = NASDAQ, 뉴욕증권거래소(미) = NYSE임

[국내 주요 반도체 · 하드웨어 관련업체]
(2017년 7월 31일 기준)

업체명(종목코드)   개요 및 주요사업 / 최근 동향

삼성전자 (005930)

D램, 3D 낸드 등 메모리 반도체 및 스마트폰 글로벌 1위 제조 업체
메모리 반도체 산업 호조와 10나노공정 AP 양산 등 시스템 반도체 시장 공략
▶ 현재 주가 2,410,000원 _ 최근 1년간 (+)56.6%, 2년간 (+)103.4%
▶ 2017년 매출액 전년대비 (+)18.1%, 영업이익 (+)78.8% 예상
▶ 2017년 추정 순이익 반영 주가수익배율(PER) 9.3배

SK하이닉스 (000660)

D램, 3D 낸드 등 메모리 반도체 시장의 글로벌 빅 3 플레이어
데이터트래픽 증가 및 빠른 정보처리 요구로 메모리 반도체 수요 증가
▶ 현재 주가 66,000원 _ 최근 1년간 (+)91.9%, 2년간 (+)77.9%
▶ 2017년 매출액 전년대비 (+)67.1%, 영업이익 (+)290.1% 예상
▶ 2017년 추정 순이익 반영 주가수익배율(PER) 4.6배

어보브반도체
(102120)

초소형 콘트롤러(MCU) 개발 및 비메모리 반도체 설계 전문 업체
연내 저전력 블루투스 기반 비콘칩 양산 시 사물인터넷 시장 확대의 수혜 예상
▶ 현재 주가 7,910원 _ 최근 1년간 (−) 19.7%, 2년간 (+) 38.5%
▶ 2017년 매출액 전년대비 (+) 11.4%, 영업이익 (+) 51.2% 예상
▶ 2017년 추정 순이익 반영 주가수익배율(PER) 13.2배

원익IPS
(240810)

반도체, 디스플레이, 태양전지 생산 장비 개발 및 제조 업체
사물인터넷 시장 확대에 따른 3D 낸드 수요 증가의 수혜 기대
▶ 현재 주가 32,700원 _ 최근 1년간 (+) 31.6% / 2016년 5월 재상장
▶ 2017년 매출액 전년대비 (+) 139%, 영업이익 (+) 330.6% 예상
▶ 2017년 추정 순이익 반영 주가수익배율(PER) 12.9배

프로텍
(053610)

웨이퍼 이송용 로봇 등 반도체 공장 장비 및 자동화 공압 부품 제조 업체
칩셋, 낸드플래시 등 반도체 신규 수요 증가에 따른 수혜 기대
▶ 현재 주가 15,650원 _ 최근 1년간 (+) 46.3%, 2년간 (+) 82.0%
▶ 2017년 매출액 전년대비 (+) 6.5%, 영업이익 (+) 8.7% 예상

SK머티리얼즈
(036490)

반도체, LCD 패널, 태양전지 제조용 특수가스 외 산업용 가스 제조 업체
최근 3D낸드용 소재 프리커서 개발회사 SK트리켐 설립 등 제품 다각화 시도
▶ 현재 주가 184,600원 _ 최근 1년간 (+) 25.2%, 2년간 (+) 38.9%
▶ 2017년 매출액 전년대비 (+) 19.2%, 영업이익 (+) 10.4% 예상
▶ 2017년 추정 순이익 반영 주가수익배율(PER) 16.2배

네패스
(033640)

반도체 및 전자관련부품, 전자재료, 화학제품 등의 제조, 판매 업체
2017년 제너럴비전의 인공지능용 NM500칩 생산, 패키징, 판매 독점권 확보
▶ 현재 주가 10,200원 _ 최근 1년간 (+) 20.9%, 2년간 (+) 53.8%
▶ 2017년 매출액 전년대비 (+) 17.4%, 영업이익 (+) 199.1% 예상
▶ 2017년 추정 순이익 반영 주가수익배율(PER) 14.3배

※ 기업별 (예상, 추정)재무지표는 국내외 금융정보제공 업체에서 제공하는 애널리스트 컨센서스를 참조
하였으며 이에 해당하지 않는 기업의 경우 최근 결산월 기준 자료를 제시하였음 _ 네이버 증권

5. 로봇
인간이 하던 거의 모든 일을 대신 해준다

The Fourth Industrial Revolution

●

●

로봇보다 사람들의 상상을 자극하는 주제는 없을 것이다. 1979년 탑승형 전투로봇 기동전사 건담, 2001년 영화 에이아이(AI)의 데이비드, 2008년 영화 아이언맨의 토니 스타크 등 당시 많은 어린이의 꿈과 감성을 키워낸 로봇 캐릭터는 어른이 되면서 이제 추억으로 남았다.

그런데 최근 4차 산업혁명이 시작되면서 이들이 보여준 꿈이 차츰 현실로 다가오고 있다. 정보를 파악하고 스스로 움직이는 로봇, 사람처럼 말하고 행동하고 교감하는 로봇, 초인적인 힘을 발휘할 수 있는 수트형 로봇, 위험한 현장에서 어려운 업무를 능동적으로 수행하는 로봇이 등장하는 현실을 볼 때마다 우리는 놀라움과 두려움을 같이 느낀다.

로봇이란 인간처럼 외부 환경을 인식하고 상황을 판단하거나 주어진 일을 처리하는 등 인간의 특정한 기능과 모습을 모방하는 기계다. 이러한 로봇은 유형에 따라 산업용, 소셜서비스용, 의료용, 기타 전문 분야용으로 구분되는데 이전에는 산업용이 압도적이었지만 4차 산업혁명 시대가 다가오면서 점차 다양한 용도로 그 시장이 확대되고 있다.

산업용 로봇 _
4차 산업혁명의 주역이자 일꾼이 되다

산업용 로봇은 로봇 산업에서 가장 역사가 깊은 분야로서 그 비중이 가장 크다. 3차 산업혁명 시대에 이미 제조업의 핵심 요소로 자리잡은 산업용 로봇은 4차 산업혁명 시대에 인공지능 기술과 결합함으로써 그 활약이 더욱 두드러질 전망이다.

각 공정 단계의 로봇이 현장 매출과 주문량 등 데이터를 수집해 스스로 수요를 예측하고 이에 맞게 제품별 생산량을 조절한다. 또한 불량품을 실시간으로 감지한 후 자발적으로 이를 수정해 작업에 반영한다.

대표 스마트공장으로 꼽히는 독일 지멘스의 암베르크 공장은 이런 산업용 로봇 운용으로 매년 1천 가지의 제품을 1200만 개가량 생산하는데 20년 전에 비해 생산성이 무려 800퍼센트 증가했다. 100만 개 제품 중 불량품이 11개에 불과할 만큼 수율도 획기적으로 개선되었다.

이러한 산업용 로봇은 선진국의 인구가 고령화 됨으로써 떨어진 생산성을 개선할 대안으로 주목받고 있으며, 국제로봇협회(IFR)는 2015년부터 2020년까지 산업용 로봇 공급량이 매년 13퍼센트에서 15퍼센트대의 높은 증가율을 지속적으로 보일 것으로 전망하고 있다. 산업용 로봇 시장은 중국, 한국, 일본, 미국, 독일의 5개국이 전세계 판매량의 약 4분의 3을 차지하고 있다.(2015년 기준)

• • 소셜서비스 로봇 _
장난감을 뛰어넘어 인간의 친구가 되다

2015년 6월, 소프트뱅크의 감정형 로봇 '페퍼'가 출시되자마자 1분만에 1차 판매물량 1000대의 주문이 마감됐다. 대당 19만 8000엔(약 200만 원) 수준으로 가격경쟁력마저 갖춘 이 로봇은 일본에서 이후 수많은 매장의 점원으로, 아이들의 학습 도우미로, 외로운 독거노인의 반려자로 활동하고 있다.

얼마 전 한 TV 프로그램에서는 페퍼와 대화하며 상태가 호전된 자폐아 메구미와 우울증이 치유되고 밝아진 독거노인 후미코 할머니의 이야기가 방영되기도 했다. 심지어 도쿄대 의대에서는 '페퍼'를 활용해 노인의 치매를 치료하려고 시도한다.

페퍼는 센서와 학습형 인공지능이 있으므로 인간과 대화하면서 습득하는 정보를 바탕으로 계속 진화하게 되어 있다. 특히 자신이 습득한 인간의 행동양식, 감정표출 데이터를 클라우드로 업로드해 페퍼끼리 공유하면서 그 속도가 더욱 빨라지고 있다.

아직 초기 단계라고 할 수 있지만 인간의 감성을 흉내내고 생활을 돕는 소셜서비스 로봇 산업의 범위와 규모는 앞으로 엄청나게 성장할 것이다. 이들에 대한 시장의 반응이 예상보다 더욱 뜨겁고 긍정적이기 때문이다. 다음 그래프같이 전 세계의 서비스 로봇 시장은 2014년 말부터 2020년까지 매년 20에서 25퍼센트대의 고속 성장이 예상되는데 이 중 소셜서비스 로봇 시장의 증가 속도가 가장 빠를 것으로 보인다.

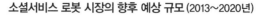

소셜서비스 로봇 시장의 향후 예상 규모 (2013~2020년)

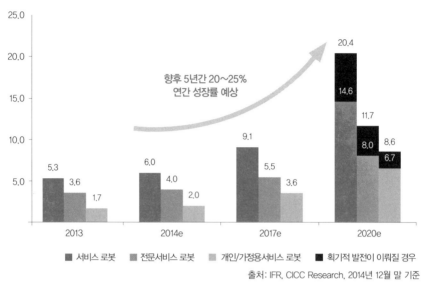

향후 5년간 20~25%
연간 성장률 예상

■ 서비스 로봇 ■ 전문서비스 로봇 ■ 개인/가정용서비스 로봇 ■ 획기적 발전이 이뤄질 경우

출처: IFR, CICC Research, 2014년 12월 말 기준

의료용 로봇 _
인간의 꿈, 무병장수를 실현해 나가다

　의료용 로봇은 수술 로봇과 간호조무용 보조 로봇이 대표적이다. 수술 로봇은 주로 정교함과 세밀함이 요구되는 수술에 이용되는데 피수술자의 몸에 상처를 최대한 적게 내려면 로봇 팔의 움직임과 장착된 내시경, 적외선 탐지기의 정밀도가 무엇보다 중요하다.

　그런데 2000년도 당시 연간 1000건 정도에 그쳤던 로봇 수술 건수는 기술이 발전해 정밀도가 향상되면서 2015년 57만 건까지 확대되었다. 연구조사 기관인 윈터그린리서치는 2015년 기준 32억 달러에 불과하던 수술용 로봇의 매출규모가 매년 30퍼센트 가량 고성장을 거듭해 2021년에는 200억 달러로 확대될 것이라고 전망했다.

정보통신 기술을 이용해 의료 서비스 및 정보를 제공하는 원격의료 (Telehealth)가 확산되면 수술용 로봇 시장이 확대될 것이다. 전문가에 따르면 전 세계 원격의료 시장 규모는 2020년에 340억 달러 수준까지 성장할 것으로 예상되며 이 중 40퍼센트는 북미 지역에서 이루어질 전망이다. 그 범위도 진단, 처방에서 차츰 원격수술로 확대될 예정이다.

향후 인공지능의 발전 또한 의료용 로봇 시장 확대에 긍정적이다. 진단 → 수술 → 회복으로 이어지는 의료 행위의 각 단계가 차츰 자동화될수록 로봇의 수요는 더욱 늘어날 것이기 때문이다. IBM의 인공지능 왓슨은 1만 5000시간 동안 200만 페이지의 의학 자료를 습득한 다음 전문의 이상의 진료 능력을 보여주고 있다. 인천 길병원에서는 2016년 11월 이후 85명의 암환자 진료가 왓슨에 의해 이뤄졌다.

최근 일본의 사이버다인이 개발한 로봇 수트 HAL은 장애인의 간호조무용 보조기구로 주목받고 있다. 착용자의 뇌파를 센서가 인지해 움직이는 구조로 만약 착용자가 팔을 들고 싶다고 생각하면 로봇의 팔을 움직이게 하는 센서가 작동해 실제 팔을 움직인다. 일본이 노인복지와 의료에 막대한 예산을 투입하는 고령화 국가임을 감안할 때 이런 보조용 로봇 수트 사업은 정부의 정책적 지원을 받기 쉬우므로 안정적 성장을 기대할 만하다.

앞서 본 사례처럼 의료용 로봇 시장은 앞으로 빠르게 발전할 가능성이 높다. 2016년 중국 투자자문공사는 의료용 로봇 업계의 영업이익이 향후 5년간 15퍼센트씩 고속 성장할 것으로 보고 있으며 특히 아시아 지역의 성장세가 두드러질 것으로 전망하고 있다.

기타 전문 서비스 및 전투용 로봇 _
인간을 대신해 어려운 일을 척척 해내다

2017년 영국의 한 업체는 전 세계적으로 유명한 셰프의 2000가지 요리를 구현하는 요리사 로봇을 선보였으며 연내 한화 1600만 원대에 판매할 예정이라고 한다. 이외에도 인공지능 기술이 결합해 음악이나 회화는 물론이고 작곡이나 소설, 심지어 투자 분석·관리 등 창조 분야에서도 로봇이 인간 전문가와 경쟁할 것으로 예상된다.

방위용 로봇도 규모가 빠르게 성장하고 있다. 국내외 방산업체들은 안전성 문제에서 비교적 자유로운 경계감시용 로봇을 위주로 개발하고 있으며 소총 사격 또는 유탄 발사가 가능한 무인 정찰 로봇을 제작해 실전에 배치하고 있다. 최근에는 험난한 산악지형에서 기동력을 발휘할 수 있는 전투형 4족 또는 다족 보행 로봇을 개발 중에 있다.

2013년 4월 일본 스이도바시 중공업은 쿠라타스라는 탑승형 전투 로봇을 제작해 출시하기도 했다. 무게 5톤, 높이 3.8미터의 이 거대 로봇은 건담처럼 한 명의 조종사가 직접 탑승해 조종하거나 외부에서 스마트폰으로 원격제어할 수도 있다. 물론 반응속도 등을 감안할 때 만화처럼 실제 야전에서 전투를 수행하기에는 아직 부적합하지만 전투형 탑승 로봇을 실제로 구현했다는 점에서 앞으로의 행보를 주목할 만하다.

국내외 로봇 사업 관련 대표 기업 및 동향

산업용 로봇 분야에서는 일본과 독일 기업이 원천기술을 보유함으로써 안정적 이익과 높은 성장율을 실현하고 있다. 예를 들어 일본의 대표적 산업용 로봇 제조 업체인 화낙의 영업이익률은 2010년 이후 35퍼센트에서 40퍼센트대를 지속적으로 기록하고 있다. 주가 또한 2017년 6월 현재 2007년 고점 대비 62퍼센트가량 상승했는데 같은 기간 일본의 니케이225 지수의 상승률이 10퍼센트도 채 안 되는 점을 감안하면 꽤 괄목할 만한 성과라 할 수 있다.

소셜서비스 로봇 분야의 선도 기업은 페퍼의 소프트뱅크다. 가정용 외에도 기업 사무 보조, 금융기관 창구 지원용으로 그 용도를 확대하고 있으며 IBM 왓슨과의 제휴로 자연어 인식·처리 범위 또한 현재 4개 국어(일본어, 영어 등)에서 점차 늘어날 예정이다. 2016년, 소셜서비스 로봇에 스마트폰 기능을 탑재한 '로보혼'을 출시한 샤프(일본)와 반려 로봇 '아이보'를 출시한 이후 후속 제품을 개발 중인 소니(일본)도 주목할 만하다.

의료용 로봇 분야에서는 수술용 로봇 생산 업체인 인튜이티브서지컬과 보조용 웨어러블 로봇을 생산하는 사이버다인이 주목받고 있다. 인튜이티브서지컬의 대표 상품 '다빈치'는 글로벌 의료용 로봇 시장에서 50퍼센트, 수술용 로봇 시장에서 80퍼센트를 점유할 만큼 인기가 높다. 이외에 시장에 진출한 기업으로는 미국의 의료기기 제조 업체 '스트라이커'와 '배리언메디칼시스템즈' 등이 있다.

사이버다인은 주당 순자산가치가 15배에 육박할 만큼 투자자들로부터 관심을 받고 있다. 단 이 분야는 재활이나 노인 보조 등 용도가 아직 제한적이고 상대적으로 렌탈비용이 고가인 만큼 순이익이나 영업이익은 아직 마이너스 상태다. 이외에 이 사업을 영위하는 기업으로 미국의 '엑소바이오닉스'나 이스라엘의 '리워크로보틱스'가 있다.

우리나라는 제조업 강국답게 로봇 제조업은 대부분 산업용 로봇 생산에 집중돼 있다. 특히 주력 산업인 전기전자와 자동차는 특성상 로봇을 사용하는 비중이 높은데 세계로봇연맹(IFR)에 따르면 2016년 기준 한국의 제조업 노동자 1만 명당 로봇 도입 수는 대략 531대로 일본(305대, 3위), 독일(301대, 4위)을 능가하고 있다.

[해외 주요 로봇 관련업체]

(2017년 7월 31일 기준)

업체명(소재지)
거래증시 / 종목코드   개요 및 주요사업 / 최근 동향

공장자동화 시스템·장비·로봇 제조 업체, 산업용로봇 글로벌 1위
엔비디아와 제휴로 딥러닝 방식의 자가학습 로봇 개발 완료
▶ 현재 주가 22,565엔 _ 최근 1년간 (+)32.9%, 2년간 (+)14.3%
▶ 최근 결산월 기준 매출액 전년대비 (−)13.9%, 영업이익 (−)28.9%
▶ 현재 주가수익배율(PER) 31.6배

Fanuc(일본)
TYO/6954

공장자동화 시스템·장비·로봇 제조업을 영위하는 글로벌 리딩 업체
최근 물류 자동화 및 기타 서비스 업무 자동화로 사업영역 확장
▶ 현재 주가 114.3유로 _ 최근 1년간 (+)5.9%, 2년간 (+)48.3%
▶ 최근 결산월 기준 매출액 전년대비 (−)0.6%, 영업이익 (+)25.0%
▶ 현재 주가수익배율(PER) 39.0배

KUKA(독일)
ETR/KU2

정보통신 서비스를 주축으로 전자상거래 및 단말기 유통업을 영위하는 업체
인공지능 소셜서비스 로봇 페퍼 출시, 반도체 설계 업체 ARM 인수로 사업 확대
▶ 현재 주가 8,958엔 _ 최근 1년간 (+)58.0%, 2년간 (+)31.9%
▶ 최근 결산월 기준 매출액 전년대비 (+)0.2%, 영업이익 (+)11.6%
▶ 현재 주가수익배율(PER) 14.6배

Softbank(일본)
TYO/9984

글로벌 1위 수술용 로봇(시장점유율 80퍼센트 이상) 및 보조설비 제조 업체
원격시술 시장 확대와 글로벌 의료 시장 개방에 따른 수혜 기대
▶ 현재 주가 938.26달러 _ 최근 1년간 (+)34.9%, 2년간 (+)76.0%
▶ 최근 결산월 기준 매출액 전년대비 (+)13.4%, 영업이익 (+)27.7%
▶ 현재 주가수익배율(PER) 44.9배

Intuitive
Surgical (미국)
NASDAQ/
ISRG

재활치료 및 활동보조용 로봇수트 개발 업체, 산업 및 군사용으로 시장 확대
뇌파로 조종하는 보조 로봇수트 HAL 개발, 2025년까지 940만 대 공급목표
▶ 현재 주가 1,501엔 _ 최근 1년간 (−)24.7%, 2년간 (−)2.0%
▶ 최근 결산월 기준 매출액 전년대비 (+)23.1%, 영업이익 적자지속(축소)

Cyberdyne(일본)
TYO/7779

※ 현재 주가수익배율(PER)은 최근 공시 재무제표 기준 과거 4분기 순익을 반영한 수치임 _ 구글 파이낸스
※ 기업별 (예상)재무지표는 국내외 금융정보제공업체에서 제공하는 애널리스트 컨센서스 참조
※ 상장증시 약어 표기는 나스닥(미) = NASDAQ, 뉴욕증권거래소(미) = NYSE, 동경증권거래소
　(일) = TYO, 세트라거래소(독) = ETR 임

[국내 주요 로봇 관련업체]

(2017년 7월 31일 기준)

업체명(종목코드)	개요 및 주요사업 / 최근 동향

현대로보틱스
(267250)

현대중공업에서 로봇 사업 부분이 인적 분할된 용접용·클린용 로봇 제조 업체
국내최초 인공관절 수술 로봇 국산화 외 다양한 용도의 산업용 로봇 개발
▶ 현재 주가 440,500원 _ 최근 3개월간 (+)8.0%. 2017년 5월 재상장
▶ 2017년 추정 순이익 반영 주가수익배율(PER) 7.4배

미래컴퍼니
(049950)

디스플레이 패널제조장비(엣지그라인더 등) 및 터치패널 제조 업체
최근 복강경 수술 로봇 레보아이 개발 등 신사업 진출
▶ 현재 주가 76,200원 _ 최근 1년간 (+)450.2%, 2년간 (+)658.2%
▶ 2017년 매출액 전년대비 (+)21.9%, 영업이익 (+)92.7% 예상
▶ 2017년 추정 순이익 반영 주가수익배율(PER) 38.8배

삼익THK
(004380)

산업설비 자동화, 반도체 제조 및 시험장비 제조 업체
삼성전자, 한국로봇융합연구원과 6축 다관절 로봇 공동 개발 등 시장 진출
▶ 현재 주가 22,050원 _ 최근 1년간 (+)114.1%, 2년간 (+)175.3%
▶ 최근 결산월 기준 매출액 전년대비 (+)9.2%, 영업이익 (−)11.8%
▶ 주가수익배율(PER) 25.91배 _ 최근 결산월 기준 순이익 반영

로보스타
(090360)

디스플레이, 자동차, 반도체 제조, 이송, 적재용 로봇 제조 업체
최근 구조 및 서비스용, 헬스케어용 로봇 등으로 제품 다각화 시도
▶ 현재 주가 21,700원 _ 최근 1년간 (+)130.9%, 2년간 (+)138.5%
▶ 2017년 매출액 전년대비 (+)47.3%, 영업이익 (+)150.3% 예상
▶ 2017년 추정 순이익 반영 주가수익배율(PER) 11.6배

디에스티로봇
(090710)

디스플레이, 자동차, 반도체 이송·적재용 로봇 제조 업체
일본의 로봇 전문 제조 기업 AITEC 인수를 통한 진공 로봇 시장 공략
▶ 현재 주가 2,345원 _ 최근 1년간 (−)51.7%, 2년간 (−)59.6%
▶ 2017년 매출액 전년대비 (+)76.7%, 영업이익 (+)453.9% 예상
▶ 2017년 추정 순이익 반영 주가수익배율(PER) 14.6배

아진엑스텍
(059120)

국내 유일의 산업자동화 모션제어용 칩 설계·생산 업체
산업용 로봇 시장 확대 시 원천기술 확보 중인 로봇제어용 칩셋 수요증가 기대
▶ 현재 주가 13,050원 _ 최근 1년간 (−)6.1%, 2년간 (+)91.9%
▶ 2017년 매출액 전년대비 (+)69.7%, 영업이익 (+)551.8% 예상
▶ 2017년 추정 순이익 반영 주가수익배율(PER) 11.4배

※ 기업별 (예상, 추정)재무지표는 국내외 금융정보제공 업체에서 제공하는 애널리스트 컨센서스를 참조
하였으며, 이에 해당하지 않는 기업의 경우 최근 결산월 기준 자료를 제시하였음 _ 네이버 증권

98

6. 사물인터넷
언제나 모든 사물을 조종한다

The Fourth Industrial Revolution

디즈니 애니메이션에서는 인간이 지시하면 움직이는 사물 캐릭터가 유달리 많이 등장한다. 만화 '환타지아'에서 마법의 모자를 쓴 미키가 빗자루를 마음대로 조종하는 장면이나, '백설공주'에서 가장 아름다운 여인을 묻는 왕비의 질문에 거울이 결과값을 정확하고도 냉철하게(?) 콕 찍어 알려주는 장면이 그렇다.

얼마 전 실사판으로 제작해 화제가 된 '미녀와 야수'에서도 벨의 아버지가 촛대 모양의 집사에게 안내를 받으며 방으로 들어서서 주전자가 미리 데워놓은 커피를 마시며 몸을 녹이는 장면, 그리고 옷장이 성주인 야수에게 직접 옷을 골라주는 장면이 나온다. 영화를 보는 내내 작가의 기발한 상상력에 감탄사가 나왔다.

그런데 이러한 기발한 상상이 인터넷 네트워크와 빅데이터가 결합한 사물인터넷(Internet of Things)을 통해 점차 현실화되고 있다. 말하는 거울, 알아서 움직이는 청소기, 퇴근시간에 맞춰 물을 데우는 목욕탕. 집안과 내 주변의 모든 사물이 인터넷으로 연결돼 내가 명령한 대로, 또는 내가 원하는 것을 미리 알아서 처리해 주는 그런 세상이 다가오고 있다.

모든 사물이 각각의 인터넷주소(IP)를 갖고 무선인터넷으로 서로 정보를 주고받는 것을 의미하는 사물인터넷은 집(스마트홈)과 의복(웨어러블 기기)을 중심으로 산업시설(스마트 공장·농장·상점) 및 공공시설에까지 빠르게 영역을 넓히고 있다.

이런 이유로 사물인터넷 시스템을 구축하고 기기를 개발·공급하는 기업 앞에 엄청난 시장이 열릴 것으로 보인다. 2020년에는 대략 500억 개의 기기가, 2025년에는 1조 개가 인터넷과 연결될 것으로 추정되는데, 1인당 보유하는 연결기기 수가 120개를 초과한다는 의미다. 기기마다 센서와 칩이 필요하고 통신 서비스가 필요하다는 사실을 떠올리면 이 시장이 얼마나 커질지 느낌이 올 것이다.

IDC는 글로벌 사물인터넷 시장을 2015년 6250억 달러에서 2020년 약 두 배 이상 증가한 1조 2900억 달러로 추정하고 있다. 국내 사물인터넷 시장 역시 2015년 3조 8000억 원에서 2020년까지 연 평균 29.3퍼센트 성장해 13조 7000억 원의 시장이 형성될 것으로 예상한다.

사물인터넷 _ 스마트홈의 특성과 산업 구조

'스마트홈'은 주택이라는 공간과 주거생활에서 발생 가능한 모든 이벤트를 유기적으로 연결해 통합 관리하는 시스템을 말한다. 과연 이런 시스템은 어떤 형태로 발전해 가고 있을까? 통상 스마트홈의 발전 과정은 다음 3단계로 나눌 수 있다.

구분	내용	주요 기능
1단계	초고속 인터넷 기반 홈네트워크	홈네트워크의 기본 기능
2단계	스마트폰 기반 스마트홈	원격감시, 원격조정 기능
3단계	사물인터넷 기반 스마트홈	상황인지 및 능동대처 기능

자료 : 사물인터넷 기반 스마트홈 발전 방안 (장희순 외), KB경영연구소 수정

1단계 스마트홈 시스템이 보급된 1990년대 말에 초고속 인터넷과 네트워크 시스템이 도입되면서 신축 아파트에서는 부엌이나 거실에서 화면으로 방문객을 확인하거나 CCTV로 자녀 위치를 확인할 수 있었다. 엄마는 벨이 울리거나 자녀의 상태가 궁금할 때마다 고무장갑을 벗고 베란다나 현관으로 뛰어나가는 수고를 덜 수 있었다.

이후 2단계 스마트홈 시스템에서는 리모컨으로 집안 어디서든지 에어컨이나 보일러를 켜고 LED 조명을 조절하는 등의 작업을 처리할 수 있다. 스마트폰이 보급된 다음부터는 집 밖에서도 조명이나 보일러를 조절하고 가스렌인지를 끄며 전자레인지로 미리 음식을 데우는 일이 가능해졌다. 시스템만 갖추면 옛날처럼 '가스레인지나 불을 켜 놓고 나가진 않았는지' 걱정할 일이 없어졌다.

다만 2단계 스마트홈 기술은 거주자의 구체적인 명령이 있어야만 움직이는 소극적 개입에 그쳤다. 3단계 스마트홈에 인공지능 기술이 접목되면 거주자의 상태, 행동 및 생활 패턴을 학습해 적극적이고 선제적인 개입이 가능해진다. 예를 들어 거주자가 귀가할 시간을 미리 확인한 다음 이에 맞춰 빨래를 돌리거나 방 안의 온도를 맞추고 외출할 때는 일정과 동선을 체크한 다음 어울리는 옷을 추천하거나 기상 정보를 알려주는 식이다.

좀 더 진화된 시스템에서는 집에 도착한 주인의 체온을 체크한 후 알아서 에어컨을 켜주거나 표정을 인식해 기분이 우울해 보이면 즐겨 듣는 음악을 틀어주는 기능도 할 것이다. 2017년 현재 '스마트홈'은 2단계에서 3단계로의 진입을 앞두고 있다. 따라서 3단계 기술의 스마트홈 제품이 다수 출시될 것이다.

인공지능과 연결되는 진정한 사물인터넷 3단계 스마트홈을 구현하려면 집안의 냉난방과 가전기기 모두를 통합 관리하는 인공지능 집사가 있어야 한다. 따라서 스마트홈 사업을 영위하려는 기업은(인공지능 홈비서라고도 불리는) 스마트홈 플랫폼을 개발하고 기능을 확대하는 분야에 투자하고 있다.

2015년 아마존은 알렉사라는 인공지능 기반의 음성인식 시스템을 탑재한 원통형 스피커 에코를 출시했다. 에코는 대화식으로 인터넷을 검색해 정보를 알려주거나 점등과 소등을 할 뿐 아니라 오디오 등 가전제품을 원격으로 조작할 수 있고 간단한 상품도 배달시킬 수 있다. 국내에서도 SK 텔레콤이 스피커형 스마트홈 플랫폼 '누구(NUGU)'를 출시한 다음 기능 개선을 위해 인공지능으로 유명한 IBM 왓슨과 제휴했다.

반면 가전업체들은 플랫폼 기능을 탑재한 냉장고, TV 등을 출시하는 식으로 시장에 대응하고 있다. 예를 들어 삼성전자의 스마트냉장고 '패밀리허브 2.0'은 주방 일을 하면서 음성으로 정보를 검색하고 전화도 걸고 TV와 연계해 드라마도 볼 수 있는 기능을 탑재했다.

미래에는 현재처럼 스피커나 가전제품 같은 고정된 형태의 플랫폼에서 발전해 로봇처럼 이동하는 플랫폼이 늘어날 것으로 보인다. 소프트뱅크의 페퍼 같은 로봇의 진화 과정을 볼 때 그 가능성은 충분하며 편리성과 안전성은 더욱 커질 것으로 보인다. 이미 고령자와 1~2인 가구가 늘어나는 사회 현실을 감안하면 그 시장성 또한 매우 크다.

스마트홈 시장은 당분간 시공을 맡은 공급자 중심으로 성장하되, 점차 기존 주택에서 사용하는 사용자 중심으로 재편될 것으로 전망한다. 전 세계 스마트홈 시장은 2014년 480억 달러에서 2019년에는 1115억 달러로 연 18.4퍼센트, 국내 시장도 동기간 8조 2000억 원에서 21조 2000억 원으로 연 21.3퍼센트 성장할 것으로 기대된다.

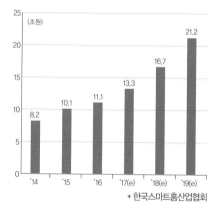

국내 스마트홈 시장 규모

* 한국스마트홈산업협회

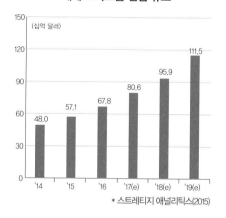

세계 스마트홈 산업 규모

* 스트레티지 애널리틱스(2015)

사물인터넷 _ 웨어러블 기기

만화 '드래곤볼Z'을 보면 우주 최강의 악당 프리저와 그 부하가 고글과 헤드폰을 합친 형태의 스카우터라는 기기를 착용하고 나타난다. 원하는 목표물의 위치나 적의 신상정보, 전투력 등을 알려주는 이 기기가 아이들에게 얼마나 인기였는지 필자의 이웃 동생 한 명은 스카우터를 만든다고 멀쩡한 선글라스의 안경알을 뽑았다가 부모님께 엄청 혼이 나기도 했다.

그때 만화를 보던 10대 청소년이 30~40대가 된 2012년, 구글은 안경 모양의 쓰는 컴퓨터 기기를 출시했다. 안경테 위에 부착된 초소형 컴퓨터와 렌즈로 사진을 찍기도 하고, 스마트폰 화면처럼 다양한 정보를 제공하는 이 기기를 보면서 30~40대 세대는 과거에 보던 만화 속 스카우터를 떠올리며 열광했다.

내가 입고 신는 것이 나를 알고 있다 입고 쓰고 부착하는 컴퓨터 '웨어러블 기기'는 그렇게 우리의 일상 속으로 들어왔다. 사물인터넷 중 우리 일상생활에 밀접한 '주(住, House)'에 해당하는 분야가 스마트홈이라면 '의(衣, Cloth)'에 해당하는 분야는 바로 이 웨어러블 기기라고 할 수 있다.

웨어러블 기기의 유형은 시계, 안경, 장신구, 벨트, 신발 등 무궁무진하다. 2010년대에 접어들어 IT 업계의 대표 강자인 애플, 삼성, LG, 구글 외에도 스포츠웨어의 강자 나이키가 스마트밴드와 스마트신발 사업에 뛰어들자 사람들은 웨어러블 기기의 미래를 장밋빛으로 전망했었다.

하지만 2014년 나이키가 웨어러블 기기 사업을 축소한다는 보도자료를 발표한 이후 시장 분위기는 과거에 비해 급격히 냉랭해졌다. 많은 이들이 당초 기대한 것과 달리 구글 글라스나 나이키 퓨얼밴드가 단순 만보계, 활동 체크, 사진 촬영 등 그 기능이 제한적이었기 때문이다.

이런 이유로 최근 웨어러블 기기 업체는 헬스케어와 연계해 돌파구를 찾아나가고 있다. 애플은 데이터 서비스 플랫폼과 연계해 스마트시계인 아이워치를 헬스케어 사업의 중심 기기로 자리매김 하는 데 가장 먼저 성공했다는 평가를 받고 있다. 아이튠즈로 아이팟(MP3 플레이어)을 성공시켜 MP3 산업의 중심에 서본 과거 경험을 접목한 것이다. 스마트팔찌 또한 심장박동수, 보행수, 체온 체크 기능을 넘어 이완보조 및 스트레스 관리 기능 등을 더하고 있다.

나이키는 깔창에 있는 센서로 보행수를 특정하고 점프 높이를 측정하는 등 다양한 아웃도어 활동 데이터를 수집할 수 있는 스마트신발을 몇 년 전 출시해 세간의 주목을 받았다. 흥미로운 것은 저가 IT 업체로 알려진 샤오미가 유사한 기능의 스마트신발 시장에 뛰어들었는데 4만 원에서 7만 원대라는 저가 경쟁력을 바탕으로 나이키의 아성에 도전장을 던진 점이다.

위험 감지 및 경보 또한 웨어러블 기기의 중요한 기능이다. 하기스의 스마트 기저귀 '트윗피'에는 온도와 습도를 감지하는 센서가 달려 있다. 아기가 용변을 보면 스마트폰으로 이를 알려줘 피부가 짓무르지 않도록 해준다. TSE라는 금융컨설팅업체는 측정된 알코올 흡수량이 일정 수준을 넘어가면 카드결제 승인을 거절해 충동적인 지출을 예방하는 손목밴드를 출시했다.

IDC는 이러한 웨어러블 기기 시장이 2016년부터 향후 5년간 연평균 20.3퍼센트씩 성장할 것으로 전망했다. BCC 리서치라는 조사기관 역시 2015년 39억 달러 수준이던 건강관리 웨어러블 기기 시장 규모가 2020년에는 321억 달러에 이를 것으로 예상한다.

국내외 스마트홈 및 웨어러블 기기 관련 대표 기업 및 동향

스마트홈 사업에서 가장 중요한 플랫폼 분야의 선두 주자는 에코를 출시한 아마존이며 다양한 디지털 콘텐츠를 가지고 영역을 확대해 나가고 있다. 더불어 3단계 능동형 스마트홈 플랫폼에 적합하게끔 제품을 지속적으로 업그레이드하고 있다.

인공지능 분야와 검색 분야의 강자인 구글과 음성인식 개인비서 시스템의 원조인 애플 또한 자체 플랫폼을 개발해 아마존에 도전장을 내밀었다. 구글은 음성인식으로 가정용 사물인터넷 기기를 조종하는 구글홈(Google Home)을 출시했는데 빅데이터 활용 검색, 다른 앱과의 연계성을 강화한 점이 에코와의 차별화 포인트다.

애플 또한 '홈킷'이라는 독자적 브랜드 제품을 런칭하며 시장 공략을 준비 중이다. 아이폰과 아이패드 등 모바일 기기에서만 작동하던 인공지능 음성인식 시스템 '시리'를 탑재한 애플 홈킷과 타사 가전기기를 연계시키고자 제품을 개선하고 있다.

삼성전자와 LG 전자는 가전제품 시장의 높은 브랜드 인지도를 활용해 플랫폼 기능이 탑재된 가전제품 패키지로 시장을 공략하고 있다. 삼성전자는 스마트냉장고 패밀리허브 2.0을 중심으로 식기세척기와 오븐, 쿡탑, 세탁기, 건조기 등을 와이파이로 연결하고 동시에 제어할 수 있는 북미향 프리미엄 주방가전 패키지를 선보였다. LG 전자도 2017년부터 자체 개발한 능동형 스마트홈 플랫폼 '딥씽큐'를 탑재한 다양한 가전제품을 출시하고 있다.

웨어러블 기기의 대표 기업으로는 삼성전자, 애플, 구글, LG 전자 등 IT 기업과 나이키, 언더아머 등 스포츠용품 업체가 있다. 현재 삼성, 애플, LG 전자는 전화통화, 문자확인 등 기존 스마트폰의 기능을 일부 수행하는 스마트워치를 출시했는데 전자결제, 건강관리로 기능을 점차 확대하며 사용자를 모으고 있다.

내비게이션, SNS 활동, 사진촬영 기능을 탑재한 구글 글라스를 출시해 화제가 된 구글은 비록 제품 흥행에는 실패했지만 막강한 자금력을 바탕으로 특색 있는 상품을 개발하며 다시 시장을 공략할 준비를 하고 있다. 최근 개발해 화제가 된 컨텍트렌즈는 눈물로 당뇨병 환자의 혈당을 체크하는 기능이 있으며 데이터는 스마트폰에 축적되므로 관리 가능하다.

스포츠 의류 업체인 언더아머는 스마트 신발, 밴드, 잠옷 등을 선보이며 시장 공략에 적극 나서고 있다. 이들로부터 수집된 신체 및 활동 관련 정보들은 언더아머 자체의 피트니스 앱을 통해 확인 가능한데 동일한 운동 파트너를 소개하거나 적절한 강좌를 추천하는 소셜 기능을 점차 강화하고 있다.

반면 2012년부터 퓨얼밴드와 스마트 깔창을 선보이며 적극적으로 시장 공략에 나선 스포츠 의류 업계의 최강자 나이키는 2014년 이후 사업 철수를 고려하기도 했으나 애플과 제휴해 시장에 지속적으로 제품을 출시하고 있다. 2017년 6월에는 혈당량 측정과 모니터링이 가능한 애플의 아이워치 전용 시계밴드를 개발했다.

[해외 주요 스마트홈 및 웨어러블 기기 관련업체] (2017년 7월 31일 기준)

업체명(소재지)
거래증시 / 종목코드 　개요 및 주요사업 / 최근 동향

Amazon(미국)
NASDAQ/
AMZN

글로벌 1위의 전자상거래 및 클라우드 서비스 제공 업체
스마트폼 플랫폼 '에코'시리즈(에코 스피커 → 에코 룩 → 에코 쇼) 출시 및 개발
▶ 현재 주가 987.78달러 _ 최근 1년간 (+) 30.2%, 2년간 (+) 84.2%
▶ 최근 결산월 기준 매출액 전년대비 (+) 27.1%, 영업이익 (+) 87.5%
▶ 현재 주가수익배율(PER) 249.2배

APPLE(미국)
NASDAQ/
APPL

스마트폰, 랩탑, 스마트워치 등 포터블 IT 기기 제조 및 판매 업체
음성인식 인공지능 시리를 탑재한 스피커형 스마트홈 플랫폼 애플홈팟 출시
▶ 현재 주가 148.73달러 _ 최근 1년간 (+) 45.5%, 2년간 (+) 27.5%
▶ 최근 결산월 기준 매출액 전년대비 (−) 7.7%, 영업이익 (−) 15.7%
▶ 현재 주가수익배율(PER) 16.9배

ALPHABET(미국)
NASDAQ/
GOOGL

지주회사, 인터넷 검색엔진 및 운영체제 글로벌 1위 업체 구글의 모기업
구글의 인공지능 기반 스피커형 스마트홈 플랫폼 구글홈 출시
▶ 현재 주가 945.5달러 _ 최근 1년간 (+) 19.5%, 2년간 (+) 43.8%
▶ 최근 결산월 기준 매출액 전년대비 (+) 20.4%, 영업이익 (+) 22.5%
▶ 현재 주가수익배율(PER) 34.2배

Microsoft(미국)
NASDAQ/
MSFT

운영체제 등 소프트웨어 개발, 판매 및 클라우드 서비스 제공 업체
음향기기 업체 하만카돈과 제휴, 스피커형 스마트홈 플랫폼 인보크 출시
▶ 현재 주가 72.7달러 _ 최근 1년간 (+) 31.5%, 2년간 (+) 64.0%
▶ 최근 결산월 기준 매출액 전년대비 (+) 5.4%, 영업이익 (+) 12.1%
▶ 현재 주가수익배율(PER) 26.8배

※ 현재 주가수익배율(PER)은 최근 공시 재무제표 기준 과거 4분기 순익을 반영한 수치임 _ 구글 파이낸스
※ 기업별 (예상)재무지표는 국내외 금융정보제공 업체에서 제공하는 애널리스트 컨센서스 참조
※ 상장증시 약어 표기는 나스닥(미) = NASDAQ, 뉴욕증권거래소(미) = NYSE임

[국내 주요 스마트홈 및 웨어러블 기기 관련업체]
(2017년 7월 31일 기준)

업체명(종목코드) / 개요 및 주요사업 / 최근 동향

삼성전자 (005930)

메모리 반도체 및 스마트폰 글로벌 1위, 미국 가전시장 브랜드 1위 업체
TV, 냉장고 등 메인가전을 플랫폼으로 스마트홈 프리미엄 가전 패키지 구축
▸ 현재 주가 2,410,000원 _ 최근 1년간 (+) 56.6%, 2년간 (+) 103.4%
▸ 2017년 매출액 전년대비 (+) 18.1%, 영업이익 (+) 78.8% 예상
▸ 2017년 추정 순이익 반영 주가수익배율(PER) 9.3배

LG전자 (066570)

스마트폰 및 가전, 주방기기 제조 업체(가전시장 점유율 국내 빅 2, 미국 빅 3)
아마존과 제휴, 인공지능 플랫폼 딥씽큐 탑재한 스마트 가전 패키지 구축
▸ 현재 주가 67,100원 _ 최근 1년간 (+) 25.4%, 2년간 (+) 65.3%
▸ 2017년 매출액 전년대비 (+) 7.2%, 영업이익 (+) 98.4% 예상
▸ 2017년 추정 순이익 반영 주가수익배율(PER) 6.9배

SKT (017670)

이동통신(국내 시장점유율 1위) 및 유선통신 사업, 검색광고, 콘텐츠 서비스 제공 업체
음성인식 스피커 누구 출시, 사물인터넷 전용망 로라 구축 등 시장 공략
▸ 현재 주가 278,000원 _ 최근 1년간 (+) 20.9%, 2년간 (+) 11.4%
▸ 2017년 매출액 전년대비 (+) 1.5%, 영업이익 (+) 7.0% 예상
▸ 2017년 추정 순이익 반영 주가수익배율(PER) 9.3배

KT (030200)

이동통신 및 유선통신(국내 시장점유율 1위) 사업, 콘텐츠 서비스 제공 업체
음성인식 TV 셋톱박스 기가지니 출시를 통한 스마트홈 플랫폼 시장 진출
▸ 현재 주가 34,800원 _ 최근 1년간 (+) 9.6%, 2년간 (+) 13.7%
▸ 2017년 매출액 전년대비 (+) 0.8%, 영업이익 (+) 6.5% 예상
▸ 2017년 추정 순이익 반영 주가수익배율(PER) 11.6배

LG U+ (032640)

이동통신 사업을 주축으로 단말기 판매, 콘텐츠 서비스업을 영위하는 업체
고양시 등 국내 지자체 스마트시티(에너지, 보완, 환경미화) 조성사업 진출
▸ 현재 주가 16,650원 _ 최근 1년간 (+) 52.1%, 2년간 (+) 44.2%
▸ 2017년 매출액 전년대비 (+) 4.2%, 영업이익 (+) 9.8% 예상
▸ 2017년 추정 순이익 반영 주가수익배율(PER) 13.4배

MDS테크 (086960)

임베디드 소프트웨어 및 시스템 솔루션 개발 및 공급 업체
스마트홈 등 사물인터넷 시장 확대에 따른 수혜 기대
▸ 현재 주가 20,900원 _ 최근 1년간 (+) 5.6 %, 2년간 (−) 25.8%
▸ 2017년 매출액 전년대비 (+) 13.2%, 영업이익 (+) 17.1% 예상
▸ 2017년 추정 순이익 반영 주가수익배율(PER) 13.8배

어보브반도체
(102120)

초소형 콘트롤러(MCU) 개발 및 비메모리 반도체 설계 전문 업체
사물인터넷용 비콘(근거리무선통신기기) 칩 개발 및 연내 양산 예정
▸ 현재 주가 7,910원 _ 최근 1년간 (−) 19.7%, 2년간 (+) 38.5%
▸ 2017년 매출액 전년대비 (+) 11.4%, 영업이익 (+) 51.2% 예상
▸ 2017년 추정 순이익 반영 주가수익배율(PER) 13.2배

아이콘트롤스
(039570)

빌딩 및 산업용 프로세스 제어, 시스템 및 제품수출, 시공 및 감리업 영위 업체
스마트홈 조명 및 통신제어 시스템 등 다수의 스마트홈 솔루션 보유 중
▸ 현재 주가 29,750원 _ 최근 1년간 (−) 6.9% / 2015년 9월 코스피 상장
▸ 2017년 매출액 전년대비 (+) 15.8%, 영업이익 (+) 19.2% 예상
▸ 2017년 추정 순이익 반영 주가수익배율(PER) 10.8배

가온미디어
(078890)

스마트 셋톱박스, 홈게이트웨이 등의 제조 및 판매 업체
음성인식 인공지능 TV 셋톱박스 기가지니 매출 증가에 따른 간접 수혜 기대
▸ 현재 주가 11,850원 _ 최근 1년간 (−) 0.4%, 2년간 (−) 13.5%
▸ 2017년 매출액 전년대비 (+) 19.1%, 영업이익 (+) 29.7% 예상
▸ 2017년 추정 순이익 반영 주가수익배율(PER) 9.4배

와이솔
(122990)

휴대폰용 SAW 필터 외 블루투스 모듈, CDMA 듀플렉서 등 제품 제조 업체
사물인터넷 시장 확대로 자사의 근거리 통신모듈 제품 라인업 수혜 기대
▸ 현재 주가 14,200원 _ 최근 1년간 (−) 6.3%, 2년간 (+) 8.4%
▸ 2017년 매출액 전년대비 (+) 13.6%, 영업이익 (+) 17.7% 예상
▸ 2017년 추정 순이익 반영 주가수익배율(PER) 8.6배

아모텍
(052710)

전자통신, 에너지 부품 제조 업체(세라믹 칩 제조 분야의 글로벌 TOP 메이커)
스마트폰 감전 방지 소자, 무선충전·전자결제 모듈에서 전장부품 사업으로 영
역 확대
▸ 현재 주가 27,050원 _ 최근 1년간 (+) 46.6%, 2년간 (+) 55.9%
▸ 2017년 매출액 전년대비 (+) 19.8%, 영업이익 (+) 42.2% 예상
▸ 2017년 추정 순이익 반영 주가수익배율(PER) 9.5배

※ 기업별 (예상, 추정)재무지표는 국내외 금융정보제공 업체에서 제공하는 애널리스트 컨센서스를 참조
하였으며, 이에 해당하지 않는 기업의 경우 최근 결산월 기준 자료를 제시하였음 _ 네이버 증권

사물인터넷 _
스마트 공장·농장·마트의 특성과 산업구조

"1000여 가지의 제품을 연간 1200만 개씩 생산, 제품의 99.7퍼센트는 주문접수 후 24시간 내에 출시, 제품 100만 개당 불량품 수는 겨우 11.5개."

독일에서 가장 혁신적인 기업 중 하나로 손꼽히는 지멘스 암베르그 공장이 스마트공장 시스템을 도입한 후 이룬 운영실적이다.

스마트공장의 빠른 공정과 높은 생산성 그리고 낮은 불량률의 비결은 제품의 설계, 개발, 생산이 긴밀하고 체계적으로 연결되어 있다는 점이다. 예를 들어 제품 설계 단계부터 공장 생산라인을 동시에 시뮬레이션해서 최적화된 제조 공정을 구축한다. 이를 통해 제품출시까지 소요되는 기간을 50퍼센트 정도 줄일 수 있었고 자동화 솔루션 최적화로 비용을 25퍼센트가량 절감했다.

품질 또한 자연스럽게 향상되는데 데이터를 활용해 생산 공정에 미치는 영향을 실시간으로 파악하다 보니 불량 발생 가능률도 0.0015퍼센트로 낮출 수 있었다는 것이 관계자의 설명이다. 이러한 운영실적 덕분에 스위치 장치와 제어시스템을 생산하는 이 공장은 스마트공장 중 가장 성공적인 모델이자 표본으로 손꼽히고 있다.

기계가 스스로를 관리하는 생산 시설 기존 공장자동화가 단순히 노동력을 기계가 대체하는 수준이었다면 스마트공장은 수집된 정보를 바탕으로 원료 주문과 제품 생산, 수리까지 모든 작업 과정을 설비 스스로 제어한다. 거기다 완제품 검사까지 로봇이 수행해 육안으로 파악할 때의 맹점을 보완하는데 이때 다양한 센서와 장비가 사용되며 모든 산업 시설은 각각의 인터넷주소를 갖고 무선인터넷으로 촘촘히 연결된다.

최근에는 매장에서 발생한 고객의 주문정보가 스마트공장에 접수되면 사전에 시뮬레이션을 해보고 구체적인 예상 납기를 고객에게 제시하는 동시에 조립 및 가공, 운반, 포장, 출하까지 각 공정을 최대한 최적화해 조율한다. 수요 예측 및 관리 시스템을 이용해 최적의 비용으로 가장 효율적으로 생산할 수 있게 되었다.

예를 들어 독일 안스바흐의 아디다스 스마트공장은 소비자 주문 동향에 실시간으로 대응하는 로봇과 3D 프린터를 활용해 신발 제조 시간을 1켤레당 5시간 이내로 단축했다. 기존 아시아 공장에서 주문을 접수받고 나서 출고까지 몇 주가 걸리던 것을 감안하면 놀랄 만한 일인데 이러면서도 신발 50만 켤레 생산에 필요한 인력을 기존 600명에서 10명으로 줄였다.

이는 사물인터넷을 통해 제조현장의 모든 정보를 일목요연하게 파악하고 관리할 수 있기에 가능한 일이었다. 또한 가상 공간에서 시뮬레이션해보고 현실 공간에서의 미래를 예측하고 발생 가능한 문제를 사전에 예방 및 관리하는 CPS(Cyber-Physical System)가 제조와 구매, 운송, 마케팅 등 스마트공장 전 분야에 적용된다.

사후관리에도 사물인터넷이 활용되는데 GE는 제작해서 납품한 제트기 엔진에 센서를 부착해 실시간으로 데이터를 주고 받는다. 이 데이터를 이용해 엔진이 고장날 가능성을 사전에 파악하고 수리 및 교체주기를 고객사에 전달한다. 당연히 A/S에 대한 고객만족도가 높아지고 이에 따라 매출액도 증가하고 있다.

4차 산업혁명의 시작을 알리는 스마트공장 사업의 향후 전망은 매우 밝다. 선진국을 중심으로 기술표준화에서 주도권을 잡으려고 치열한 경쟁을 펼치는 것을 보면 예측할 수 있다. 2010년에 미국이 제조업 경쟁력을 강화하는 정부 차원의 정책 지원을 시작한 이후 독일도 2011년 '인더스트리 4.0'이라는 프로젝트를 만들었다.

농작물도 키워주는 사물인터넷 해외 시장조사 업체 세스카는 글로벌 산업 제어 및 공장자동화 시장이 2015년 1776억 달러에서 2016년에는 1999억 달러로, 이후 연평균 5.1퍼센트씩 꾸준히 성장하며 2021년에는 2569억 달러에 이를 것으로 전망했다.

공업이 아닌 농업에서는 스마트농장이 확산되고 있다. 비닐하우스 내에 센서를 심어 작물의 생육 환경을 점검하고 이상이 있으면 바로 경보음으로 알려준다. 뿐만 아니라 주기에 맞춰 물을 공급하거나 필요 시 일정 온도를 유지하는 등 능동형 제어도 가능하다. 동일 작물을 재배하는 농장별로 데이터를 비교 분석해 생육에 필요한 최적의 대안도 확인해볼 수 있다.

이미 수확한 농작물을 검사하고 등급 판정을 내릴 때도 이러한 시스템이 점차 활용될 것이다. 인공지능 시스템을 학습시켜 현재는 농작물의 모양, 생육 정도, 표면 상태를 분류해 등급을 매기는 것이 가능해졌다.

스마트농장은 농지 규모가 작고 고령화 탓에 농업생산성 저하를 겪는 한국 같은 나라에 적합하므로 정부가 적극적으로 지원 대책을 강구할 가능성이 높다. 현재 농림축산식품부는 희망 농가에 한해 심사를 거친 후 스마트농장 구축에 필요한 무료 컨설팅과 자동화 비닐온실 신축비용 중 절반을 지원해 주고 있다. 기업의 관심과 참여도 커지고 있는데 2016년 LG는 새만금에 3800억 원을 투자해 23만 평 규모의 파프리카 스마트농장을 짓겠다는 계획을 발표하기도 했다.

종업원이 없는 무인 가게 실현 2016년 12월, 세계 최대 온라인 업체인 아마존은 계산대와 점원이 없는 오프라인 식료품점 아마존 고(GO)를 런칭했다. 이것은 최초의 무인 오프라인 매장으로 매장 입장 전 고객은 아마존 고 전용 앱을 켜고 QR 코드를 인식시킨 후 입장한다. 이후 매대에서 쇼핑카트로 물건을 옮겨담으면 센서가 이를 자동으로 인식한다.

그런 다음 별도의 계산 없이 매장을 나오면 아마존 고객 계좌로 금액이 자동 청구되고 영수증이 송부된다. 고객별 동선 데이터를 인공지능으로 분석해 맞춤형 마케팅에 활용하는 것은 물론이다.

아쉽게도 아직은 출입 대상을 자사 직원만으로 제한한 상태다. 서비스업의 특성상 스마트상점이 일반화되기까지는 본인인증과 관리시스템 강화, 신용결제 보완 등 선결해야 할 과제가 남아 있다. 업체 관계자에 따르면 2017년 중에 런던 중심가에 1호점 개장을 목표로 준비 중에 있다.

2017년 5월 세븐일레븐은 계산대 외에 대부분의 기능을 자동화한 무인편의점 '세븐일레븐 시그너처'를 롯데월드타워에 오픈했는데 여기에 손바닥의 정맥 정보를 읽어 본인을 인증하는 핸드페이 시스템을 도입하였다. 먼저 정맥 정보를 카드사와 공유한 다음 이 편의점에서 물건을 구입하면 손바닥을 올려놓는 것만으로도 본인확인 및 물품결제가 되는 식이다. 아마존 고와 달리 별도 계산대가 필요하지만 360도 자동스캔으로 구입한 물건을 인식하는 등 무인으로 운영된다.

국내외 스마트공장, 스마트 농장 관련 대표 기업 및 동향

스마트공장을 만들 때 각 공정마다 로봇과 자동화 장비를 투입해 효율화 작업을 하기 이전에 자동화 기반의 시스템 구축을 먼저 해야 한다. 운송, 조립, 검사, 포장 등 과정마다 설치해 놓은 자동화설비를 가동할 때 발생하는 데이터를 수집·전송하는 센서와 이를 분석해 문제를 해결하는 소프트웨어를 유기적으로 통합하는 플랫폼은 스마트공장을 구성하는 뼈대와도 같다.

이런 시스템 통합 플랫폼을 구축하는 컨설팅 서비스 시장은 지멘스, GE 등 전통 제조 업체와 SAP, 오라클 등 회사관리 소프트웨어 업체, 시스코 같은 통신네트워크 업체가 기존에 영위하던 비즈니스에서의 경쟁우위를 장점으로 내세우며 치열하게 경쟁하고 있다. 구축하는 모든 단계에서 시장을 선점했을 때 효과가 크고 기존 제품을 같이 팔 수 있어 유리하기 때문이다.

지멘스는 기존 스마트공장을 운영하면서 경험한 노하우를 바탕으로 하드웨어 제품 설계부터 생산, 출하에 이르는 전 공정을 일관되게 관리하는 소프트웨어인 PLM(Product Lifecycle Management, 제품 수명 주기 관리)까지 통합한 플랫폼 '마인드스피어'를 2015년 런칭했다. GE의 '프레딕스'라는 플랫폼은 실제 산업설비와 동일한 가상 모형을 구현해 실시간으로 관리하는 '디지털 트윈' 모델을 제공하고 있다.

공장자동화 기기 분야는 산업용 로봇 분야의 강자인 일본의 화낙과 독일의 쿠카가 대표 기업이다. 화낙이 산업용 로봇 시장의 절반을 선점하고 있는 가운데, 최근 중국 메이디그룹의 경영권을 확보함으로써 쿠카가 중국 스마트공장 시장에 진출할 발판을 마련한 만큼 기술 경쟁력이 높은 두 기업의 양강 구도가 지속될 것으로 보인다.

이외에 일본의 중전기 복합 기업으로 공장자동화 사업을 강화하고 있는 미스비시전기, 3D 디자인 설계 방식을 플랫폼에 도입하는 등 기술 경쟁력이 높은 소프트웨어 업체 다소시스템(프랑스), 산업 제품 제조 및 엔지니어링 서비스 업체로서 최근 자동화 생산공정 관리와 통합제조 솔루션을 제공하기 시작한 에머슨 일렉트릭(미국) 등이 있다.

국내 기업은 우선 계열사를 스마트공장으로 전환하면서 플랫폼 구축 노하우를 쌓은 포스코 ICT와 LG CNS(비상장)를 들 수 있다. 포스코 ICT는 2015년 말 광양제철소 후판공장을 시작으로 포스코 그룹 계열사 주요 공장을 스마트공장으로 변화시키려 하고 있는 만큼 탄탄한 매출 구조가 장점이라고 볼 수 있겠다.

기존에 반도체나 디스플레이 패널을 자동으로 검사하는 장비를 제조하던 업체들 또한 스마트공장 구축이 증가했을 때 1차 수혜를 입은 기업으로 예상된다. 삼성과 LG의 협력업체로 활동하면서 쌓은 기술력을 인정한 중국 IT 기업이 구매 의사를 타진해 올 것으로 기대되기 때문이다. 대표적으로 3D 검사장비 전문업체 고영, 카메라모듈 검사장비 전문 업체 하이비전시스템 등이 있다.

[해외 주요 스마트공장 · 팜 · 마트 관련업체]

(2017년 7월 31일 기준)

업체명(소재지)
거래증시 / 종목코드　　개요 및 주요사업 / 최근 동향

Siemens(독일)
ETR/SIE

공장자동화 및 제어, 전력, 운송, 의료 진단 등 엔지니어링 솔루션 제공 업체
스마트 공장 플랫폼 마인드스피어 런칭, 헬스케어, 금융 등 타 산업으로 확대 적용
▶ 현재 주가 114.55유로 _ 최근 1년간 (+) 21.8%, 2년간 (+) 26.2%
▶ 최근 결산월 기준 매출액 전년대비 (+) 5.3%, 영업이익 (+) 21.1%
▶ 현재 주가수익배율(PER) 16.0배

GE(미국)
NYSE/GE

산업설비 제조, 운영, 관리 외에 금융 등 다양한 사업을 영위하는 업체
디지털 트윈 방식의 클라우드 플랫폼 프레딕스 런칭, 데이터 인프라 구축 중
▶ 현재 주가 25.61달러 _ 최근 1년간 (−) 15.1%, 2년간 (+) 4.6%
▶ 최근 결산월 기준 매출액 전년대비 (+) 5.4%, 영업이익 (+) 9.8%
▶ 현재 주가수익배율(PER) 29.4배

Fanuc(일본)
TYO/6954

공장자동화 시스템 · 장비 · 로봇 제조 업체, 산업용로봇 글로벌 1위
엔비디아와 제휴를 통해 딥러닝 방식의 자가학습 로봇 개발 완료
▶ 현재 주가 22,565엔 _ 최근 1년간 (+) 32.9%, 2년간 (+) 14.3%
▶ 최근 결산월 기준 매출액 전년대비 (−) 13.9%, 영업이익 (−) 28.9%
▶ 현재 주가수익배율(PER) 31.6배

KUKA(독일)
ETR/KU2

공장자동화 시스템 · 장비 · 로봇 제조업을 영위하는 글로벌 리딩 업체
최근 물류 자동화 및 기타 서비스 업무 자동화로 사업영역 확장
▶ 현재 주가 114.3유로 _ 최근 1년간 (+) 5.9%, 2년간 (+) 48.3%
▶ 최근 결산월 기준 매출액 전년대비 (−) 0.6%, 영업이익 (+) 25.0%
▶ 현재 주가수익배율(PER) 39.0배

Mitsubishi
Elec (일본)
TYO/6503

산업용 기계, 중전기기, 데이터 통신시스템 및 전자장비 개발 및 제조 업체
▶ 현재 주가 1,710엔 _ 최근 1년간 (+) 43.1%, 2년간 (+) 33.7%
▶ 최근 결산월 기준 매출액 전년대비 (−) 3.5%, 영업이익 (−) 17.5%
▶ 현재 주가수익배율(PER) 15.6배

※ 현재 주가수익배율(PER)은 최근 공시 재무제표 기준 과거 4분기 순익을 반영한 수치임 _ 구글 파이낸스
※ 기업별 (예상)재무지표는 국내외 금융정보제공 업체에서 제공하는 애널리스트 컨센서스 참조
※ 상장증시 약어 표기는 나스닥(미) = NASDAQ, 뉴욕증권거래소(미) = NYSE, 동경증권거래소
　(일) = TYO, 세트라거래소(독) = ETR임

[국내 주요 스마트공장 · 팜 · 마트 관련업체] (2017년 7월 31일 기준)

업체명(종목코드)	개요 및 주요사업 / 최근 동향

포스코ICT (022100)

포스코그룹 계열 IT와 엔지니어링(오토메이션, 스마트그리드 구축 등) 전문 업체
계열사 스마트공장 구축 사업으로 매출 증대, 아마존과 클라우드 서비스 제휴
▸ 현재 주가 6,420원 _ 최근 1년간 (+)4.7%, 2년간 (+)26.6%
▸ 2017년 매출액 전년대비 (+)16.5%, 영업이익 (+)30.1% 예상
▸ 2017년 추정 순이익 반영 주가수익배율(PER) 17.4배

현대위아 (011210)

현대자동차그룹 계열 자동차 부품 및 공작기계 제조, 판매 업체
스마트공장용 장비 원격모니터링 및 진단시스템(MMS), 인공지능형 로봇 등 개발
▸ 현재 주가 69,000원 _ 최근 1년간 (−)19.7%, 2년간 (−)35.5%
▸ 2017년 매출액 전년대비 (+)2.2%, 영업이익 (−)23.3% 예상
▸ 2017년 추정 순이익 반영 주가수익배율(PER) 16.2배

에스엠코어 (007820)

SK그룹 계열의 자동창고, 무인반송 시스템 등 물류자동화 설비 시스템 생산 업체
SK의 경영권 확보로 SK 하이닉스, 11번가 등으로의 수주 확대 전망
▸ 현재 주가 17,050원 _ 최근 1년간 (+)144.3%, 2년간 (+)93.3%
▸ 2017년 매출액 전년대비 (+)165%, 영업이익 흑자전환 예상
▸ 2017년 추정 순이익 반영 주가수익배율(PER) 29.3배

고영 (098460)

3D 정밀측정 및 검사장비(SPI, AOI) 제조 업체
스마트공장, 스마트카 시장 성장의 수혜 예상, 수술용 로봇시장 신규 진출
▸ 현재 주가 64,200원 _ 최근 1년간 (+)37.3%, 2년간 (+)48.8%
▸ 2017년 매출액 전년대비 (+)17.8%, 영업이익 (+)25.7%
▸ 2017년 추정 순이익 반영 주가수익배율(PER) 26.42배

하이비전시스템 (126700)

카메라 모듈 자동화 검사장비 및 3D 프린터 제조 업체
사물인터넷용 CCTV 등 카메라 모듈 시장 확대에 따른 간접 수혜 기대
▸ 현재 주가 12,850원 _ 최근 1년간 (+)67.8%, 2년간 (+)20.7%
▸ 2017년 매출액 전년대비 (+)104.8%, 영업이익 (+)379.6% 예상
▸ 2017년 추정 순이익 반영 주가수익배율(PER) 9.7배

파크시스템즈 (140860)

원천기술을 보유하고 있는 원자현미경(나노계측기기) 생산, 제조 업체
스마트 공장의 핵심 요소인 계측 정밀화 및 미세화의 수혜 기대
▸ 현재 주가 24,350원 _ 최근 1년간 (+)36.4% / 2015년 12월 상장
▸ 2017년 매출액 전년대비 (+)43.1%, 영업이익 (+)159.9% 예상
▸ 2017년 추정 순이익 반영 주가수익배율(PER) 19.8배

LS산전
(010120)

전기·전자·계측·자동화기기 제조, 판매 업체로 스마트그리드 기술 보유
스마트 공장용 인터버, 전력선통신(PLC), 공장제어 시스템 등 밸류체인 구축
▶ 현재 주가 57,800원 _ 최근 1년간 (+)33.3%, 2년간 (+)10.7%
▶ 2017년 매출액 전년대비 (+)7.3%, 영업이익 (+)36.4% 예상
▶ 2017년 추정 순이익 반영 주가수익배율(PER) 15.3배

누리텔레콤
(040160)

소비자 스마트그리드 통합 시스템 외 RFID, MDM, SDM사업 영위 업체
에너지·제조·공공 사물인터넷 기반 AMI 시스템 공급
▶ 현재 주가 8,680원 _ 최근 1년간 (-)16.5%, 2년간 (-)17.3%
▶ 2017년 매출액 전년대비 (+)90.0%, 영업이익 (+)126.4% 예상
▶ 2017년 추정 순이익 반영 주가수익배율(PER) 7.3배

하나마이크론
(067310)

반도체 패키징 및 테스트, 디지털 제품 제조 및 판매 업체
지문인식모듈 패키지 성장에 따른 수혜 기대
▶ 현재 주가 5,070원 _ 최근 1년간 (-)28.0%, 2년간 (-)34.4%
▶ 2017년 매출액 전년대비 (+)5.0%, 영업이익 흑자전환 예상
▶ 2017년 추정 순이익 반영 주가수익배율(PER) 113.9배

민앤지
(214180)

개인정보 인증(음성인식 및 생체인식) 및 보안 관련 업체
인터넷 전문은행 계좌이체 서비스 확대시 자회사 세틀뱅크의 실적 증대 기대
▶ 현재 주가 20,350원 _ 최근 1년간 (-)40.3%, 2년간 (-)36.7%
▶ 2017년 매출액 전년대비 (+)84.2%, 영업이익 (+)51.0% 예상
▶ 2017년 추정 순이익 반영 주가수익배율(PER) 15.1배

HB테크놀러지
(078150)

디스플레이 패널 및 부품 자동화 검사장비 제조 업체
주요 거래처: 삼성디스플레이, 삼성코닝정밀소재, BOE(중국), INNOLUX(대만) 등
▶ 현재 주가 4,695원 _ 최근 1년간 (+)8.2%, 2년간 (+)268.2%
▶ 최근 결산월 기준 매출액 전년대비 (+)85.7%, 영업이익 (+)277.2%
▶ 주가수익배율(PER) 11.99배 _ 최근 결산월 기준 순이익 반영

케이맥
(043290)

디스플레이·반도체 검사장비 및 의료 진단기기 제조 업체
▶ 현재 주가 19,550원 _ 최근 1년간 (+)29.9 %, 2년간 (+)88.0%
▶ 2017년 매출액 전년대비 (+)15.4%, 영업이익 (+)19.2% 예상
▶ 2017년 추정 순이익 반영 주가수익배율(PER) 11.1배

영우디에스피
(143540)

OLED 검사, 측정, 수리 등 후공정장비 제조 업체
모바일 제품 생산 확대 및 사양 고도화에 따른 수주 증대 기대
▶ 현재 주가 7,670원 _ 최근 1년간 (-)65.3%, 2년간 (+)27.8%
▶ 2017년 매출액 전년대비 (+)58.7%, 영업이익 (+)109.9% 예상
▶ 2017년 추정 순이익 반영 주가수익배율(PER) 4.3배

※ 기업별 (예상, 추정)재무지표는 국내외 금융정보제공 업체에서 제공하는 애널리스트 컨센서스를 참조
하였으며, 이에 해당하지 않는 기업의 경우 최근 결산월 기준 자료를 제시하였음 _ 네이버 증권

7. 자율주행차
가고 싶은 장소만 지정한다

The Fourth Industrial Revolution

●

●

"보석 도둑이 드디어 전시회에 나타난다는군. 가자 키트!"

"마이클, 지름길은 위험해요. 41번가 외곽으로 우회하는 게 좋겠어요."

(전격 Z작전_1982)

80년대, 인공지능을 탑재한 키트라는 자동차가 주인공을 도와 악을 소탕한다는 내용의 미드 전격 Z작전이 10대들에게 인기를 끌었다. 당시 아이들은 심심하면 손목시계에 입을 가까이 대고 '가자 키트!'를 외치곤 했다.

그런데 당시 10대들의 꿈이 향후 7~8년 안에 눈앞의 현실이 될 것으로 보이는데 그 이유는 첨단 IT 기술을 활용한 자율주행차(센서, 레이더, 카메라, 소프트웨어, 데이터 시스템 등을 기반으로 인간의 조작 없이 스스로 주행이 가능한 차량)가 2025년부터 상용화될 예정이기 때문이다.

자율주행차는 우선 사고 같은 사회적 비용을 절감하는 면에서 기대가 높다. 매년 전 세계에서 교통사고로 사망하는 사람이 평균 120~130만 명에 달하는 가운데 자율주행차가 도입될 2025년부터 전 세계적으로 보행자 사고 건수는 최대 78퍼센트까지, 교통사고 사망자 수는 연간 15만 명 정도 감소할 것으로 기대한다.

또한 자율주행차는 4차 산업혁명의 핵심 요소와 기술이 광범위하면서도 깊게 반영되는 분야다. 그러므로 다른 산업에 미치는 파급효과도 크다. 이러한 이유로 최근 많은 기업이 기술을 개발해 시장을 선점하려고 투자하고 있다.

빠른 속도로 진화하는 자율주행차

고대 문명기부터 19세기까지 육상 운송수단은 사람(운전)과 가축(동력)이 결합된 방식이었다. 그러다가 1886년 칼 벤츠가 자동차를 만들면서 동력 역할을 하던 가축은 기계로 대체되었으며 이제 발전된 인공지능과 인터넷 기술이 운전사마저 대체하는 4차 산업혁명 시대가 찾아왔다.

단, 자동차는 특성상 안전사고의 위험이 높다는 점 때문에 기술을 현실에 적용하기 전에, 마치 의약품 임상실험처럼 수천 번의 까다로운 검증과정을 거칠 수밖에 없다. 완벽하게 검증하기 전까지는 사람이 운전에 최종적으로 개입해야 한다. 미 도로교통안전국(NHTSA)에서는 자율주행 기술을 자율성 정도에 따라 5단계로 나누어, 검증해야 할 기술 유형과 운전자 역할을 정의했다.

NHTSA의 자율주행기술 5단계 (2016년 기준)

Level 0 주행보조 장치 없음	Level 1 단일 주행보조 기능	Level 2 복수의 주행기능 융합 보조	Level 3 제한적 자율주행	Level 4 안전한 자율주행
	크루스콘트롤, 긴 급제동, 차선 유지	차선 유지 기능 + 적응형 크루즈 컨트롤	자율운전 단계 (단, 위급상황 시 운전자 개입 필요)	모든 환경에서 자율주행 가능

자율주행으로 가는 5단계 레벨 1은 차선을 유지하고 속도를 일정하게 제어하는 초보적 단계이며 레벨 2는 장애물 회피, 브레이크 제어 등 간단한 주차 보조 수단이 활용되는 수준이다. 이 수준에서 인간은 여전히 적극적으로 운전에 개입하되 보조 제어시스템이 사고 2~3초 전에 자동으로 차량을 제어한다. 한 마디로 부주의로 날 수 있는 사고는 레벨 2에서 예방할 수 있는데 몇 년 전만 해도 고급차에만 적용되었으나 최근에는 일반 중형차에도 확대 장착되고 있다.

레벨 3에서는 좌우회전과 차선변경 그리고 길 찾기까지 자동차가 자동으로 진행한다. 이 단계에서 인간이 운전에 개입하는 경우는 목적지 탐색과 경로입력, 그리고 위급상황 발생에 국한된다. 그 외에 일상적인 운전은 자동차가 알아서 다 수행한다.

이 단계의 핵심 기술은 레이더 시스템 등으로 반경 수백 미터 내의 차량 및 사물을 스캔하고 잠재적 사고 가능성을 미리 감지해 운전에 반영하는 데 있다. 이렇게 하면 사고 예상 15~20초 전부터 차량이 제어돼 나뿐 아니라 타인의 부주의 때문에 일어날 수 있는 사고도 예방할 수 있다. 단, 장비의 상용화는 아직 해결해야 할 숙제다.

현재는 저속 대중교통 수단을 중심으로 제한적 레벨 3 차량이 출현하고 있다. 아직 안전문제가 검증되지 않은 만큼 워싱턴 DC, 스위스, 일본에서 자율주행 셔틀만 일정 궤도를 저속으로 운행하고 있으며 싱가포르는 일반인을 대상으로 누토노미(NuTonomy)라는 자율주행 택시를 운행하고 있다. 마이카 시장에서는 최근 전기차 업체 테슬라가 제한적인 자율주행 기능을 적용한 모델 3를 출시해 관심을 끌고 있다.

레벨 4는 완벽한 자율주행을 의미한다. 사람은 목적지만 말하고 나서 완전히 차량운행에서 손을 떼고 이후 최적경로 탐색 및 주행, 주차의 전 과정은 지능형교통시스템(ITS)과 통신하는 자동차가 직접 실시한다.

이 단계에서는 모든 고의적 사고까지 예방된다. 말 그대로 가장 완벽하게 안전한 육상 운송수단이 되는 것이다. 다만 이를 실현하려면 보다 대용량 데이터를 처리해야 하는 등 기술 분야를 보완하고 안전성을 검증해야 하므로 기간이 상당히 소요될 것으로 보인다.

전문가들은 2020년에 레벨 4 기술이 도입된 자동차가 출시되고 2025년까지 관련법규를 개정해 본격적인 자율주행차 시대가 열릴 것으로 전망한다. 따라서 2020년부터 선진국에 판매되는 신형 자동차 중 자율주행자동차의 비중이 90퍼센트까지 육박할 것이며 2035년까지 완전한 자율주행차가 전체 자동차 시장에서 차지하는 비중은 약 25퍼센트에 달할 것이다(럭스리서치, BCG 연구 조사 결과 참조).

자율주행차 산업의 파급효과 _
전기차 시장과 카셰어링 시장 확대

앞에서 살펴본 것처럼 시간이 갈수록 자동차 산업에서 자율주행차가 메인 트렌드로 자리잡으면 그동안 다소 지지부진하던 전기차와 카셰어링 시장도 함께 확대될 것으로 보인다.

과거 자동차 산업의 주도권은 누가 보다 효율적이고 힘 있는 엔진 기술을 확보했느냐가 좌우했지만 자율주행차 시대에는 사물인터넷과 인공지능이 더욱 중요해질 것으로 보인다. 골드만삭스는 2025년 자율주행차 시장 규모를 약 960억 달러로 전망하는데 다른 전문가들은 이 중 자율주행에 필요한 핵심 소프트웨어 비중이 무려 30퍼센트를 차지할 것으로 보고 있다.

따라서 테슬라 및 구글, IBM 같은 기업은 향후 자율주행차 산업 전반에 경쟁우위를 가질 가능성이 높다. 하지만 이들이 완성차 사업을 하려면 기존 메인 플레이어들처럼 핵심 엔진기술을 확보해야 하는데 단시일 내에 이런 기술을 확보하기란 어렵다. 이들이 전기차 컨셉으로 자율주행차 시장을 공략하는 이유가 바로 여기에 있다. 전기차 구조에서는 엔진 대신 모터가 바퀴와 바로 연결되므로 공간이 넓어지는 장점도 있다.

자동차를 소유할 필요가 없는 시대 소비자들이 차를 구매할 때 살펴보는 요소가 자율주행 기술의 완성도 여부로 바뀐다면 점차 모터가 기존의 내연기관(엔진)을 빠르게 대체할 것이다. 친환경 운송수단이라는 명분 또한 덤으로 얻을 수 있어 정부 차원에서도 다양한 정책 지원이 기대된다.

카셰어링 시장도 자율주행차량의 증가로 점차 확대될 것으로 보인다. 자기만의 차를 소유하는 근본적인 욕구는 단 하나, 언제든지 가고 싶을 때 편하게 이동하고 싶어서일 것이다. 그렇게 하려고 우리는 주차 공간 비용, 자동차 재산세 등을 지불하면서도 차량을 소유한다. 매번 콜택시를 타거나 기사를 고용할 수 있으면 이야기가 달라지지만 인건비가 엄청나다.

앞으로 자율주행차 산업이 고도화되면 어떻게 변할까? 언제든지 길에 지나다니는 빈 자동차를 불러서 타고 목적지로 이동할 수 있다면, 그리고 기사가 필요없어 인건비가 들지 않는다면 말이다. 아마 원하는 지점 사이를 최단 거리로 이어주며 쉼 없이 흘러다니는 자동차를 그때 그때 타고 내림으로써 자동차는 엘리베이터 같은 존재가 되지 않을까?

다시 말해 레벨 4 완전 자율주행이 현실이 될 경우 일부 부유층을 제외하면 자동차를 소유할 필요성을 점차 못 느낄 것으로 보인다. 카셰어링이 활성화되면 자동차는 지하철 역 엘리베이터나 에스컬레이터처럼 공유의 대상이 될 가능성이 높다. 차량을 빌려 주고 빌려 타는 공유경제 시장이 점차 확산되는 것이다.

국내외 자율주행차(전기차, 카셰어링 포함) 관련 대표 기업 및 동향

자율주행차는 4차 산업혁명의 핵심 요소와 기술이 가장 광범위하면서도 깊게 반영되는 분야다. 자율주행차 시장을 선점하려면 다양한 기술력을 확보하고 연결 생태계를 구축해야 한다. 따라서 완성차, 자율주행용 인공지능 플랫폼, 네트워크장비, IT 부품 등 분야별 대표 기업을 중심으로 제휴와 투자, 인수합병이 확대되고 있다.

완성차 분야에서는 글로벌 IT 기업과 기존 자동차 기업의 각축이 예상된다. 미국에서는 테슬라가 기술 3단계 일부를 적용한 오토파일럿(Autopilot)을 탑재한 모델 3를 2016년 이미 출시했다. 구글과 애플, IBM 등 IT 업계의 강자 또한 시장 진출을 선언하고 자율주행 시스템을 탑재한 전기자동차 개발에 투자하고 있다.

이에 대응해 BMW, 다임러벤츠, GM, 포드, 도요타 등 기존 브랜드 업체도 2020년부터 2025년 사이에 단계별 자율주행차를 출시하겠다고 선언했다. GM과 포드는 2020년 이후부터 레벨 4 수준의 자율주행차를 상용화하겠다고 밝힌 바 있으며 다임러벤츠, 볼보(Volvo)는 자율주행 컨셉을 일부 도입한 트럭을 출시해 육상 화물 운송 시장을 공략할 준비를 하고 있다.

최근 벤츠에서 개발 중인 자율주행 트럭은 한 명의 운전사가 열 대의 트럭을 원격으로 제어해 마치 기차처럼 줄지어 운행하는 방식이다. 시스템 구축에 초기 투자 비용이 들어감에도 불구하고 인건비가 파격적으로 줄어드는 데다 뒤따르는 트럭의 반응속도는 인간에 비해 최대 25배 빠른 만큼 안전성이 높다. 여기에 5~15퍼센트가량 연비도 절감할 수 있을 것으로 보이는데 차간 거리를 일정하게 좁혀 공기저항을 줄일 수 있기 때문이다.

부품 업체로는 자율주행에 필요한 데이터를 전송·수신하고 도로 간 통신에서 발생하는 빅데이터를 빠르게 처리하는 차세대 모뎀 칩을 개발 중인 퀄컴이 있다. 이외에 GPU(그래픽 처리장비) 생산 업체 엔비디아, 이미지센서 장비 제조 업체 모빌아이 등이 자율주행차 핵심 부품 업체로 주목받고 있다.

카셰어링 분야에서는 우버(Uber)의 독주가 지속되는 가운데 자율주행 기술을 갖춘 완성차 제조 업체 테슬라가 카셰어링 사업을 시작하겠다고 발표하며 도전장을 내밀었다. 그리고 뒤이어 폭스바겐, 다임러벤츠, GM 등 다른 완성차 업체도 카셰어링 업체 인수 또는 설립을 추진 중에 있다. 이에 맞서 우버도 상용자율주행차 개발 회사인 스타트업 기업 오토(Auto)를 인수하며 차량 개발 사업으로의 진출을 선언했다.

국내에서는 첨단 운전자 지원 시스템(ADAS)을 공급하는 만도가 대표적인 기업이다. 어드밴스드 스마트 크루즈 컨트롤(ASCC) 시스템, 자동 긴급제동 시스템(AEB)을 만도가 만들고 있다.

업체명(소재지)
거래증시 / 종목코드 　 개요 및 주요사업 / 최근 동향

**Tesla(미국)
NASDAQ/
TSLA**

고성능 전기자동차 완성품 및 부품(배터리팩, 동력장치) 제조·판매 업체
자율주행 시스템 오토파일럿을 탑재한 전기차 테슬라 시리즈 출시
▸ 현재 주가 323.47달러 _ 최근 1년간 (+) 37.8%, 2년간 (+) 21.5%
▸ 최근 결산월 기준 매출액 전년대비 (+) 73.0%, 영업이익 적자지속

**Toyota(일본)
TYO/7203
NYSE/TM**

완성차 제조업을 영위하는 일본 제1의 글로벌 리딩 업체
자율주행 특허출원 세계 1위, 마이크로소프트와 자율주행용 빅데이터 분석 합작
회사 설립
▸ 현재 주가 6,234엔 _ 최근 1년간 (+) 9.5%, 2년간 (−) 19.3%
▸ 최근 결산월 기준 매출액 전년대비 (−) 2.8%, 영업이익 (−) 30.1%
▸ 현재 주가수익배율(PER) 10.0배

**General Motors
(미국)
NYSE/GM**

미국 1위의 완성차 제조 업체, IBM과 자율주행 시스템 개발 제휴
자율주행 관련 업체 크루즈 오토메이션 및 카셰어링 업체 리프트 인수
▸ 현재 주가 35.98달러 _ 최근 1년간 (+) 19.2%, 2년간 (+) 25.2%
▸ 최근 결산월 기준 매출액 전년대비 (+) 9.2%, 영업이익 (+) 78.5%
▸ 현재 주가수익배율(PER) 5.7배

**Ford(미국)
NYSE/F**

미국 빅3 완성차 제조 업체, 아마존 등과 자율주행 시스템 개발 제휴
사물인식 인공지능 업체 사이프스(이스라엘) 등 인수, 무인택시 사업 투자
▸ 현재 주가 11.22달러 _ 최근 1년간 (−) 6.4%, 2년간 (−) 14.7%
▸ 최근 결산월 기준 매출액 전년대비 (+) 1.5%, 영업이익 (−) 46.2%
▸ 현재 주가수익배율(PER) 11.8배

**Daimler AG(독일)
ETR/DAI**

글로벌 브랜드 완성차 제조 업체, 반자율주행 장치 탑재 모델 E400 출시
자율주행상용차(트럭) 개발 및 테스트 완료, 시범운행 시작
▸ 현재 주가 59.23유로 _ 최근 1년간 (+) 2.2%, 2년간 (−) 19.3%
▸ 최근 결산월 기준 매출액 전년대비 (+) 2.5%, 영업이익 (−) 4.9%
▸ 현재 주가수익배율(PER) 5.5배

BMW(독일)
ETR/BMW

글로벌 브랜드 완성차 제조 업체, 인텔 등과 자율주행 기술 개발 제휴
자율주행차 i 넥스트 2021년 양산 예정, 카셰어링 업체 드라이브나우 설립
▸ 현재 주가 77.35유로 _ 최근 1년간 (+) 4.6%, 2년간 (−) 7.8%
▸ 최근 결산월 기준 매출액 전년대비 (+) 2.2%, 영업이익 (−) 1.9%
▸ 현재 주가수익배율(PER) 6.7배

Infineon Tech
(독일)
ETR/IFX

글로벌 1위의 레이더 센서 및 프로세싱 반도체 제조 업체
MEMS 미러 제조업체 이노루체 인수로 자율주행 핵심 부품 기술 확보
▸ 현재 주가 18.36유로 _ 최근 1년간 (+) 25.5%, 2년간 (+) 84.1%
▸ 최근 결산월 기준 매출액 전년대비 (+) 11.7 %, 영업이익 (+) 37.5%
▸ 현재 주가수익배율(PER) 24.6배

NVIDIA(미국)
NASDAQ/
NVDA

글로벌 1위의 그래픽 처리 프로세서 제조 및 소프트웨어 개발 업체
세계 최초로 인공지능 자율주행 플랫폼 드라이브 PX−2 개발
▸ 현재 주가 162.51달러 _ 최근 1년간 (+) 186.2%, 2년간 (+) 730.9%
▸ 최근 결산월 기준 매출액 전년대비 (+) 37.9%, 영업이익 (+) 158.9%
▸ 현재 주가수익배율(PER) 46.5배

Qualcomm(미국)
NASDAQ/
QCOM

글로벌 1위 스마트폰용 AP 제조, 무선통신기기 및 운영 소프트웨어 개발 업체
차세대 AP 스냅드래곤 835 개발, 자율주행 전용 부품(AP 및 5G모뎀 칩) 개발 중
▸ 현재 주가 53.19달러 _ 최근 1년간 (−) 11.9%, 2년간 (−) 11.2%
▸ 최근 결산월 기준 매출액 전년대비 (−) 6.8%, 순이익 (+) 12.9%
▸ 현재 주가수익배율(PER) 20.4배

Mobileye
(이스라엘)
NYSE/MBLY

글로벌 1위(시장점유율 65퍼센트 전후) 이미지센서 장비 제조 업체
자율주행기능의 핵심 ADAS 원천기술 보유, 2017년 3월 인텔에 인수
▸ 현재 주가 63.30달러 _ 최근 1년간 (+) 32.1%, 2년간 (+) 5.3%
▸ 최근 결산월 기준 매출액 전년대비 (+) 48.7%, 영업이익 (+) 55.6%
▸ 현재 주가수익배율(PER) 125.9배

Delphi Auto
PLC(영국)
NYSE/DLPH

자율주행차 보디 및 인터페이스, 전기자동차 연결 시스템 제조 업체
▸ 현재 주가 90.42달러 _ 최근 1년간 (+) 35.5%, 2년간 (+) 19.5%
▸ 최근 결산월 기준 매출액 전년대비 (+) 9.9%, 영업이익 (+) 15.4%
▸ 현재 주가수익배율(PER) 19.1배

TE Connectivity
(스위스)
NYSE/TEL

전자부품, 네트워크솔루션, 해저통신 시스템 등 하드웨어 장비 생산 업체
▶ 현재 주가 80.39달러 _ 최근 1년간 (+) 36.3%, 2년간 (+) 38.0%
▶ 최근 결산월 기준 매출액 전년대비 (+) 0.0%, 영업이익 (+) 8.7%
▶ 현재 주가수익배율(PER) 17.1배

Sensata Tech
(미국)
NYSE/ST

전기보호, 모바일전력, 감지·제어 솔루션 개발 및 제조 업체
▶ 현재 주가 45.12달러 _ 최근 1년간 (+) 19.0%, 2년간 (−) 12.1%
▶ 최근 결산월 기준 매출액 전년대비 (+) 7.6%, 영업이익 (+) 25.0%
▶ 현재 주가수익배율(PER) 27.0배

Sunny Optical
(홍콩)
HKG/2382

카메라용 렌즈 및 모듈, 산업용 현미경, 측량기기 제조 업체
▶ 현재 주가 93홍콩달러 _ 최근 1년간 (+) 202.6%, 2년간 (+) 531.5%
▶ 최근 결산월 기준 매출액 전년대비 (+) 36.6%, 영업이익 (+) 64.0%
▶ 현재 주가수익배율(PER) 44.0배

Visteon(미국)
NYSE/VC

자동차 시스템, 모듈 및 부품 생산, 온도조절 시스템, 조명 제품 제조 업체
▶ 현재 주가 111.54달러 _ 최근 1년간 (+) 59.1%, 2년간 (+) 93.5%
▶ 최근 결산월 기준 매출액 전년대비 (−) 2.6%, 영업이익 (+) 125.0%
▶ 현재 주가수익배율(PER) 24.9배

NXP Semicon
(미국)
NASDAQ/NXPI

자율주행 레이더 시스템, 네트워크 시스템, 자동차 도난방지 장치 제조 업체
▶ 현재 주가 110.33달러 _ 최근 1년간 (+) 31.2%, 2년간 (+) 13.8%
▶ 최근 결산월 기준 매출액 전년대비 (+) 55.7%, 영업이익 적자전환
▶ 현재 주가수익배율(PER) 19.7배

※ 현재 주가수익배율(PER)은 최근 공시 재무제표 기준 과거 4분기 순익을 반영한 수치임 _ 구글 파이낸스

※ 기업별 (예상)재무지표는 국내외 금융정보제공업체에서 제공하는 애널리스트 컨센서스 참조

※ 상장증시 약어 표기는 나스닥(미) = NASDAQ, 뉴욕증권거래소(미) = NYSE, 동경증권거래소(일) = TYO, 홍콩증권거래소(중) = HKG, 세트라거래소(독) = ETR임

[국내 주요 자율주행차 관련업체]

(2017년 7월 31일 기준)

업체명(종목코드)　　　개요 및 주요사업 / 최근 동향

만도 (204320)

자동차 부품(ADAS) 개발 및 공급 업체

자율주행 시스템 장착 차량 대중화에 따른 ADAS 부품 매출 고속성장 기대

▶ 현재 주가 256,500원 _ 최근 1년간 (−) 1.3%, 2년간 (+) 129.0%

▶ 2017년 매출액 전년대비 (−) 0.2%, 영업이익 (−) 10.5% 예상

▶ 2017년 추정 순이익 반영 주가수익배율(PER) 14.5배

현대모비스 (012330)

현대기아차그룹 계열의 자동차 모듈 및 부품 제조 업체

향후 2~3년 내 자율주행 시스템 독자 생산 추진

▶ 현재 주가 246,000원 _ 최근 1년간 (−) 3.5%, 2년간 (+) 15.2%

▶ 2017년 매출액 전년대비 (−) 4.3%, 영업이익 (−) 11.9% 예상

▶ 2017년 추정 순이익 반영 주가수익배율(PER) 9.0배

MDS테크 (086960)

임베디드 소프트웨어 개발 및 공급 업체

4차 산업혁명으로 기존 모바일기기에서 자동차, 항공, 산업 기기 등 수요 확대

▶ 현재 주가 20,900원 _ 최근 1년간 (+) 5.6%, 2년간 (−) 25.8%

▶ 2017년 매출액 전년대비 (+) 13.2%, 영업이익 (+) 17.1% 예상

▶ 2017년 추정 순이익 반영 주가수익배율(PER) 13.8배

모바일 어플라이언스 (087260)

블랙박스, 내비게이션, HUD, ADAS 등 자율주행 솔루션 공급 업체

▶ 현재 주가 9,890원 _ 2월말 이후 (+) 14.3% / 2017년 2월 상장

▶ 2017년 매출액 전년대비 (+) 25.8%, 영업이익 (+) 56.8% 예상

▶ 2017년 추정 순이익 반영 주가수익배율(PER) 20.2배

넥스트칩 (092600)

멀티미디어용 영상처리 칩 및 카메라 부품 제조 업체

CCTV 외에 자동차 블랙박스용 ISP칩 수요 증가

▶ 현재 주가 8,820원 _ 최근 1년간 (+) 34.2%, 2년간 (+) 24.6%

▶ 2017년 매출액 전년대비 (+) 3.0%, 영업이익 적자지속 예상

텔레칩스 (054450)

DMP기술 기반 자동차 AV 내비게이션용 멀티미디어 AP칩 설계(팹리스) 업체

▶ 현재 주가 12,600원 _ 최근 1년간 (+) 20.0%, 2년간 (+) 80.3%

▶ 2017년 매출액 전년대비 (+) 18.9%, 영업이익 (+) 35.5% 예상

▶ 2017년 추정 순이익 반영 주가수익배율(PER) 11.7배

유니퀘스트 (077500)

ADAS 칩 자체 생산 및 BMW에 납품 중인 자회사 PLK의 과점 주주

▶ 현재 주가 7,520원 _ 최근 1년간 (+) 83.0%, 2년간 (+) 86.4%

▶ 2017년 매출액 전년대비 (+) 4.9%, 영업이익 (+) 23.9% 예상

▶ 2017년 추정 순이익 반영 주가수익배율(PER) 9.2배

※ 기업별 (예상, 추정)재무지표는 국내외 금융정보제공 업체에서 제공하는 애널리스트 컨센서스를 참조
하였으며, 이에 해당하지 않는 기업의 경우 최근 결산월 기준 자료를 제시하였음 _ 네이버 증권

존 앤더튼(톰 크루즈 분)은 사라진 예지자를 찾으려고 오락실을 뒤지던 중 캡슐을 열 때마다 다양한 가상현실을 즐기는 사람을 만난다. 가상의 미녀와 데이트를 즐기는 젊은 남자, 자신의 연설에 감동받아 열렬히 박수를 치는 청중의 모습에 취한 중년 신사, 그들 모두 다소 민망해 보이지만 일상을 벗어나 행복감에 취한 모습이었다.

2002년 마이너리티 리포트에서 잠시 선보인 가상현실(VR, virtual reality)과 증강현실(AR, augmented reality)이 최근 정교한 컴퓨터 그래픽과 3D 영상 관련 기술에 힘입어 4차 산업혁명 시대의 핵심 분야로 떠오르고 있다. 많은 업체가 이러한 기술을 적용한 다양한 하드웨어와 콘텐츠 개발에 관심을 기울이고 있다.

가상현실이란 어떤 특정한 환경이나 상황을 컴퓨터로 만들어 낸 다음, 사용자가 실제 환경이나 상황에 있는 것 같은 느낌이 들게끔 시각, 후각, 청각을 자극하는 기술을 의미한다. 증강현실은 사용자가 눈으로 보는 현실세계에 가상의 물체를 겹쳐 하나의 영상으로 보여주는 기술로서 혼합현실(MR, Mixed Reality)이라고도 한다.

경험을 풍부하게 하는 가상현실과 증강현실

"피카츄 잡으러 추암해변에 놀러오세요, 50개의 포켓스톱 및 명당 입지 중!"

애국가 첫 화면에 등장하는 촛대바위로도 유명한 동해시 추암해변에 얼마 전 20대에서 30대까지 많은 관광객이 몰려들었다. 그런데 그 이유가 주변 관광이 아닌 닌텐도의 증강현실 게임 포켓몬 고를 즐기기 위해서였다고 한다.

실물 경제에도 영향을 주는 가상·증강현실 포켓몬 고 덕분에 추암해변 주변 관광지 지역의 식당 및 커피숍은 전년 대비 매출이 눈에 띄게 늘었으며 설 명절에는 동해시청 인근에 전국의 포켓몬 고 유저가 몰리는 등 관광 특수를 누렸다. 당시 우리나라에서는 서비스되지 않는 포켓몬 고가 동해시 근처에서만 서비스되었기 때문인데, 포켓몬 고가 정식으로 서비스되기 시작한 이후에 이러한 현상은 희귀 포켓몬이 출현한다고 소문난, 소위 '명당'을 끼고 있는 전 지자체에서 동시에 나타나기도 했다. 포켓몬 고의 경우처럼 이미 가상현실과 증강현실 콘텐츠는 실물경제에 영향을 크게 미치고 있다.

몇 년 전 360도 입체 영상이 지원되기 시작한 이후부터 현재까지 다양한 유형의 가상현실과 증강현실 콘텐츠가 쏟아지고 있다. 최근에는 일반인도 360도 영상촬영이 가능한 카메라가 출시되면서 이런 콘텐츠를 개인적으로 만들 수 있게 되었다.

5~10만 원 정도의 비용으로 헤드셋을 구입하면 누구나 다양한 가상현실 콘텐츠를 즐길 수 있으며 스마트폰만 있으면 포켓몬 고 유의 증강현실 게임도 다양하게 즐길 수 있다. 모 출판사에서는 스마트폰을 가까이 대면 입체영상을 볼 수 있는 증강현실 기반의 동물, 식물, 공룡도감을 출시하기도 했다.

비용 효율적인 교육수단 일찍부터 가상현실 및 증강현실은 경험하기 어려운 환경을 직접 체험하지 않고도 그 환경에 들어와 있는 것처럼 보고 조작할 수 있게 해주기 때문에 교육, 컨설팅에 응용하려는 시도가 있었고 효과적인 시뮬레이터나 트레이너의 역할도 가능하다. 또한 과거의 어떤 것보다 현실적인 마케팅 수단으로 사용할 수 있다.

예를 들어 비행기 파일럿 입문자를 훈련시킬 때 비행기를 직접 띄우기보다 먼저 가상현실을 활용한 시뮬레이션 프로그램으로 실습하면 훨씬 덜 위험하면서도 비용 효율적이다. 이와 비슷한 이유로 최근 국내 굴지의 모 건설사는 작업장 안전교육에 가상현실 기기를 활용한 추락 모의체험 프로그램을 도입했다. 또한 최근 미식축구 구단 중 일부는 가상현실 기기를 활용해 선수 훈련을 실시 중이라고 한다.

예전에는 아파트 분양 마케팅을 하려면 적당한 부지를 빌린 다음 모델하우스를 지어야 했다. 이제 가상현실 프로그램을 활용하면 그럴 필요가 없다. 누구나 헤드셋만 쓰면 아파트 구석구석을 미리 살펴볼 수 있게 되었다.

뿐만 아니라 가구를 구입하려는 소비자는 가상현실을 이용해 내 집에 맞는 가구를 미리 배치해 보고 디자인이나 색상을 사전에 조정할 수 있는데 현재 보루네오, 에넥스, 리바트 등 대표적인 가구회사들이 이미 활용하고 있다.

스포츠, 엔터테인먼트 분야에서는 그 쓰임새가 더욱 무궁무진하다. 스웨덴 그룹 아바의 뉴욕 콘서트에 참여하고 싶으면 가상현실 헤드셋을 쓴 채 프로그램에 접속해서 직접 아바를 눈앞에서 보는 듯한 생생한 체험을 할 수 있다.

강원도 평창을 비롯해 많은 지자체가 주요 관광지 경관이나 홍보용 영상을 가상현실로 제공해 호평을 얻고 있다. 클럽 메드 등 해외 유명 여행사는 360도 카메라로 촬영한 맛보기 가상현실 체험을 제공하며 홍보하고 있다. 최근 모 운동기구 업체는 가상현실 헤드셋과 연계된 워킹머신을 선보였는데 전 세계의 걷고 싶은 관광명소를 화면에 띄워 관심을 끌었다.

기술발전에 따른 보완은 필수　아직 그래픽이 다소 조잡하거나 고화질인 경우 속도가 느려지는 한계가 있으나 5G 통신기술이 상용화되는 2020년부터는 이러한 부분이 상당 수준 개선될 것으로 보인다. 향후 가상현실, 증강현실 기술은 현재의 시각과 청각 위주에서 탈피해 촉각과 후각으로 그 범위를 넓힐 것이다. 가상현실, 증강현실의 목표가 현실에서 느끼는 감각을 최대한 모방해 몰입감을 높이는데 있는 만큼 이는 필수다.

현재까지는 가상현실 콘텐츠를 게임패드나 리모콘 같은 터치인터페이스에 의존해 조작했다. 하지만 헤드셋을 쓰면 이것이 보이지 않는다는 단점이 있었다. 최근 이를 보완하려고 데이터 장갑을 끼면 그것을 인식해 화면에 가상 입력장치를 보여주는 등 다양한 디바이스를 개발하고 있다.

나아가서 차갑다/뜨겁다/부드럽다/딱딱하다는 식의 촉각과 향기롭다/구리다/톡 쏜다는 식의 후각까지 전달해 주는 디바이스도 연구 개발 중에 있다. 이 정도 레벨에 이르면 굳이 직장에 출근하거나 모임에 갈 필요가 없어진다. 헤드셋만 쓰고서 다른 사람을 가상으로 만나 회의나 파티 등 다양한 행사를 원격으로 즐기게 될 것이다. 물리적 이동이 사라지는 시대가 되는 것이다.

이를 감안하면 가상현실과 증강현실 분야의 확산 속도와 잠재 성장성은 엄청날 것이다. 단, 현재 가상현실 및 증강현실 시장 규모는 아직 작은 편인데 이는 스마트폰 시장이 막 형성되던 2000년대 후반과 유사하다고 볼 수 있다. 초기에 낮은 성장세를 보이던 스마트폰 시장이 다양한 앱 콘텐츠가 출시된 이후 기기 보급이 확산되고 신제품이 다시 개발을 도와 폭발적으로 성장한 것처럼 가상현실, 증강현실 시장 또한 유사한 흐름을 보일 가능성이 높다.

이런 이유로 골드만삭스는 2016년 현재 22억 달러에 불과한 글로벌 가상현실, 증강현실 시장이 2020년에는 800억 달러까지 커질 것으로 예상했으며 전자·통신 분야 시장조사 기관 디지캐피탈은 1500억 달러까지 성장 가능할 것으로 추정했다.

국내외 가상현실/증강현실 관련 대표 기업 및 동향

가상현실, 증강현실 분야는 헤드셋과 센서 등 입출력 디바이스를 제조하는 업체와 이를 활용하는 콘텐츠를 개발 및 유통하는 업체로 구성되어 있다. 현재 다수의 글로벌 IT 기업은 디바이스를 자체 개발하거나 기존 업체를 인수하는 방식으로 시장에 진출함과 동시에 경쟁을 준비 중이다.

디바이스 제조업의 경우 페이스북(오큘러스리프트 VR), 소니(플레이스테이션 VR), HTC(바이브 VR), 마이크로소프트(홀로렌즈) 등이 대략 400~3000달러대의 중·고가 시장을 선점하고 있다. 반면 구글(카드보드, 데이드림)과 삼성전자(기어 VR 2017, 360도 카메라), 샤오미(Mi VR) 등은 대략 20~100불대의 스마트폰 기반 저가 디바이스 시장에 진출했다.

모바일 IT 기기의 강자인 애플도 2017년 가상현실 시장에 진출하려고 신제품을 준비하고 있다. 또한 동작을 인식하는 가상현실 체험 보조기기 개발 업체인 사이버리스(버추얼라이저), 버툭스(옴니) 등도 향후 시장이 확대되면 혜택을 받을 것으로 보인다.

콘텐츠 개발업은 아직 초기단계라고 할 수 있으며 개발 업체도 소규모라 투자 대상 기업을 찾기 어렵다. 디바이스가 아직 대중적으로 보급되지 않았기 때문이다. 또한 가상현실 기기를 사용하다가 불편함(어지러움, 발열 등)을 느끼는 사람이 많기 때문에 기술적으로 보완해야 하며 고사양 시스템을 구축해야 하는 비용 문제도 선결 과제로 꼽힌다.

현재는 매니아 층을 형성한 게임 분야 위주로 콘텐츠 시장이 성장해 나갈 것으로 보인다. 기술 인프라와 자금력을 갖춘 개발 기업으로는 유비소프트(Ubisoft), 국내 기업으로는 엔씨소프트, 조이시티, 엠게임, 한빛소프트 등이 있다. 현대경제연구원에 따르면 2018년 이후부터 콘텐츠 시장 또한 본격적으로 성장할 것이다.

콘텐츠 유통업은 이미 자금력과 플랫폼 운영 기반을 확보한 글로벌 IT 기업이 시장을 선점하고 있다. 구글(플레이스토어)은 가상현실을 대중화해 시장을 확대하고자 다른 경쟁 기업보다 저가로 디바이스를 보급하는 데 열을 올리고 있다. 이외에 페이스북(오큘러스스토어), 애플(앱스토어), 스팀(스팀VR) 등이 시장을 형성하고 있다. 삼성전자도 북미시장에서 '밀크 VR'이라는 유통 플랫폼을 런칭해 시장을 공략하고 있다.

업체명(소재지)
거래증시 / 종목코드   개요 및 주요사업 / 최근 동향

FaceBook(미국)
NASDAQ/FB

미국 1위의 소셜네트워크서비스 플랫폼 운영 업체
2014년 VR 전문기업 오큘러스 인수
▶ 현재 주가 169.25달러 _ 최근 1년간 (+) 36.6%, 2년간 (+) 80.0%
▶ 최근 결산월 기준 매출액 전년대비 (+) 54.2%, 영업이익 (+) 99.6%
▶ 현재 주가수익배율(PER) 36.8배

ALPHABET(미국)
NASDAQ/
GOOGL

지주회사, 인터넷 검색엔진 및 운영체제 글로벌 1위 업체 구글의 모기업
보급형 가상현실 기기 카드보드 및 데이드림 뷰 출시
▶ 현재 주가 945.5달러 _ 최근 1년간 (+) 19.5%, 2년간 (+) 43.8%
▶ 최근 결산월 기준 매출액 전년대비 (+) 20.4%, 영업이익 (+) 22.5%
▶ 현재 주가수익배율(PER) 34.2배

SONY(일본)
TYO/6758
NYSE/SNE

전자기기 제조를 주축으로 콘텐츠 개발·유통 및 금융 사업을 영위하는 업체
이미지센서 분야 세계 최고 기술력 보유, 전용 기기 플레이스테이션 VR 출시
▶ 현재 주가 4,540엔 _ 최근 1년간 (+) 39.1%, 2년간 (+) 30.1%
▶ 최근 결산월 기준 매출액 전년대비 (−) 6.2%, 영업이익 (−) 1.9%
▶ 현재 주가수익배율(PER) 44.0배

STMicro(스위스)
NYSE/STM
EPA/STM

AP, MCU, 센서, 통신칩 등 4차산업 관련 반도체 제조 업체
리프트(오큘러스), 바이브(HTC), 기어(삼성) 등에 전용 AP 공급
▶ 현재 주가 16.85달러 _ 최근 1년간 (+) 135.1%, 2년간 (+) 134.4%
▶ 최근 결산월 기준 매출액 전년대비 (+) 1.1%, 영업이익 (+) 96.3%
▶ 현재 주가수익배율(PER) 34.3배

Ubisoft(프랑스)
EPA/UBI

비디오 게임 제작 및 배급 업체, 페르시아의 왕자와 어쌔신크리드 등 히트작 보유
멀티플레이 가상현실 게임 이글플라이트 외 다수의 전략, 레이싱 가상현실 게임
개발
▶ 현재 주가 53.43유로 _ 최근 1년간 (+) 45.5%, 2년간 (+) 202.0%
▶ 최근 결산월 기준 매출액 전년대비 (+) 4.7%, 영업이익 (+) 29.0%
▶ 현재 주가수익배율(PER) 68.2배

※ 현재 주가수익배율(PER)은 최근 공시 재무제표 기준 과거 4분기 순익을 반영한 수치임 _ 구글 파이낸스
※ 기업별 (예상)재무지표는 국내외 금융정보제공 업체에서 제공하는 애널리스트 컨센서스 참조
※ 상장증시 약어 표기는 나스닥(미) = NASDAQ, 뉴욕증권거래소(미) = NYSE, 동경증권거래소(일) = TYO, 유로넥스트파리거래소(프) = EPA임

[국내 주요 가상현실/증강현실 관련업체] **(2017년 7월 31일 기준)**

업체명(종목코드) | 개요 및 주요사업 / 최근 동향

삼성전자
(005930)

D램, 3D 낸드 등 메모리 반도체 및 스마트폰 글로벌 1위 제조 업체
모바일 기반 디바이스 기어 VR 출시, 스마트폰 시장 내 위치를 감안하면 점진적 시장점유율 확대 전망
▸ 현재 주가 2,410,000원 _ 최근 1년간 (+) 56.6%, 2년간 (+) 103.4%
▸ 2017년 매출액 전년대비 (+) 18.1%, 영업이익 (+) 78.8% 예상
▸ 2017년 추정 순이익 반영 주가수익배율(PER) 9.3배

엔씨소프트
(036570)

국내 대표 온라인 게임 개발 업체
히트작 블레이드앤소울 기반 VR 게임 블레이드앤소울 테이블 아레나 출시
▸ 현재 주가 361,000원 _ 최근 1년간 (+) 43.8%, 2년간 (+) 64.5%
▸ 2017년 매출액 전년대비 (+) 59.6%, 영업이익 (+) 63.7% 예상
▸ 2017년 추정 순이익 반영 주가수익배율(PER) 19.7배

레드로버
(060300)

애니메이션 및 TV 콘텐츠 제작, 4D 시네마 등 특수영상 및 전시문화 사업 영위 업체
'평창, 독도 홍보용 가상현실 콘텐츠' 개발, 중국 쑤닝그룹과 가상현실 테마파크 개발 협업
▸ 현재 주가 5,850원 _ 최근 1년간 (−) 18.2%, 2년간 (−) 57.3%
▸ 최근 결산월 기준 매출액 전년대비 (+) 8.6%, 영업이익 흑자전환
▸ 주가수익배율(PER) 195.45배 _ 최근 결산월 기준 순이익 반영

덱스터
(206560)

영화, 드라마용 VFX(Visual Effects) 제작기업
가상현실 사업 자회사 하우저 설립, 가구 인테리어 정보제공 가상현실 플랫폼 개발
▸ 현재 주가 6,500원 _ 최근 1년간 (−) 70.1% / 2015년 12월 상장
▸ 2017년 매출액 전년대비 (+) 41.0%, 영업이익 (+) 265.6% 예상
▸ 2017년 추정 순이익 반영 주가수익배율(PER) 20.5배

조이시티
(067000)

온라인/모바일게임 개발 및 배급 업체
2016년 11월 VR게임 '건쉽배틀2 VR'를 출시(오큘러스스토어 매출 1위)
▸ 현재 주가 14,050원 _ 최근 1년간 (−) 55.3%, 2년간 (−) 47.8%
▸ 2017년 매출액 전년대비 (+) 55.1%, 영업이익 (+) 33.5% 예상

※ 기업별 (예상, 추정)재무지표는 국내외 금융정보제공 업체에서 제공하는 애널리스트 컨센서스를 참조하였으며, 이에 해당하지 않는 기업의 경우 최근 결산월 기준 자료를 제시하였음 _ 네이버 증권

9. 드론
하늘에서 할 수 있는 일이라면 무엇이든 가능하다

The Fourth Industrial Revolution

"2016년 12월 15일 아마존은 14일(현지 시간) 지난주 영국 케임브리지 교외 지역에 사는 고객에게 아마존 파이어 TV 셋톱박스와 팝콘 한 봉지를 드론(drone)으로 배달했다고 밝혔다. 아마존 드론은 4.7파운드(2.17킬로그램)의 배달물을 주문 후 13분 만에 고객의 집 잔디 마당에 배달했다."

아마존이 도입한 상업용 드론이 임무를 적절하게 수행하고 있다는 뉴스와 더불어 드론에 대한 관심이 더욱 높아지고 있다. 그간 아이들 장난감(저가) 아니면 군사용 및 방송용(고가)으로만 활용되어 온 드론 비즈니스의 새로운 영역이 개척되었기 때문이다. 아마존은 언론에 이 택배 서비스를 확대해 나갈 계획이라고 밝혔다.

드론은 무선전파로 조종할 수 있는 무인항공 물체를 의미한다. 최초에는 군사 훈련에서 실제 적기를 대체하는 표적 용도로 사용했으나 정찰, 감시 등 그 용도가 점차 다양해졌다. 최근에는 개인 레저 활동 외에 위험지역에서 수

색 업무 및 수송을 하는 등 비군사용으로도 활용도가 점차 높아져 4차 산업혁명의 주요 분야로 주목받고 있다.

드론 기술의 발전과 최근 트렌드

"미군이 정밀한 드론 공습으로 최근 탈레반의 리더인 만수르를 사살했습니다."

군사용으로 확실한 자리매김 존 케리 전 국무장관이 인명 피해 없이 테러 조직 리더를 사살했다고 발표했다. 군사용 드론의 역할이 결정적이었다. 군인이 직접 수행하기 어려운 고위험군의 작전을 대신 수행함으로써 전쟁에서 사망률을 낮추고 사람보다 더 신속, 정확하게 작전을 수행할 수 있기 때문이다.

현재 드론은 무인항공 시스템 시장에서 각광을 받고 있는데 군사용 로봇 시장의 약 80퍼센트를 차지하고 있다. 과거 군사용 드론은 카메라를 부착해 정찰, 감시 위주로 사용했으나 기관총이나 자폭용 폭탄을 탑재한 공격용 드론의 비중이 점차 늘어나고 있고 앞으로 더 늘어날 것으로 보인다. 기술 발전 속도와 비례해 기기 가격이 감소하므로 인건비를 감안할 때 유인 장비보다 점차 저렴해지고 있는 것도 장점이다.

현재 전 세계적으로 군사용 드론을 활용하는 국가는 총 90개국이며 국가별로 30개의 무장 드론 프로그래밍을 실전 배치했거나 진행 단계에 있다.

군사용으로 쓰이던 드론이 소형화, 경량화되면서 최근 레저용으로 드론을 띄우는 사람이 늘고 있다. 1980년대에 불었던 고무동력 모형 비행기 열풍이 불던 1980년대처럼 드론 동호회가 생겨나고 있으며 지자체들은 드론 조종 체험 행사 등을 개최해 관광객 유치에 활용하고 있다. 아랍에미리트 두바이에서는 매년 세계 드론 레이싱 대회가 개최되고 있으며 2016년부터 국내에서도 동일한 유형의 국제대회를 개최하고 있다.

다른 산업으로 확대되는 사용처 4차 산업혁명 시대가 오면 드론의 역할이 과거보다 훨씬 다양해질 것으로 전망한다. 2016년 8월 미연방항공청(FAA)이 소형무인항공기 운항규제인 파트107을 적용하면서 그간 모호했던 상업용 드론 운용기준이 일부 정해져 이러한 움직임은 더욱 빨라질 것으로 보인다.

아마존이 드론을 사용한 이후 택배 업계의 강자인 UPS도 드론 택배 서비스를 런칭하려고 준비하고 있다. 기존 택배에 활용되던 트럭을 드론 충전소 및 착륙장으로 사용해 비행 거리가 짧은 드론의 단점도 커버하고 대형트럭이 이동할 때 드는 연료 또한 줄일 수 있어 일석이조의 효과가 있다. 중국의 2대 전자상거래 업체인 징둥닷컴 또한 쓰촨 지역 전체를 아우르는 드론 배달 시스템 구축에 필요한 150개의 드론 전용공항을 짓겠다는 계획을 발표했다.

첨단기술 산업인 드론의 또 다른 활약은 농업 분야에서 두드러진다. 농가에서는 넓은 농지에 파종하거나 비료를 뿌리고 농약을 살포하려고 농번기에 인부를 동원하는데 당연히 인건비 부담이 만만찮다. 게다가 농약을 사람이 분무기로 일일이 살포하다가 중독되는 경우도 종종 있다.

최근 공중에서 농약을 살포하는 농업용 드론이 점차 많이 사용되면서 이런 수고로움과 위험이 줄어들고 있다. 특히 기존 농업용 헬기가 2억 원에 육박하는 반면 드론 가격은 국산의 경우 4분의 1, 중국산은 10분의 1 정도이므로 부담이 없다. 현재 국내 전역에 200대 정도가 활용되고 있으며 향후 렌탈 사업도 활성화될 것으로 보인다.

대규모 건설 및 토목공사 현장에서도 측량과 설계에 드론이 적극 활용되고 있으며 앞으로 더 확산될 예정이다. 지난 해 일본은 공공 공사의 측량과 설계에 소형 드론 활용을 장려하는 내용의 법제화를 완료했으며 우리나라도 국토교통부 주관으로 하천 측량 및 환경 조사에 드론을 사용하는 경진대회를 실시했다.

최근에는 사람을 태우는 운송수단으로서 유인 드론 비즈니스를 준비, 연구 개발하는 업체가 증가하고 있다. CES 2016에서는 중국의 드론 스타트업 이항(Ehang)이 전시한 유인 드론에 사람들의 관심이 집중되었다. 1인승에 최고 시속 100킬로미터로 운행이 가능하며 대당 20만 달러로 가격경쟁력도 갖춘 이 상품을 사용해 아랍에미리트 두바이 도로교통청은 이르면 올해 7월부터 콜택시 시험비행을 실시할 예정이라고 한다.

이외에 정글이나 오지, 재난 지역, 핵발전소처럼 인간의 접근이 어려운 위험지역을 탐사하고 구호 활동을 하는 데 드론을 투입해 운용하고 있다.

조사 기관 IHS에 따르면 2015년 기준으로 75억 달러 수준이던 드론 시장은 2020년에 115억 달러로 성장할 것으로 예상된다. 물론 시장 규모나 성장 속도는 4차 산업 내 다른 핵심 분야에 비해 다소 미약한 편인데 이는 각국의 항공운수 관련 법적 규제 때문이다. 향후 기술이 발전해 안전성이 담보되고 그에 따라 규제가 완화될 경우 민간(개인용, 상업용) 드론 시장은 폭발적으로 성장할 것으로 기대된다.

국내외 드론 관련 대표 기업 및 동향

이미 보편화된 군사용에 비해 민간용 드론 사업은 초기 국면인 만큼 주요 기업 대부분이 비상장인 경우가 많아 투자의 폭이 좁다. 드론 전문채널인 'Droneii'에서 발표한 글로벌 드론 상위 10대 업체 중 8개는 비상장기업이다.

세부적으로 살펴보면 현재 드론 시장점유율 1위 기업은 중국의 DJI이며 증시에 상장되어 있지 않아 국내 투자자는 직접 투자가 불가능하다. 그 다음 샤오미(3위), 호버카메라(4위), 유닉(8위), 이항(9위), 시마토이즈(10위)도 모두 중국의 비상장 기업이다. 2위인 프랑스의 패럿과 5위인 미국의 에어로바이론먼트 두 기업은 상장돼 있어 자유로운 투자가 가능하다.

국내 기업 중 드론 관련 상장기업으로는 우선 군사용(정찰) 무인항공기 제작 경험이 있는 대한항공과 한국항공우주 그리고 퍼스텍, 휴니드, 제이씨현시스템 등을 들 수 있으나 전체 사업 중 드론 관련 비중은 아직 미미한 편이다.

[해외 주요 드론 관련업체]

[해외 주요 드론 관련업체]

(2017년 7월 31일 기준)

업체명(소재지)
거래증시 / 종목코드   개요 및 주요사업 / 최근 동향

민간 드론, 자동차 인포테인먼트, 컨넥티드 기기 제조 업체
- ▶ 현재 주가 10.04유로 _ 최근 1년간 (−)27.8%, 2년간 (−)67.3%
- ▶ 최근 결산월 기준 매출액 전년대비 (−)4.9%, 영업이익 적자전환

소형 무인항공기 시스템과 산업용 차량배터리 충전 시스템 개발 업체
- ▶ 현재 주가 37.79달러 _ 최근 1년간 (+)33.3%, 2년간 (+)45.0%
- ▶ 최근 결산월 기준 매출액 전년대비 (+)0.3%, 영업이익 (+)28.8%
- ▶ 현재 주가수익배율(PER) 47.5배

고화질 비디오 압축 및 영상처리 반도체 제조 업체
세계 최대 드론 제조 업체인 DJI에 시스템온칩 공급
- ▶ 현재 주가 50.05달러 _ 최근 1년간 (−)13.7%, 2년간 (−)56.8%
- ▶ 최근 결산월 기준 매출액 전년대비 (−)1.9%, 영업이익 (−)28.7%
- ▶ 현재 주가수익배율(PER) 29.5배

※ 현재 주가수익배율(PER)은 최근 공시 재무제표 기준 과거 4분기 순익을 반영한 수치임 _ 구글 파이낸스

※ 기업별 (예상)재무지표는 국내외 금융정보제공 업체에서 제공하는 애널리스트 컨센서스 참조

※ 상장증시 약어 표기는 나스닥(미) = NASDAQ, 뉴욕증권거래소(미) = NYSE, 유로넥스트파리거래소
   (프) = EPA임

[국내 주요 드론 관련업체]

(2017년 7월 31일 기준)

업체명(종목코드)	개요 및 주요사업 / 최근 동향

대한항공
(003490)

여객, 화물운송, 항공기 제조 판매업을 영위하는 국내 대표 항공사
2015년 국토부의 무인비행장치 활용 부문별 시범 사업자 지정
▶ 현재 주가 35,600원 _ 최근 1년간 (+)24.9%, 2년간 (+)1.4%
▶ 2017년 매출액 전년대비 (+)3.3%, 영업이익 (−)6.5% 예상
▶ 2017년 추정 순이익 반영 주가수익배율(PER) 4.6배

한국항공우주
(047810)

항공기 부품, 완제품 제조 및 판매업을 영위하는 방위산업체
군사용에서 상업용(농업, 방송용)으로 무인항공기 시장 공략 확대
▶ 현재 주가 51,700원 _ 최근 1년간 (−)35.9 %, 2년간 (−)47.0%
▶ 2017년 매출액 전년대비 (+)0.7%, 영업이익 (+)4.0% 예상
▶ 2017년 추정 순이익 반영 주가수익배율(PER) 17.7배

퍼스텍
(010820)

방산 제품 및 보안 서비스(출입통제용 안면인식시스템 등) 개발 · 제공 업체
드론 전문 업체 유콘시스템의 최대 주주, 한국항공우주와 협력관계 구축 중
▶ 현재 주가 3,545원 _ 최근 1년간 (−)20.4%, 2년간 (+)2.6%
▶ 2017년 매출액 전년대비 (+)19.6%, 영업이익 (+)25.0% 예상
▶ 2017년 추정 순이익 반영 주가수익배율(PER) 43.4배

제이씨현시스템
(033320)

컴퓨터 및 자동차 인포테인먼트, 드론 제품 판매 업체
2015년 중국 DJI, 이항과 국내 판매 및 공급계약 체결
▶ 현재 주가 6,060원 _ 최근 1년간 (−)23.3%, 2년간 (+)77.7%
▶ 최근 결산월 기준 매출액 전년대비 (+)30.9%, 영업이익 (+)185.5%
▶ 주가수익배율(PER) 27.48배 _ 최근 결산월 기준 순이익 반영

※ 기업별 (예상, 추정)재무지표는 국내외 금융정보제공 업체에서 제공하는 애널리스트 컨센서스를 참조
하였으며, 이에 해당하지 않는 기업의 경우 최근 결산월 기준 자료를 제시하였음 _ 네이버 증권

10. 3D 프린터
무엇이든 마음대로 만들어 낸다

●

●

인기 애니메이션 도라에몽을 보면 22세기의 도라에몽이 미래의 도구를 이용해 공부 못 하는 왕따 친구 노진구를 도와주는 장면이 나온다. 그 중 가장 인기 있는 미래 도구가 원하는 사진과 재료를 넣고 스위치를 누른 다음 기다리면 사진 속 물건이 실제로 나오는 것이었다.

그런데 4차 산업혁명과 함께 그와 유사한 도구가 나타났다. 바로 재료 분말을 넣고 원하는 물건의 설계도를 입력하면 동일한 물건을 만들어 주는 3D 프린터다. 2013년에 미국의 솔리드컨셉츠라는 업체가 3D 프린터로 M1911 권총을 정확히 복제해 50발의 시험 발사를 마쳤다는 뉴스가 핫 이슈로 떠오르기도 했다.

4년이 지난 지금 3D 프린터는 디자인 업체에서 소형 모형물을 만드는 것은 물론이고 건축 구조물, 자동차의 부품을 별도의 공장 생산라인 없이 손쉽게 만들어 내는 등 산업 현장에서 많은 역할을 하고 있다. 심지어 나사는 2030년 달에 유인기지를 만들 계획인데 이때 완성품을 쏘아올리는 대신 3D

프린터를 실어 나르는 방안을 검토하고 있다. 실현 가능성도 높고 훨씬 경제적이라는 이유에서다.

3D 프린터는 비용 절감 및 온디맨드 경제를 실현하는 데 반드시 필요한 4차 산업혁명의 주요 분야로 주목받고 있다.

3D 프린터 기술의 발전과 최근 트렌드

3D 프린터는 말 그대로 입체화된 물품을 출력하는 장치로서 1980년대 초에 미국의 3D 시스템즈 사에서 플라스틱 액체를 굳혀 입체 물품을 만드는 프린터를 최초로 개발하면서 시작했다. 하지만 이후 30년간 기술 상용화에 어려움을 겪다가 2010년대 들어 급성장하고 있다.

3D 프린터는 본래 기업에서 어떤 물건을 제품화하기 전에 시제품을 만드는 용도로 개발됐다. 대표적으로 이탈리아의 유명 자동차 브랜드 람보르기니는 시제품을 3D 프린터로 제작하는데, 디자이너가 수작업으로 제작할 때는 대당 4만 달러, 120일이 소요되는 반면 3D 프린터로는 대당 3000달러에 20일이면 완성된다. 그 차이가 실로 엄청나다.

3D 프린터의 원리는 과거 잉크젯프린터가 디지털화된 파일에 맞게 잉크를 종이 표면에 분사해 활자나 그림을 인쇄하는 것과 같다. 일반 프린터는 앞뒤(x축)와 좌우(y축)로만 운동하지만, 3D 프린터는 여기에 상하(z축) 운동을 더해 입력한 3D 도면을 바탕으로 입체 물품을 만들어낸다.

입체 형태를 만드는 방식은 큰 덩어리를 깎거나(절삭형) 재료 분말이나 실을 종이보다 얇은 0.08밀리미터 이내의 층으로 겹겹이 쌓아 형상을 만들어내는(적층형) 방식이 있다. 대부분 3D 프린터는 재료 손실이 많은 절삭형보다 적층형이다.

3D 프린터를 이용해 얻을 수 있는 가장 큰 장점은 공장 생산라인 설비가 불필요해지므로 생산 비용이 감소하는 것이다. 미국의 제너럴일렉트릭(GE) 은 항공기 엔진 부품 상당수를 3D 프린팅으로 제조하다 보니 공정이 간소화 돼 75퍼센트의 생산비 감축 효과를 보았다고 한다. 미국 벤처기업 로켓랩은 3D 프린팅으로 로켓 1회 발사 비용을 기존의 20분의 1로 낮추는 데 성공했다고 한다.

다양한 재료로 다양한 제품 생산 기술이 발전하면서 재료도 다양해졌다. 과거에는 플라스틱 재료를 이용해 단순히 시제품이나 모형 정도를 프린트하던 수준이었으나 재료공학이 발전하고 업체의 기술도 발달해 최근에는 고무나 실리콘 그리고 티타늄 합금까지 이용한다. 다양한 재료만큼 3D 프린터로 제조한 품목도 자동차, 항공, 건설 등으로 확장되고 있다.

예를 들어 3D 프린터 제조 업체 아피스 코어는 다양한 형태의 시멘트 건축물을 만드는 제품을 선보였는데 실제로 시제품을 테스트하며 11.5평 크기의 주택(방1, 주방, 화장실)을 하루 만에 만들어 냈다. 더욱 놀라운 점은 건설비용이 1100만 원으로 평당 100만 원도 채 들지 않을 만큼 경제적이라는 것이다. 기존 조립식보다 방수·단열 효과도 높게 나타났다.

전혀 생뚱맞아 보이는 의류와 요리 분야에도 3D 프린터가 진출하고 있다. 지난해 7월 영국 런던에서 문을 연 세계 최초 3D 프린팅 식당 '푸드 잉크'에서는 3D 프린터로 요리를 만들어 낸다. 나이키, 아디다스, 리복 등 유수의 스포츠 용품 업체는 3D 프린팅으로 선수용 맞춤 신발과 의류를 제작하고 있다.

의료 분야 중 인공 장기 제작에도 3D 프린터가 유용하게 쓰이는데 수술에 종종 사용되는 인공뼈 말고도 점차 다양한 조직을 만드는 데까지 확대되고 있다. 2016년 중국 쓰촨대 연구팀은 3D 프린터로 만든 인공혈관을 원숭이 30마리에 성공적으로 이식했으며 2017년 서울성모병원 포스텍 연구팀은 3D 프린터로 만든 '심근패치'를 활용해 심근경색을 회복시키는 동물실험에 성공했다.

이렇듯 전 산업에서 다양하게 활용되는 3D 프린터 수요는 2016년에 시장 조사 업체 가트너가 조사한 바에 따르면 2013년 6만 1661대에서 2020년 241만 7000대로 판매량이 약 39배가량 상승이 예상된다.

국내외 3D 프린터 관련 대표 기업 및 동향

글로벌 시장에서 대표적인 3D 프린터 제조 업체는 미국의 스트라타시스 (Stratasys)와 3D 시스템즈, 독일의 엔비전텍(Envisiontec)이 있다. 3사의 시장 점유율은 글로벌 3D 프린터 시장의 3분의 2를 차지하고 있는데 2015년 판매량을 기준으로 스트라타시스 41.1퍼센트, 3D 시스템즈 15.3퍼센트, 엔비전텍 10.0퍼센트다. 최근 스트라타시스와 3D 시스템즈는 기술개발 및 인수합병를 통해 산업용과 개인용 전반으로 사업 영역을 빠르게 넓혀가고 있다.

국내 상장된 3D 프린터 제조 기업은 하이비전시스템, TPC 등이 있으며 아직 기업 매출 중 3D 프린터가 차지하는 비중은 미미하지만 향후 시장이 성장하면 수혜를 볼 것으로 기대된다. 이외에 3차원 형상을 설계하는 소프트웨어 개발 업체(인텔리코리아, 로이비즈 등)와 소재 업체(대림화학, SK케미칼, LG화학 등)가 관련 기업으로 분류된다.

[해외 주요 3D 프린터 관련업체]

(2017년 7월 31일 기준)

업체명(소재지)
거래증시 / 종목코드 개요 및 주요사업 / 최근 동향

**Stratasys(미국)
NASDAQ/
SSYS**

글로벌 제1위 3D 프린터 장비 제조 업체
오브제, 메이커봇 등 관련 업체 인수로 기술력 확보 및 시장점유율 확대
▶ 현재 주가 23.99달러 _ 최근 1년간 (+)14.6%, 2년간 (−)21.9%
▶ 최근 결산월 기준 매출액 전년대비 (−)3.4%, 영업이익 적자지속(축소)

**3D Systems(미국)
NYSE/DDD**

3D 프린터와 인쇄자재, 소프트웨어 개발 및 제조 업체
개인용에서 기업용까지 다양한 제품 라인업 보유
▶ 현재 주가 16.80달러 _ 최근 1년간 (+)25.5%, 2년간 (+)27.7%
▶ 최근 결산월 기준 매출액 전년대비 (−)5.0%, 영업이익 적자지속(축소)

※ 현재 주가수익배율(PER)은 최근 공시 재무제표 기준 과거 4분기 순익을 반영한 수치임 _ 구글 파이낸스
※ 기업별 (예상)재무지표는 국내외 금융정보제공 업체에서 제공하는 애널리스트 컨센서스 참조
※ 상장증시 약어 표기는 나스닥(미) = NASDAQ, 뉴욕증권거래소(미) = NYSE임

[국내 주요 3D 프린터 관련업체]

(2017년 7월 31일 기준)

업체명(종목코드) 개요 및 주요사업 / 최근 동향

**하이비전시스템
(126700)**

비전인식 기술 기반의 카메라모듈 자동화 검사장비 업체
3D 프린터 제조 및 판매 관련 전문 자회사 큐비콘 설립
▶ 현재 주가 12,850원 _ 최근 1년간 (+)67.8%, 2년간 (+)20.7%
▶ 2017년 매출액 전년대비 (+)104.8%, 영업이익 (+)379.6% 예상
▶ 2017년 추정 순이익 반영 주가수익배율(PER) 9.7배

**TPC
(048770)**

생산 설비용 액츄에이터, 방향제어 기기, 직교 로봇, 리니어모터 등 생산 업체
신규 사업으로 3D 프린터 시장 진출(스트라사시스의 국내 공식 총판 업체)
▶ 현재 주가 6,000원 _ 최근 1년간 (+)11.9%, 2년간 (−)5.1%
▶ 2017년 매출액 전년대비 (+)23.2%, 영업이익 (+)609.1% 예상
▶ 2017년 추정 순이익 반영 주가수익배율(PER) 12.7배

※ 기업별 (예상, 추정)재무지표는 국내외 금융정보제공 업체에서 제공하는 애널리스트 컨센서스를 참조
하였으며, 이에 해당하지 않는 기업의 경우 최근 결산월 기준 자료를 제시하였음 _ 네이버 증권

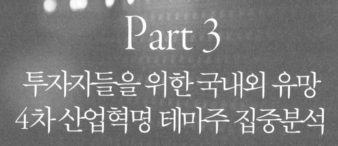

Part 3
투자자들을 위한 국내외 유망
4차 산업혁명 테마주 집중분석

1982년 제임스 콜린스는 『좋은 기업을 넘어 위대한 기업으로(Good to Great)』라는 서적에서 위대한 기업이 될 가능성이 있는 회사로 20여 개의 기업을 선정했다. 제임스 콜린스의 이 책은 많은 호응을 얻었고, 그는 이어서 『성공하는 기업들의 8가지 습관(Built to last)』이라는 책을 집필해 성공하는 회사의 조건을 나열했다. '핵심을 보존하고 발전을 자극하라', '크고 위험하고 대담한 목표', '사교 같은 기업 문화', '내부에서 성장한 경영진', '끊임없는 개선 추구' 등이 성공하는 회사의 조건이었다.

『좋은 기업을 넘어 위대한 기업으로』가 출간되고 30여 년이 지난 지금 그가 선정한 위대한 기업 중에 남아 있는 기업은 6개에 불과하다. 무엇이 이런 변화를 만들었을까?

제임스 콜린스는 위대한 기업이 되는 조건을 대부분 기업 내에서 찾았다. 경영 방식이나 회사 문화, 도전 정신 등이 원인이라고 생각했다. 하지만 3차 산업혁명 시기 이후 회사의 존속과 발전은 회사 내부의 문제라기보다 외부의 문제에 얼마나 발 빠르게 대응했느냐에 따라 판가름 나기 시작했다. 기술 발전이 급박하게 진행되고, 산업의 융합과 복합이 진행되는 4차 산업혁명 시기에는 이런 양상이 더욱 강해진다. 아마도 위대한 기업이 몰락한 이유가 여기에 있지 않을까 한다.

필자는 이번 파트에서 해외와 국내 4차 산업혁명주를 소개한다. 투자자로서 우리는 제임스 콜린스와는 다른 시각으로 각 기업을 바라봐야 한다. 4차 산업혁명의 전반적인 트렌드를 살펴보고 그 트렌드를 이끄는 대표 기술을 가진 기업, 그리고 그 방향에 집중적으로 투자할 여력이 있는 기업이 우리가 4차 산업혁명주를 바라보는 방향이다.

제임스 콜린스가 선정한 위대한 기업 중 기술 중심의 기업은 4개 중 3개가 현재도 사업을 영위하고 있다. 4차 산업혁명을 이끌 기업은 내부 경영의 문제가 아니라 기술을 가진 기업이라는 것을 반증하는 작은 증거일지도 모른다. 물론 성공적으로 투자하려면 이러한 요소를 찾아내고 판단하기 위한 다양한 노력이 필요하다.

이것이 말처럼 쉬운 일은 아니다. 관련 기술과 사업이 아직 시작 단계에 있는 만큼 자료를 취합하고 깊이 있는 분석을 하는 면에서 전문가들도 어려움을 토로하는 데다가 외국기업 관련 자료는 언어적 장벽이 있어 접근성도 떨어지기 때문이다. 따라서 현 시점에서 보다 일반 투자자들의 눈높이에 맞고 이해하기 쉬운 분석 자료가 절실하다.

이런 이유로 파트 3에서는 전문적인 정보와 데이터의 나열을 가급적 지양하고 일반 투자자들의 눈높이에 맞게 해당 기업이 추진 중인 4차 산업 관련 사업의 현황과 성장성에 초점을 두었다. 기업의 본업 전반에 대한 분석이나 가치평가와는 거리가 있지만 해당 기업이 4차 산업혁명을 통해 추구하는 성장의 방향성을 이해하고 그것을 예측하는 데 많은 도움이 될 것이다.

해외 대표
4차산업혁명주
TOP 10

• 각 기업 차트의 최근 종가는 2017년 8월 18일이 기준이며, 주가상승률은 최근 5년간 연평
균 주가상승률이다.
• 각 기업의 사업현황 및 실적 전망치는 작성일 기준과 현재 시점 간의 차이가 다소 있을 수
있다.

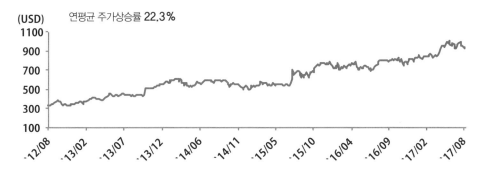

1. Alphabet (GOOG/GOOGL US)

2015년 7월 23일 설립 | www.abc.xyz

- **시가총액 (백만 USD)** 635,973
- **5일 평균 거래량** 1,327,091
- **52주 최고가** 1,008.6
- **52주 최저가** 743.6
- **최근 종가** 926.2

(USD)　연평균 주가상승률 **22.3%**

이것만은 미리 알고 가자

1. 앞선, 검증된 인공지능 기술 보유
2. 빅데이터에 최적화된 사업구조
3. 4차 산업 전반에 걸친 사업 포트폴리오 보유
4. 안정적 현금 창출능력을 바탕으로 4차 산업 분야에 투자 지속 가능

•• 기업 현황 및 투자 포인트

　　다양한 분야에서 빅데이터 수집　구글이라고 하면 많은 이들에게 한국의
바둑기사 이세돌을 이긴 인공지능 알파고(Alphago)를 만든 회사로 친숙하지
만 원래는 검색엔진 서비스 및 인터넷 광고를 주사업으로 하는 회사였다.

1998년 래리 페이지(Larry Page)와 세르게이 브린(Sergey Brin)이 '페이지 랭크'라는 독자적인 검색 알고리즘을 개발하면서 출발한 구글은 당시 인기 있는 검색엔진인 알타비스타(Altavista)나 야후(Yahoo)보다 더 나은 서비스를 제공할 수 있었다. 이를 바탕으로 2001년 애드워즈(Adwords)라는 검색 광고를 수익 모델로 도입하면서부터 인터넷 광고시장을 기반으로 빠르게 성장했다.

구글은 2015년 지주회사 알파벳(Alphabet)을 설립하고 구글은 검색엔진 및 인터넷 사업을 담당하는 자회사로 들어갔다. 알파벳은 구글 외에 바이오테크, 자율주행차, 신재생 에너지, 로봇공학, 스마트홈, 클라우드 서비스 등 다양한 미래지향 사업을 영위하고 있다. 이런 사업은 단기 성과를 내기보다 중장기, 즉 4차 산업혁명과 관련한 기술력과 성장성을 확보하려는 목적이다. 이미 딥러닝을 바탕으로 한 인공지능 기술은 구글의 광고 사업 부문에 적용되고 있고, 이는 광고의 서비스 및 수익성 개선에 기여하고 있다. 2016년 12월에는 무인자동차 사업 부문을 웨이모(Waymo)라는 독립회사로 분사시키며 미래사업 부문을 다각화했다.

인공지능과 기존 사업의 결합으로 시너지 효과 다양한 사업 부문을 보유하고 있는 알파벳에서도 특히 '인공지능' 사업 부문에 초점을 맞출 필요가 있다. 가장 큰 이유는 알파벳은 머신러닝(Machine Learning, 기계학습)의 한 부분인 딥러닝에 특화된 환경을 갖추고 있기 때문이다.

딥러닝은 방대한 데이터 축적과 컴퓨팅으로 컴퓨터가 스스로 학습하고, 궁극적으로는 주관적이고 창의적인 영역에서 결과를 도출하는 방법으로서 방대한 데이터야말로 딥러닝의 핵심요소라고 할 수 있다. 그런데 알파벳은 구글맵, 유튜브, 지메일, 구글포토 등 모두 5억 명 이상의 일간활동유저 수를 보유하고 있고, 매일같이 12억 개의 사진과 비디오가 업데이트될 정도로 방대한 데이터가 지속적으로 생산되고 있다. 이는 알파벳이 지향하는 오픈소스 정책의 결과물이자, 인공지능 기술 분야에서 알파벳만이 가지고 있는 핵심 경쟁력이다.

또한 이런 인공지능 기술을 자회사 전반에 걸쳐 활용하고 있고, 점차적으로 시너지를 내고 있다는 점도 우리가 알파벳의 미래에 주목하는 이유다. 대표적인 서비스는 '구글 어시스턴트'다. 구글의 인공지능 개인비서인 구글 어시스턴트는 사용자의 음성을 인식해 음악 재생, 예약, 메시지 전송 등을 서비스하고, 현재 1억 개 이상의 기기에서 이용이 가능하다. 또한 이런 인공지능 기술을 한동안 주춤하던 자회사인 네스트의 스마트홈 분야에도 활용하면서 최근 서비스 개선과 함께 실적 반등을 이루었다. 알파벳의 핵심 수익원인 구글의 검색 및 광고 부문에도 활용하면서 정보 제공과 광고의 퀄리티도 개선했다. 또 각 국가의 로컬서비스와 알파벳 인공지능 기술을 결합해 직간접적으로 시장을 개척하고 있다. 하반기에 출시 예정인 '구글 렌즈'도 머신러닝을 접목한 시각 기반의 컴퓨팅 제품이다. 음성인식 스피커 구글홈, 네스트의 스마트홈, 그리고 웨이모의 자율주행차 등 4차 산업 분야에서 결국 알파벳의 인공지능 기술력은 가치 창출의 핵심으로 작용할 것이다.

알파벳은 인공지능과 관련한 기업의 인수합병이나 연구개발에도 가장 적극적인 회사다. 2001년 이후 인공지능 관련 기업 인수에 총 33조 7000억 원을 투자했다. 이를 발전시킬 수 있는 자금력과 상용화할 수 있는 영업력도 뒷받침하고 있어 4차 산업혁명을 선도하는 데 부족함이 없다.

적극적인 투자로 가장 기대되는 4차 산업혁명 회사　단기 투자라는 관점으로 본다면 아직 인공지능을 포함한 4차 산업혁명과 관련한 사업 부문이 전체 수익에서 차지하는 비중이 매우 적다는 점을 유념해야 한다. 하지만 구글의 디지털 광고 외 다양한 사업 부문(Google Search, Goolge apps, YouTube)이 캐쉬카우 역할을 충실히 수행하는 만큼 미래 지향적이고 지속적인 투자가 가능하다. 참고로 이마케터(eMarketer)와 서치엔진저널(Search Engine Journal)에 따르면 2016년 구글 수익의 89퍼센트를 차지하는 디지털 광고 부문은 미국 시장에서 독보적인 1위이며 꾸준하게 성장해오고 있다. 이 자본으로 다양한 분야의 회사를 공격적으로 인수하면서 4차 산업혁명을 대비한 기술을 확보하고 있다. 이것이 바로 4차 산업혁명 관련 투자를 준비하는 우리가 이 기업에 관심을 유지해야 하는 가장 큰 이유다.

실적 동향

알파벳의 2017년 2분기 실적은 EU의 과징금 부과에도 불구하고 예상치를 상회했다. 항목별로 살펴보면, 매출은 260억 1000만 달러를 기록하며 시장 기대치인 256억 5000만 달러를 상회했고, 전년 같은 기간에 비해 21퍼센트 증가하며 꾸준한 성장세를 나타내고 있다. 영업이익과 순이익 부분은 사상 최대 규모의 EU 과징금(27억 4000만 달러) 전체를 2분기 영업비용에 반영하면서 각 41억 3000만 달러, 35억 2000만 달러를 기록했다. 이는 전년동기대비 각 31퍼센트, 25퍼센트 하락한 수치다. 하지만 일회성 요인인 EU 과징금을 제외할 경우 두 항목 모두 전년동기대비 15퍼센트, 28퍼센트 각각 증가한 점은 알파벳 수익의 건전성을 반증하는 대목이다. 사업 부문별로 살펴보면, 역시 구글 사업부의 광고 매출이 압도적 비중과 견조를 보이고 있다. 자체 사이트 광고 매출은 전년도 같은 기간에 비해 20퍼센트 증가한 184억 달러를 기록했고, 모바일 광고도 머신러닝을 바탕으로 한 광고 상품의 효율성이 높아지고 퀄리티가 개선됨에 따라 압도적으로 시장을 지배하며 폭발적으로 성장하고 있다.

4차 산업혁명 주 투자자인 우리는 특히 클라우드, 앱플레이, 하드웨어(픽셀폰, 와이파이, 구글홈) 등의 기타 사업 부문과 알파벳의 자회사인 웨이모(자율주행), 파이버(Fiber, 초고속인터넷), 네스트(스마트홈), 칼리코(Calico, 바이오), 버릴리(Verily, 로봇수술) 등이 포함된 '기타 투자(Other Bet)'의 실적에 주목할 필요가 있다. 이들은 현재 알파벳이 장기적으로 가치를 창출하고자 신설한 사업 분야이고, 대부분 4차 산업혁명과 직결되는 부문이기 때문에 그만큼 큰 의미가 있다. 2분기 '기타 투자' 매출은 2억 4800만 달러로 전년 대비 34퍼센트 성장을 기록했다. 특히 최근 네스트가 출시한 실내 보안 카메라가 스마트홈 시대 개막과 함께 성과가 개선되고 있다는 점이 고무적이다. 4차 산업혁명 시대와 함께 바이오 분야인 칼리코와 버릴리 그리고 자율주행 분야인 웨이모의 실적이 가시화된다면 알파벳의 장기 성장세는 견조를 유지할 것으로 예상된다.

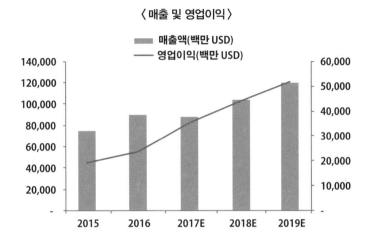

〈 매출 및 영업이익 〉

〈 재 무 제 표 〉

구분	2015	2016	2017E	2018E	2019E
매출 (백만 USD)	74,989	90,272	88,089	104,062	119,767
영업이익 (백만 USD)	19,360	23,716	35,524	44,259	51,782
순이익 (백만 USD)	16,348	19,478	27,650	33,738	38,848
EPS (USD)	23.1	28.3	38.4	46.2	55.5
EPS (연간 성장률)	14.7	22.5	11.9	20.2	20.2
ROE (%)	14.1	15.0	15.2	16.3	15.4
PER (배)	33.6	28.2	24.1	20.1	16.7
PBR (배)	4.4	3.9	4.0	3.4	2.9
배당수익률 (%)	–	–	–	–	–

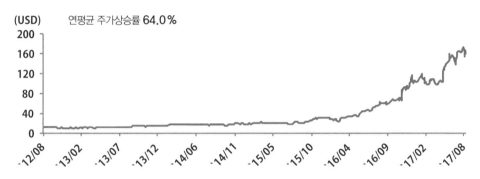

2. NVIDIA (NVDA US)

1998년 2월 24일 설립 | www.nvidia.com

- **시가총액 (백만 USD)** 96,093
- **52주 최고가** 174.6
- **5일 평균 거래량** 18,834,152
- **52주 최저가** 57.3
- **최근 종가** 161.5

(USD)　연평균 주가상승률 **64.0%**

이것만은 미리 알고 가자

1. 글로벌 GPU 시장 1위 기업
2. 인공지능에 특화된 전용 칩셋 상품 출시 및 개발을 통한 기술혁신
3. 세계 최초 인공지능 자율주행 전용 칩셋 출시
4. 가상현실/증강현실 시장은 미래의 신성장 동력

기업 현황 및 투자 포인트

GPU의 새로운 사용처 발견　게임 매니아라면 한 번쯤 들어봤을 그래픽 카드 '지포스(GeForce)' 시리즈로 유명한 엔비디아는 생산공장을 운영하지 않고 반도체의 개발, 설계만 담당하는 팹리스(Fabless) 업체이고, 주로 컴퓨터용

그래픽 처리 장치와 멀티미디어 장치 분야에 주력하는 회사다. 1993년 1월 회사 설립 후 그래픽 칩셋 제조를 주력 사업으로 성장했고, 2000년 부두 (Voodoo) 시리즈로 잘 알려진 3dfx사를 인수하면서 그래픽 장치 분야의 선도 기업이 되었다. 지난 2016년 8월에는 서버 시장에 진출했으며 인공지능 기술 및 자율주행차 전용 반도체 사업으로 그 영역을 확대해 가고 있다.

엔비디아는 IBM이나 알파벳처럼 인공지능 시스템을 보유한 업체도 아니고 반도체 제조 역사와 규모도 인텔, 삼성전자에 비할 바가 못 된다. 그럼에도 불구하고 최근 인공지능 분야에서 엔비디아가 부각되는 이유는 우선 알고리즘을 구동하는 칩셋(GPU)의 강자이기 때문이다. 시장조사 전문기관 JPR(Jon Peddie Research)에 따르면, 2017년 1분기 기준으로 엔비디아의 GPU 시장점유율은 무려 72.5퍼센트를 기록했다. 유일한 경쟁사인 AMD(27.5퍼센트)와의 격차는 더욱 벌어졌다. 물론 아직까지 게임용 컴퓨터에 많이 활용되고 있는 지포스 시리즈가 점유율 중 대부분을 차지하고 있다. 그러나 최근 인공지능 기술이 널리 보급되고 GPU가 인공지능 시스템 운영에 활용되면서 엔비디아의 GPU 기술력에 대한 기대가 높아가고 있는 상황이다.

칩셋은 알고리즘을 구동하는 데에서 가장 기초적으로 필요한 장치, 즉 두뇌와 같다고 보면 된다. 중앙처리장치(CPU)는 인체 활동을 통제하는 대뇌 역할을 하고, 시각 정보를 처리하는 부분은 그래픽처리장치, 즉 GPU가 담당한다. 순차(직렬)적으로 데이터를 처리하는 CPU는 속도는 빠르지만 한 번에 여러 가지 업무를 처리하는 데는 제한적인 반면 병렬 처리 방식을 사용하는 GPU는 상대적으로 속도는 느리지만 다량의 정보를 한 번에 처리할 수 있다. 이 때문에 컴퓨터 내부에서 짧은 시간에 단순 연산을 수없이 반복해야 하는 딥러닝을 기반으로 한 인공지능 구현에 CPU보다 GPU가 많이 쓰이고 있다. 지난해 이세돌 9단과의 바둑대결에서 승리한 구글의 '알파고'에도 176개의 GPU가 탑재되었다고 알려졌다.

인공지능용 칩셋을 개발하는 중 전력 공급 및 기기의 소형화 추세를 고려할 때, 현재 GPU 칩에도 한계점이 분명히 있기 때문에 더 진화할 4차 산업혁명 시대에 완벽하게 적합하다고 볼 수 없다. 따라서 엔비디아는 GPU 기술력을 바탕으로 인공지능 전용 칩셋을 개발하고 출시에 박차를 가하고 있다.

엔비디아가 지난해 출시한 인공지능 칩 '테슬라 P100'은 가시적인 성과를 내는 데 성공했다. 대표적으로 마이크로소프트 애저, 바이두, IBM 클라우드가 인공지능을 강화하는 데 적용했고, 페이스북의 차세대 인공지능 서버 '빅바신(Big Basin)'에도 탑재됐다. 국내에서는 한화테크윈이 개발하는 인공지능 기반의 보안 솔루션에 적용되면서 국내외 시장에서 상용화를 확대하고 있다. 엔비디아는 인공지능 칩 시장을 선점하고자 지속적으로 기술을 개발하며 신제품을 출시하고 있다. 그 예로, 최근 출시한 '테슬라 V100'에 무려 30억 달러를 투자했고, 불과 1년 전에 출시한 '테슬라 P100'보다 성능을 한 단계 업그레이드했다. 단 8개의 V100 칩으로 무려 400대의 서버를 대체할 수 있을 정도로 빅데이터 처리 속도 면에서 월등하고, 전력 소모량도 기존 제품에 비해 많이 낮췄다. 그래서 딥러닝 구현에 좀 더 최적화되었다고 평가받고 있다.

자율주행 분야 시장도 진출 엔비디아는 GPU 기술력을 기반으로 한 인공지능용 칩을 성장성이 무궁무진한 자율주행차 시장에 진출하는 데도 활용했다. 엔비디아는 작년 세계 최초로 자율주행차량용 컴퓨터 드라이브 플랫폼인 'PX2'를 출시했다. PX2는 딥러닝을 기반으로 한 인공지능을 활용해 도로 위에서 발생할 수 있는 거의 대부분의 시나리오를 인식하고 다룰 수 있다. 그래서 테슬라, 폭스바겐, 아우디, 도요타 같은 자율주행 분야를 준비하는 글로벌 완성차 업체가 엔비디아의 PX2를 적용하기 시작했다. 또한 엔비디아는 작년 9월 세계 최초로 자율주행에 특화된 단일칩 프로세서인 '자비에(Xavier)'를 공개했고 2017년 하반기 출시를 목표로 하고 있다. 참고로 자비에는 자율주행차량이 필수적으로 수행해야 하는 대규모 연산 처리 작업(초당 30조 개의 딥러닝 연산 가능)에 적합한 수준의 성능을 제공한다. 특히 주변 환경을 감지하는 딥러닝, 3D 환경파악, HD 맵 상에서의 위치 파악, 주변 사물의 행동 및 위치 예측, 차량 동역학 및 안전 주행 경로 연산 등의 기능을 수행할 수 있는, 자율주행 전용 시스템온칩(SOC, System on Chip)이다. 엔비디아는 PX2 모듈에 탑재 예정인 자비에를 출시함과 동시에 자율주행 분야에서 경쟁력을 더욱 다질 것이다. 현재 시점에서 기술과 법, 규제 때문에 바로 상용화하기 어려운 자율주행차 시장이지만, 만약 완전 자율주행 기술 수준인 레벨4에 2018년까지 도달한다면, 엔비디아의 자율주행 사업 부문의 성장성은 무궁무진할 것으로 예상된다.

가상현실/증강현실 분야에도 기회를 현재까지 포켓몬 고를 제외하고 특별하게 가상현실/증강현실 시장에서 킬러 콘텐츠는 나타나지 않고 있다. 기술력이나 보급도 걸음마 수준이다. 가상현실을 제대로 구현하려면 지금보다 훨씬 고해상도의 디스플레이를 구현할 필요가 있다. 뿐만 아니라 단순히 영상물을 보는 것이 아니라 체험할 수 있는 인터렉티브 콘텐츠를 제작하려면 실시간 렌더링 성능이 필요하다. 그런 면에서 가상현실/증강현실 시장은 그래픽카드를 기반으로 한 엔비디아에게 큰 기회가 될 것이다. 가상현실/증강현실이 대중화돼 기기가 많이 보급된다면, GPU 수요가 늘어날 것이 확실하고, 현재 과점 형태로 GPU 시장에서 지위를 확보하고 있는 엔비디아는 직접적으로 수혜를 볼 것이다. 엔비디아는 이미 가상현실과 관련한 하드웨어인 GPU 외에 플랫폼 같은 솔루션 시장에도 입지를 구축하고 있다. 대표적으로 엔비디아의 'VR 웍스(VRWorks)'가 있다. 이는 가상현실 생태계를 조성하려는 목적으로 만든 플랫폼인데, 가상현실 하드웨어와 소프트웨어 개발자를 도와주는 역할을 한다. 그 외에도 지난 5월에는 스마트시티 조성에 사용할 지능형 동영상 분석 플랫폼인 '메트로폴리스'를 공개했다.

최근 엔비디아의 독주를 막고자 IBM, 인텔, 구글 등 IT 회사도 인공지능 전용 칩셋 개발에 뛰어들고 있지만 GPU를 기반으로 한 기술력과 인지도를 감안할 때 엔비디아가 우위를 점하고 있는 것은 틀림없는 사실이다. 따라서 현재의 엔비디아의 기술 경쟁력을 유지, 발전시키고 4차 산업혁명(인공지능 보급 확대와 자율주행차의 상용화 등)이 진화하는 흐름에 맞춘다면, 기존 게임 분야 외에서도 크게 도약할 것으로 예상된다.

실적 동향

엔비디아의 2017년 2분기 실적(연결기준)을 보면 전 분야가 고르게 성장해 사상 최고 수준을 기록했다. 전체 매출은 지난해 같은 기간에 비해 56퍼센트 증가한 22억 2000만 달러를 기록하며 전망치인 19억 6000만 달러를 훌쩍 웃돌았다. 그리고 영업이익과 순이익도 무려 102퍼센트, 104퍼센트 증가한

7억 7300만 달러, 6억 3800만 달러를 각각 기록했고, 주당순이익도 91퍼센트 증가한 1.01달러를 기록했다. 사업 부문별로 살펴보면, 엔비디아 실적의 근간인 게임 부문의 매출은 여전히 게이머들에게 사랑받고 있는 지포스 시리즈, 비트코인 채굴에 필요한 OEM 수요 확대(블록체인 기술로 만든 가상화폐인 비트코인은 최근 가치가 크게 증가했으며, 가상화폐가 인정받을 수 있도록 장부를 대조하는 작업을 분리된 계좌에서 처리하는데, 이 처리에 GPU가 사용된다. 이를 흔히 채굴이라고 말한다), 엔비디아의 티그라(Tegra) 칩을 탑재한 닌텐도 스위치의 판매 호조에 힘입어 전년동기대비 52퍼센트 늘어난 11억 9000만 달러를 기록했다. 인공지능과 연관이 깊은 데이터센터 사업 부문은 인공지능 기술이 보급됨에 따라 전년동기대비 250퍼센트 이상의 성장을 보이며 4억 1600만 달러 매출을 올렸다. 또한 가상현실/증강현실과 연관이 있는 전문 시각화(Professional Visualization) 사업 부문은 10퍼센트 증가한 2억 3500만 달러 매출을 기록했다. 마지막으로 향후 성장 가능성이 무궁무진한 자율주행 사업 부문은 전년동기대비 19퍼센트 증가한 1억 4200만 달러를 기록했다. 현재 엔비디아의 매출비중의 60퍼센트 정도가 게임 부문에서 나오고 있긴 하지만, 점차적으로 4차 산업혁명이 진행될수록 타 사업 부문의 실적도 가파르게 성장할 것으로 기대된다. 단기적으로는 최근 진행되고 있는 인공지능 기술의 보급 확대, 중장기적으로 가상현실/증강현실과 자율주행이 본격적으로 대중화되면 엔비디아는 제2차 실적 성장세를 맞이할 것으로 기대된다.

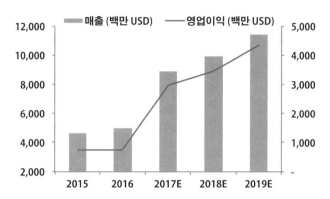

〈 매출 및 영업이익 〉

〈 재 무 제 표 〉

구분	2015	2016	2017E	2018E	2019E
매출 (백만 USD)	4,682	5,010	8,941	9,949	11,416
영업이익 (백만 USD)	759	747	2,981	3,441	4,342
순이익 (백만 USD)	631	614	2,523	2,807	3,285
EPS (USD)	1.1	1.1	4.0	4.6	5.4
EPS (연간 성장률)	52.0	− 0.9	32.0	12.9	19.5
ROE (%)	14.2	13.8	36.8	28.5	27.6
PER (배)	22.2	77.6	40.0	35.4	29.6
PBR (배)	4.0	12.8	13.8	10.6	8.4
배당수익률 (%)	1.2	1.2	0.3	−	−

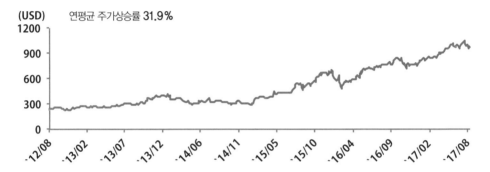

3. AMAZON (AMZ US)

1996년 5월 28일 설립 | www.amazon.com

- **시가총액 (백만 USD)** 460,429
- **52주 최고가** 1,083.3
- **5일 평균 거래량** 3,130,294
- **52주 최저가** 710.1
- **최근 종가** 958.5

(USD) 연평균 주가상승률 **31.9%**

이것만은 미리 알고 가자

1. 빅데이터에 최적화된 세계 최대 규모의 전자상거래 플랫폼 보유
2. 클라우드 컴퓨팅 시장 글로벌 1위 기업
3. 음성인식 인공지능 서비스 기술 고도화 및 차별화 성공으로 스마트홈, 자율주행차 시장 성장의 수혜 기대

기업 현황 및 투자 포인트

클라우드 기업으로 거듭난 아마존 2014년 병행수입 및 해외 직구를 우리 나라 정부가 본격적으로 지원하면서부터 해외 인터넷 거래가 확산되고 있다. 마침 글로벌 전자상거래 업체의 쇼핑 인프라(인터페이스, 결제, 배송, 언어 지원

등)도 발전해 국내 소비자들의 해외 직구 시장은 더욱 빠르게 성장하고 있다.

이와 함께, 미국의 블랙 프라이데이(매년 11월 마지막 주 추수감사절 다음날) 같은 행사가 국내 소비자에게도 친숙해졌다. 블랙 프라이데이는 전통적인 연말 쇼핑 시즌으로 연중 최대의 세일 행사가 열리는데 이에 맞춰 소위 '핫딜'을 노리는 소비자가 국내에도 가파르게 증가하고 있다. 이런 전자상거래의 중심에는 세계 최대 인터넷 종합 쇼핑몰 아마존이 있다.

아직도 아마존을 단순 인터넷 서점으로 오해하는 독자가 많을 테지만 사실은 브랜드 로고처럼 A부터 Z까지 모든 물건을 판매하는 전자상거래를 기반으로 하는 IT 회사다. 초기에는 인터넷 서점이란 컨셉으로 등장했으나 점차 그 영역을 넓혀 현재는 온라인 커머스 솔루션, 디지털 디바이스, 미디어 콘텐츠, 클라우드 컴퓨팅 등 다양한 분야를 전 세계적으로 선도하고 있다.

흥미로운 점은 인터넷 서점을 운영하기 시작한 1994년부터 아마존은 제한적으로나마 고객성향을 분석해 맞춤형으로 책을 추천해주는 서비스를 도입했다는 것이다. 2010년 이후에 정립된 빅데이터 개념을 15년 전부터 고민하고 적용해 온 셈이며 이러한 노력의 결과 아마존은 4차 산업혁명에 필수적인 빅데이터와 이를 저장·처리할 클라우드 서비스 분야에서 가장 오랜 역사를 자랑하고 있다.

그렇기 때문에 4차 산업혁명과 관련한 아마존의 사업 중 우리가 가장 주목해야 할 부분은 바로 클라우드 컴퓨팅 분야다. 파트 2에서도 잠시 언급했듯이 4차 산업혁명의 주요 요소 중 가장 핵심이라고 볼 수 있는 인공지능 알고리즘을 구현하려면 머신러닝이 필요한데, 방대한 빅데이터가 머신러닝의 근간이기 때문이다.

빅데이터는 용량이 방대하고 개인정보 보안을 요하기 때문에 특정한 장소에 저장하고 필요할 때만 사용하는 게 유리하다. 통신산업이 발전하고 데이터 처리 능력이 발전함에 따라 취급하는 정보의 데이터 크기는 기하 급수적으로 증가했고, 이는 클라우드 컴퓨팅 산업이 성장하는 데 기폭제가 되었다. 가트너에 따르면, 퍼블릭 클라우드 서비스(Public Cloud Service, 기업 내에서만 사용하는 프라이빗 클라우드에 대비되는 말로 그야말로 일반 대중 모두가 사용하는 클라우드) 분야는 2020년까지 3800억 달러 이상의 시장으로 성장할 것이다.

아마존은 2006년 자회사인 AWS를 설립하고 추수감사절이나 크리스마스 등 성수기에 몰리는 트래픽을 처리하고자 서버를 대규모로 증설했다. 이 서버 자원을 평소에도 활용하고자 기업 고객을 대상으로 판매했다. 이것이 지금 B2B를 중심으로 이루어지는 아마존의 클라우드 서비스 사업의 시작이다. 사용자인 기업 입장에서는 직접 운영하려면 비용과 유지, 관리, 보수 측면에서 부담이 되는 인프라와 플랫폼을 대여해 사용할 수 있다는 이점이 있었다. 그 덕분에 아마존의 클라우드 서비스 분야는 두각을 나타내기 시작했다. 또한 경쟁 업체가 늦게 시장에 진출하는 바람에 아마존의 시장 내 입지는 더욱 공고해졌고, 지속적으로 인프라와 플랫폼을 개발하고 투자함으로써 현재 클라우드 시장 1위가 되었다. 조사업체 시너지리서치그룹(Synergy Research Group)에 따르면, 아마존의 AWS는 매출액 기준으로 IaaS/PaaS(인프라를 서비스로 제공하는지 플랫폼을 서비스로 제공하는지 차이) 시장의 약 40퍼센트 이상을 차지하고 있으며 이는 경쟁 업체인 마이크로소프트, 구글, IBM을 모두 합친 규모보다 압도적으로 큰 수준이다.

클라우드 서비스로는 타의 추종을 불허하는 경쟁력 경쟁 업체가 늦게 시장에 진출하는 바람에 아마존의 시장 내 입지는 더욱 단단해졌고, 지속적으로 인프라와 플랫폼 개발에 투자해 현재의 AWS를 만들었다. 물론 경쟁 업체의 시장 진출은 점유율 측면에서 아마존 AWS에 부정적인 요인으로 작용할 수 있다. 하지만 향후 4차 산업혁명이 가시화되면, 클라우드 컴퓨팅 산업의 '파이' 크기가 커질 것이므로 AWS 매출의 절대적인 규모는 증가할 것으로 보인다. 그리고 AWS의 고객 이탈 리스크는 클라우드 서비스 시장의 특징 때문에 생각보다 크지 않을 것으로 생각된다. 사용자 측면에서 보면 클라우드 서비스를 이전하다가 데이터를 유실할 위험이 있고 새로운 인터페이스 및 시스템 사용에 대한 불편함, 각 서비스의 차이점 등 여러 가지 요인이 있어서 큰 인센티브가 없다면 서비스 이동을 활발하게 하지 않을 것이다. 오히려 시장 규모가 성장해 신규 고객이 증가할 것이므로 아마존의 클라우드 서비스의 성장 가능성은 클 것으로 기대된다.

우리가 아마존의 클라우딩 서비스 부문에 주목해야 할 또 한 가지 장점은 이미 막대한 수익을 내고 있다는 사실이다. 앞서 언급한 4차 산업혁명과 관련한 사업 대부분은 아직 시장 형성 초기 단계에 있다 보니 실제 실적은 그 비중이 작았다. 하지만 아마존의 AWS는 2016년 4분기 기준으로 매출 3000만 달러를 넘어섰고, 전체 아마존 매출에서 약 8퍼센트를 차지할 만큼 점차 핵심 사업 부문으로 성장하고 있다. 이익 측면에서도 클라우드 사업은 알짜배기다. 아마존의 클라우드 서비스 사업의 평균 영업이익률은 20퍼센트 수준으로 전자상거래에 비해 압도적으로 높다. 비중으로 봐도 클라우드 사업 부문의 영업이익은 아마존 전체 영업이익의 80퍼센트 이상을 차지할 정도로 이익 기여도가 절대적이다. 다시 말해, 압도적으로 시장을 점유하고 있고 영양가도 높은 사업이므로 클라우드 서비스 사업 부문은 아마존의 진정한 캐쉬 카우다.

인공지능 비서 서비스에서 새로운 시장 개척 요즘 화두가 되고 있는 음성인식 인공지능 서비스 부문에서도 아마존의 역할이 돋보인다. 최근 국내외 기업이 너나 할 것 없이 음성인식 인공지능 서비스 기능을 탑재한 스마트폰, 스피커 등 IT 제품을 출시하며 마케팅에 열을 올리고 있는데 이 분야에서 아마존의 음성인식 인공지능 '알렉사'를 탑재한 원통형 스피커 '에코'의 인기가 치솟고 있다. 지난 3월에 미국 시장조사업체 이마켓이 발표한 자료에 따르면, 아마존의 '에코'는 미국 내 스마트 스피커 시장에서 점유율 70.6퍼센트를 차지했다.

물론 음성인식 인공지능 서비스를 아마존이 처음 개발한 것은 아니다. 아마존은 애플의 아이폰에 탑재된 음성인식 인공지능 비서 시리보다 약 3년이 늦은 2014년 9월에야 알렉사를 선보였다. 하지만 에코를 재빠르게 그해 11월에 출시하면서 인공지능 스피커 시장을 선점해나가기 시작하였다.

아마존은 다른 경쟁 업체와 달리 스마트폰이나 PC에 얽매이지 않고 가정용 기기를 중심으로 하는 스마트홈 분야를 집중 공략했다. 초기에는 음성인식과 인터넷 연결 기능 정도에 국한되면서 마치 인터넷 '교환수' 같은 느낌에 머물렀지만, 점차적으로 알렉사와 연동되는 어플리케이션과 제품이 늘어나면서 음성인식 인공지능 비서의 모습이 점차 완성되고 있다.

대표적으로 가전업계에서는 월풀의 오븐과 LG 전자의 냉장고에 알렉사를 탑재했고, 자동차업계에서도 포드와 폭스바겐이 차량용 음성 비서 시스템으로서 알렉사를 러브콜했다. 그 결과, 아마존 에코 스피커의 판매량은 빠르게 증가해 최근 2년 동안 500만 개 이상 판매를 기록했고, 알렉사와 연동 가능한 어플리케이션도 현재 5000개가 넘을 정도로 호환성을 더욱 넓혀가면서 인공지능 스피커 시장을 포함한 음성인식 인공지능 서비스 시장에서 입지를 더욱 단단히 해가는 모습이다.

또한 우리는 에코 보급 이후 아마존의 행보에 주목해야 한다. 현재 수준의 시장점유율을 유지하면서 지속적으로 스마트 스피커 시장이 성장한다면, 아마존은 하드웨어인 에코와 연동할 수 있고, 인공지능 기술을 접목해 시너지를 낼 분야에 주목할 것이다. 대표적 분야가 아마존의 핵심 사업 부문인 전자상거래다. 현재도 에코로 인터넷 쇼핑이 가능하다. 만약 에코가 보편화되는 수준의 시장점유율을 확보한다면, 지금의 기능을 넘어 궁극적으로 음성인식 인공지능 플랫폼 역할을 하게 될 것이다. 그리고 이는 기존 아마존 사이트를 사용하지 않던 신규 고객을 유입시킬 것이고, 고객 기업 입장에서는 판매가 증가함과 동시에 AWS 클라우드 서비스까지 사용할 수 있기 때문에 소비자와 판매자 모두에게 인센티브가 발생할 것이다. 그렇다면 분명 전자상거래와 클라우드 사업을 기반으로 한 아마존의 전반적인 실적 성장세는 지속될 것으로 예상된다.

실적 동향

아마존의 2분기 실적을 보면 매출이 예상치를 상회해 성장 속도가 더욱 빨라진 모습을 확인할 수가 있었다. 매출액은 전년도 같은 기간에 비해 25퍼센트 증가한 380억 달러를 기록했다. 이는 시장기대치(372억 달러)와 회사가 제시한 예상치(가이던스: 358억~378억 달러)를 모두 상회하는 호실적이다. 하지만 순이익은 전년동기대비 77퍼센트 하락한 1억 9700만 달러를 기록했으며 주당순이익(EPS)도 0.4달러로 시장기대치(1.4달러)를 크게 하회했다. 이는 리테일 물류 시스템 확대와 최근 이목을 끌고 있는 배달 서비스 시설 투자 등 적극적인 투자에 기인한 비용 증가가 영향을 준 것이다. 사업 부문별로 살펴보면, 주력 사업부인 리테일 사업의 판매량이 전년동기대비 27퍼센트 증가했고 캐쉬카우 역할을 하는 클라우드 사업부인 AWS 역시 시장기대치(41퍼센트)를 상회해 무려 42퍼센트의 성장을 실현했다. 연말 쇼핑 성수기를 대비한 물류 시스템 및 배달 서비스 시설 투자가 진행되면서 올해 하반기로 갈수록 이익 부분의 하락은 지속될 것으로 예상되나, 아마존이 설립 이후 걸어온 행보처럼 4차 산업혁명을 대비해 장기적인 성장 그림을 그리는 투자라는 측면으로 접근할 필요가 있다.

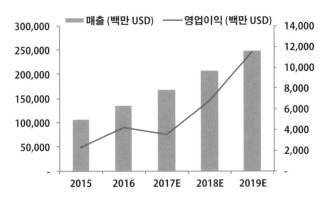

〈 매출 및 영업이익 〉

〈재 무 제 표〉

구분	2015	2016	2017E	2018E	2019E
매출 (백만 USD)	107,006	135,987	168,935	207,175	248,591
영업이익 (백만 USD)	2,233	4,186	3,565	6,785	11,469
순이익 (백만 USD)	596	2,371	5,606	8,358	12,736
EPS (USD)	1.3	5.0	10.8	15.7	22.7
EPS (연간 성장률)	N/A	291.4	21.5	45.0	44.6
ROE (%)	4.9	14.5	14.2	19.5	23.9
PER (배)	537.8	152.7	88.7	61.2	42.3
PBR (배)	23.8	18.5	18.0	13.9	10.3
배당수익률 (%)	–	–	–	–	–

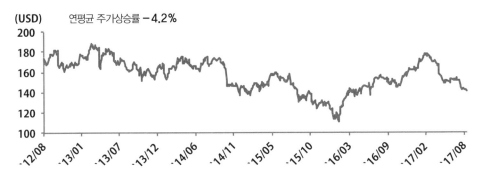

4. IBM (IBM US)

1911년 6월 16일 설립 | www.ibm.com

- **시가총액 (백만 USD)** 130,192
- **52주 최고가** 182.8
- **5일 평균 거래량** 3,758,555
- **52주 최저가** 139.6
- **최근 종가** 139.7

(USD) 연평균 주가상승률 −4.2%

이것만은 미리 알고 가자

1. 장기간 개발한 노하우를 기반으로 인공지능 서비스 상용화에 성공
2. 헬스케어에 특화된 인공지능 서비스 주도
3. 글로벌 클라우드 서비스 빅 4 기업
4. 블록체인 분야 특허 보유 세계 1위

●●° 기업 현황 및 투자 포인트

자연어를 사용하는 최강의 인공지능 보유 2016년 3월, 이세돌 9단과 알파벳의 인공지능 알파고가 바둑 대결을 벌여 알파고가 이세돌 9단에 4대1 승리를 거둔 사실은 한국 사회에 적지 않은 충격을 주었다. 하지만 그 이전에도

인공지능이 특정 분야의 인간 챔피언을 이긴 사례가 있었다. IBM은 그때마다 세상의 주목을 받아왔다. 1997년 IBM의 인공지능 '딥블루'는 세계 체스 챔피언 카스파로프를 꺾었고 2011년도에는 IBM의 새로운 인공지능 '왓슨'이 퀴즈 쇼 제퍼디에 참가해 승리를 거머쥐었다.

본래 이 기업은 100년이 넘는 역사를 자랑하는, PC 제조와 판매를 기반으로 한 IT 회사였다. 하지만 2005년 PC 사업 분야를 중국의 레노보에 매각한 후부터는 데이터 분석(Data Analytics), 클라우드 플랫폼, 인지 솔루션 서비스 개발에 역량을 집중했다. 또한, 인공지능을 개발하면서부터 IT 분야의 연구개발을 선도하는 대표적인 글로벌 기업으로의 변화에 성공했으며 이런 이유로 현재 시장이 IBM의 사업 부문 중에서 가장 주목하는 분야는 인공지능 플랫폼인 왓슨이다. 인공지능 개발에 가장 오랫동안 투자한 기업답게 왓슨은 현재 시점에서 서비스 상용화에 가장 성공한 모델로 평가받고 있다. 왓슨은 헬스, 사물인터넷, 금융서비스 등 다양한 산업에 적용되고 있으며, 이미 45개 국가의 학교와 제약회사, 자동차 회사, 금융 회사, 병원 등 20개 산업군에서 활용 중이고, 각국 언어로 서비스를 제공하고자 언어까지 습득시키고 있다. 한국에서는 이미 가천대 길병원, 롯데 그룹, SK C&C 등이 암을 진단하고 고객 쇼핑 정보를 제공하는 업무에 왓슨의 인공지능 기능을 활용하고 있다. 또한 3D 프린팅 자동차 업체인 로컬 모터스(Local Motors)가 IBM과 제휴해 만든 자율주행 전기버스 '올리(Olli)'에도 왓슨을 적용했다. IBM은 인공지능 기술 분야를 지속적으로 강화하고자 연구개발과 인수합병에 속도를 내고 있는데 2016년 총 15억 달러를 인공지능 분야와 관련한 15개 기업을 인수하는 데 투자했고 향후 추가로 기업 인수합병을 진행하는 것으로 알려졌다.

의료 산업에 특화된 인공지능 인공지능 왓슨의 행보 안에서 우리가 주목해야 할 분야는 의료산업 분야다. 왓슨은 구글이나 페이스북 같은 오픈소스 형태의 데이터를 기반으로 한 딥러닝보다는 연구논문이나 학술지 같은 전문지식을 기반으로 한 딥러닝으로 설계된 부분이 있기 때문에 의료 산업처럼 전문성을 요하는 분야에 적합하다고 평가받고 있다. 또한 피텔(Phytel, 건강관리 소프트웨어), 익스플로리스(Explorys, 헬스 데이터 분석), 머지헬스케어(Merge Healthcare, 의료영상 분석), 트루벤헬스애널리틱스(Truven Health Analytics, 클라우드 기반 헬스 데이터 분석) 등 관련 기업을 인수함으로써 클라우드 기반 헬스케어 플랫폼을 확보했을 뿐 아니라 환자 기록 같은 민감한 의료 데이터도 지속적으로 축적하고 있기 때문에 의료 산업에서의 왓슨의 경쟁력은 여타 인공지능 기술에 비해 매우 우위에 놓여 있다. 대표적인 미래 먹거리 분야가 의료 산업인 점을 감안한다면, 4차 산업혁명 시대와 함께 하는 왓슨의 성장성은 무궁무진할 것으로 예상된다.

왓슨과 시너지를 내는 클라우드 서비스 두 번째로 주목해야 할 IBM의 사업 부분은 클라우드 서비스다. 현재 클라우드 시장은 아마존 'AWS'과 마이크로소프트 '애저', IBM '블루믹스', 구글 'GCP' 순으로 빅4를 형성하고 있다. IBM은 경쟁사에 비해 다소 늦게 시장에 진출하는 바람에 아마존과 마이크로소프트와 같은 탑 2보다 시장점유율은 떨어져 있다. 하지만 2014년 '클라우드 퍼스트' 전략을 내세우며 조직 개편을 단행했고, 인공지능 왓슨을 접목해 IBM의 모든 서비스와 솔루션을 제공하는 기본 플랫폼 서비스인 블루믹스를 내세우며 클라우드 시장에서 빠르게 자리 잡았다. 현재 빠르게 보급되고 있는 왓슨과 시너지 효과를 내는 블루믹스의 성장도 기대된다.

미래의 통화, 계약, 원장인 블록체인에 투자 마지막으로 4차 산업혁명과 관련해 IBM에 주목해야 할 부분은 최근 IBM이 상용화에 성공한 블록체인이다. IBM은 블록체인 분야에 가장 공을 많이 들이고 있는 회사다. 2007년부터 블록체인 기술과 관련한 특허를 19개나 취득했고, 블록체인 표준화를 진행하는 '하이퍼레저' 프로젝트를 주도하고 있다. 참고로 하이퍼레저 프로젝트에 140여 개의 글로벌 IT 기업과 금융기관이 참여 중이고, 국내에서는 한국예탁결제원, 한국증권거래소, 코스콤, 삼성 SDS 등이 가입한 대규모 프로젝트다. IBM은 높은 기술력과 다양한 경험으로 최근 '하이퍼레저 패브릭(Fabric) 1.0'에 기반한 블록체인 1.0을 출시했고, IBM의 클라우드 서비스인 블루믹스를 통해 400여 개 이상의 적용 사례를 만들었다. 이 서비스가 다양한 산업 현장에 활용되고 있는 가운데 특히 금융기관에서 빠르게 적용을 확대하고 있다. 중국 유니온페이나 HSBC, 도이치뱅크 등 유럽 7개 은행 그리고 런던 거래소에서도 IBM의 블록체인 기술을 적용하기 시작했다. 향후 4차 산업혁명이 진행되면 수백억 개 이상의 디바이스가 서로 연결될 것이기 때문에 거래비용을 낮추고 신뢰를 높일 수 있는 블록체인 기술의 성장성을 그 누구도 부인하지 않는다. 이런 핵심 기술을 주도적으로 진두지휘하고 있는 IBM은 장기적인 성장 시나리오를 써내려 갈 것이다.

실적 동향

2017년 2분기 실적은 전체적으로 실망스러운 가운데 IBM이 미래 먹거리로 삼고 있는 전략 사업 부문의 성장을 확인했다. 전체 매출은 전년동기대비 4.7퍼센트 감소한 194억 6000만 달러를 기록하며 시장 기대치에 미치지 못했고, 21분기 연속 감소세를 지속했다. 순이익도 전년동기대비 6.9퍼센트 감소한 233억 3000만 달러를 기록했다. 이 역시도 시장전망치인 25억 8000만 달러를 하회하는 부진한 실적이다. 사업 부문별로 살펴보면, 클라우드와 분석, 모바일, 보안 등 같은 전략 사업 부문의 매출은 전년동기대비 7퍼센트 상승했으나, 주요 사업부로 나눠서 봤을 때 코그니티브(인지 컴퓨팅), 클라우드 플랫폼, 시스템, 글로벌 비즈니스 등 4개 모두 외형이 축소되는 부진한 실적을 기록했다. 최근 IBM은 인공지능, 클라우드, 블록체인을 중심으로 4차 산업혁명에 걸맞는 사업부로 체질을 개선하고 있다. 이에 따라 지속적으로 투자가 일어나며 전체적인 성장세가 둔화되는 모습은 분명 매력적이지 않을 것이다. 하지만 왓슨, 블루믹스, 블록체인이란 탄탄한 기술력과 산업의 성장성을 감안한다면, IBM 실적은 장기적으로 점차 긍정적인 모습을 보일 것으로 예상한다.

〈 매출 및 영업이익 〉

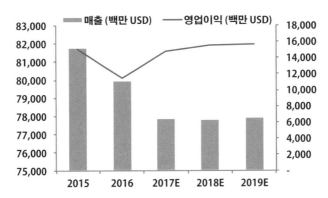

〈재 무 제 표〉

구분	2015	2016	2017E	2018E	2019E
매출 (백만 USD)	81,741	79,919	77,860	77,796	77,911
영업이익 (백만 USD)	15,007	11,474	14,732	15,472	15,683
순이익 (백만 USD)	13,190	11,872	12,934	12,740	12,924
EPS (USD)	13.5	12.4	13.8	13.9	14.4
EPS (연간 성장률)	−12.9	−8.9	1.3	0.7	3.6
ROE (%)	101.0	73.0	63.9	63.8	69.2
PER (배)	8.5	11.8	10.1	10.1	9.7
PBR (배)	8.7	8.4	6.3	5.8	5.9
배당수익률 (%)	3.9	3.4	4.2	−	−

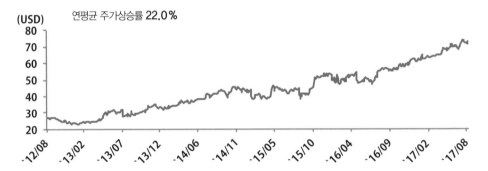

5. Microsoft (MSFT US)

1975년 4월 4일 설립 | www.microsoft.com

- **시가총액 (백만 USD)** 558,336
- **5일 평균 거래량** 19,833,482
- **52주 최고가** 74.4
- **52주 최저가** 55.6
- **최근 종가** 72.5

연평균 주가상승률 **22.0%**

이것만은 미리 알고 가자

1. 빅데이터에 최적화된 소프트웨어 플랫폼 (OS, IE) 시장 1위 기업
2. 글로벌 클라우드 서비스 2위 기업
3. 클라우드 서비스 및 인공지능 기술력을 바탕으로 기업용 협업 솔루션 시장 잠식
4. 자율주행, 증강현실 등 신사업 분야에도 주목

●• 기업 현황 및 투자 포인트

기업용 솔루션의 영원한 강자 마이크로소프트는 한때 세계 최대 부호였던 빌 게이츠의 회사로, 또한 MS-Dos, 윈도, 웹 브라우저, MSN, 스카이프 그리고 사무용 소프트웨어인 오피스 시리즈 등 운영 및 소프트웨어 시스템 개발

회사로 사람들에게 인식되어 왔다. 하지만 이 회사는 최근 5년간 '모바일 우선, 클라우드 우선(Mobile First, Cloud First)'이란 비전을 제시하며 미래 먹거리를 확보하고자 지속적인 투자와 변화를 시도하고 있다.

소프트웨어 플랫폼 시장에서 마이크로소프트의 시장 지배력은 여전히 절대적이다. PC용 운영시스템 시장에서는 마이크로소프트의 윈도가 거의 독점적 지위를 유지하고 있는데 넷어플리케이션(Net Applications)에 따르면, 2017년 1월 기준 전체 PC 운영시스템 시장에서 마이크로소프트는 91.41퍼센트를 차지하고 있다.

기업용 소프트웨어 솔루션 시장에서도 마이크로소프트는 생산성 어플리케이션, 이메일 소프트웨어, 그룹웨어 등 협업 솔루션(Collaboration Software) 분야에서 두각을 나타내고 있다. 시너지리서치그룹(Synergy Research Group)에 따르면, 2016년 말 전체 기업용 협업 솔루션 시장 규모는 과학기술 발전에 힘입어 역사상 처음으로 90억 달러를 넘어섰다. 이 중 마이크로소프트는 시스코(Cisco)에 이어 전체 2위를 차지했다.

하지만 시스코가 강세를 보이고 있는 온프리미스(on premise, 조직 내에 직접 서버를 구축하고 유지 보수하는 형태) 시장이 계속적으로 감소하는 반면 마이크로소프트가 1위를 차지한 클라우드 시장이 계속 성장해 가는 점을 감안한다면, 향후 마이크로소프트의 비중은 더욱 커질 것으로 전망된다.

애저, 링크드인으로 기업에 특화된 서비스 강화 2016년 6월 13일, 마이크로소프트 사상 최대 규모인 31조 원을 베팅해 비즈니스 SNS '링크드인'을 인수하면서 가능성을 더욱 넓혔다. 마이크로소프트가 약 4억 3000만 명의 등록회원수를 보유한 비즈니스 전문 SNS업체 링크드인을 인수함에 따라 시너지 효과를 내며 비즈니스 솔루션 시장의 지배력을 더욱 강화할 것이기 때문이다.

또한 투자자라면 마이크로소프트의 클라우드 서비스 사업 부문인 '애저'를 주목하지 않을 수 없다. 현재 아마존에 비해 시장점유율은 다소 낮지만, 마이크로소프트가 핵심 성장 동력으로 삼을 만큼 성장세가 예사롭지 않다. 클라우드 관리 전문 업체 라이트스케일(RightScale)의 2017년 보고서에 따르면, 마이크로소프트의 클라우드 서비스 채택율은 전년동기대비 14퍼센트 증가하면서 경쟁사 대비 가장 큰 폭의 성장률을 나타냈다. 보고서에서 마이크로소프트의 기업용 소프트웨어에 클라우드 서비스를 접목한 플랫폼화가 자리를 잡아가고 있는 점을 가장 중요한 요인으로 지목했다. 기존 소프트웨어 제품을 클라우드로 제공하는 오피스365의 성장과 함께 애저의 성장 가능성도 높아진 것이다.

마이크로소프트가 인공지능 기술을 적극적으로 개발해 기존 사업과 접목함으로써 그 활용도를 점차 확대해 나가는 점 또한 주목할 만하다. 2016년 3월, 인공지능 채팅봇 테이(Tay)를 출시했다가 16시간 만에 서비스를 종료하는 등 곤혹을 치르기도 했지만 2011년부터 인공지능 관련 기술개발 및 확보에 주력한 덕분에 IBM, 지멘스, 구글 등 경쟁 기업에 비해 더 많은 특허를 보유하고 있다.

여기에 2014년에 발표한 음성인식형 인공지능 비서 코타나(Cortana)와 2015년부터 주력한 인지 컴퓨팅(Cognitive Computing) 기술의 고도화는 마이크로소프트의 주력 상품인 기업형 소프트웨어와 클라우드 서비스의 경쟁력을 높이는 데 많은 역할을 하고 있다.

이처럼 마이크로소프트는 막강한 시장지배력을 보유한 소프트웨어 플랫폼 분야를 기반으로 클라우드 컴퓨팅 및 인공지능 기술을 융합해 나가고 있다. 다시 말해 4차 산업혁명 시대에 적합한 형태로 기업 비즈니스 구조를 빠르게 바꾸어 가고 있다. 비즈니스 생산성 솔루션 소프트웨어를 제공하던 과거에서 한발 더 나아가 통합 플랫폼 서비스를 구현하는 형태로 업그레이드된 것이다.

자동차 회사와 함께하는 소프트웨어적인 협업 마이크로소프트는 인공지능과 클라우드 기술을 비단 오피스용으로만 한정하지 않는다. 아직 실제 실적에 기여하지는 않아 신사업으로 분류할 수밖에 없지만 자율주행차 분야와 관련한 투자가 지속되고 있다. 그 내용을 살펴보면, 자동차 기업과 지속적으로 협력해 차량 센서에서 수집한 데이터로 자율주행기술 고도화를 추진하고 있다. 이는 자율주행차에 필요한 하드웨어가 아닌 클라우드, 빅데이터, 인공지능 같은 소프트웨어 측면으로 접근한다는 뜻이다. 실제로 2015년부터 BMW, 볼보, 르노닛산, 포드 등 글로벌 완성차 업체는 운전자 지원, 유지보수, 와이파이, 모션 센서, 음성제어, 내비게이션 같은 서비스를 마이크로소프트의 애저로 개발할 예정임을 밝혔다. 최근에는 중국 최대 포털 회사인 바이두가 자율주행차 플랫폼을 만드는 데 마이크로소프트의 애저를 사용한다고 밝혔고, 마이크로소프트는 도요타에 커넥티드와 관련한 특허를 제공하겠다고 밝히는 등 자율주행과 관련한 소프트웨어 시장으로 영토를 확장하고 있다.

마지막으로 4차 산업혁명과 관련해 마이크로소프트에 주목해야 할 부문은 바로 증강현실 기기인 홀로렌즈다. 2015년에 세상에 공개했지만 렌즈의 불편한 착용감과 성능 대비 비싼 가격 탓에 상용화에는 걸음마 단계를 유지하고 있다. 하지만 개발자, 디자이너, 건축 업체 같은 산업현장에서는 많이 활용되고 있다. 또한 홀로렌즈 최신 버전에 인공지능 칩을 탑재해 기기의 반응 속도를 높이고 배터리 소모량을 줄일 계획이다. 만약 계획대로 실현된다면, 산업현장에서 마이크로소프트 홀로렌즈를 활용하는 사례가 더욱 많아질 것이다.

결론적으로 비즈니스 솔루션 시장에서 마이크로소프트가 확보한 지배력을 감안한다면, 또 4차 산업 기술의 발전과 보급이 마이크로소프트가 주요 타깃으로 삼고 있는 비즈니스 시장에서 이루어진다면 제2의 도약을 이룰 것으로 예상한다.

∴ 실적 동향

마이크로소프트가 예상치를 뛰어넘는 2017년 4분기 실적(회계연도 기준)을 발표했다. 매출은 전년도 같은 기간에 비해 13.3퍼센트 증가한 233억 2000만 달러를 기록하며 성장세를 지속했다. 영업이익과 순이익은 각 53억 3000만 달러, 65억 1000만 달러를 기록해 무려 73.1퍼센트와 109퍼센트 증가하면서 질적인 성장도 일궈냈다. 사업 부문별로는 윈도우를 핵심으로 삼고 있는 '생산성과 비즈니스(Productivity and Business Process)' 사업부가 인공지능과 클라우드 서비스를 접목시킨 오피스365의 성장과 '링크드인'의 매출이 반영되면서 전년동기대비 10.9퍼센트 증가한 84억 5000만 달러 매출을 기록했다. 특히, 오피스365의 이용자가 2700만 명까지 증가하면서 시장에서 흥행을 이어나가고 있다. 두 번째 주력 사업부인 '지능형 클라우드(Intelligent Cloud)' 사업부는 클라우드 서비스인 애저의 기업고객군 증가로 전년동기대비 10.9퍼센트 증가한 74억 3000만 달러를 기록하며 마이크로소프트의 차세대 성장동력으로 자리 잡았다. 향후 인공지능 기술을 접목한 기업형 협업 솔루션 소프트웨어와 '플랫폼을 기반으로 한 클라우드 서비스(Paas)' 간의 시너지가 점차적으로 나타나면 마이크로소프트의 실적은 더 증가할 것이다.

〈 매출 및 영업이익 〉

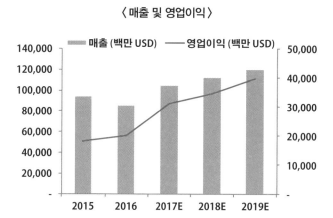

〈 재 무 제 표 〉

구분	2015	2016	2017E	2018E	2019E
매출 (백만 USD)	93,580	85,320	104,516	112,207	119,616
영업이익 (백만 USD)	18,161	20,182	30,955	34,560	39,787
순이익 (백만 USD)	12,193	16,798	24,972	27,862	31,151
EPS (USD)	1.5	2.1	3.2	3.6	4.1
EPS (연간 성장률)	−44.0	42.3	4.3	12.4	14.1
ROE (%)	14.4	22.1	35.5	34.5	34.8
PER (배)	21.9	28.6	22.6	20.1	17.6
PBR (배)	5.3	6.6	6.3	6.0	5.5
배당수익률 (%)	2.4	2.4	2.1	−	−

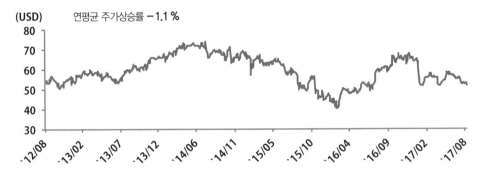

6. QUALCOMM (QCOM US)

1991년 8월 15일 설립 | www.qualcomm.com

- **시가총액 (백만 USD)** 76,637
- **5일 평균 거래량** 7,339,027
- **52주 최고가** 71.6
- **52주 최저가** 51.1
- **최근 종가** 51.9

(USD)　연평균 주가상승률 −1.1 %

이것만은 미리 알고 가자

1. 모바일 반도체 세계 1위 제조 업체
2. 5G 시대 도래에 따른 수요 확대 기대
3. 다수의 특허 덕분에 경쟁우위를 확보하고 있고 전장 기업과의 적극적 업무 제휴 구축
4. NXP 인수 시 자동차 부품 시장 진출, 향후 자율주행차 시장 성장의 수혜 기대

기업 현황 및 투자 포인트

휴대전화의 두뇌를 만드는 기술 기업 우리가 컴퓨터 사양을 평가할 때 CPU를 기준으로 삼듯 스마트폰에서는 AP(Application Processor)가 성능의 기준이 된다고 볼 수 있다. 모바일 AP는 컴퓨터의 CPU와 달리 CPU와 GPU

그리고 통신 기능 등이 하나로 결합된 시스템온칩 형태라 스마트폰의 성능을 보다 단적으로 보여준다. 이런 모바일 AP칩과 관련해 가장 주목해야 할 기업이 바로 '특허 괴물' 퀄컴이다.

필자는 2014년 여름 퀄컴이란 기업을 SBS CNBC 글로벌주식 코너에서 소개한 적이 있다. 당시는 3G에서 4G로 넘어가면서 무선데이터 사용량이 급증하는 초기였고, 스마트폰 시장이 고성장 국면이었기 때문에 모바일 AP칩 산업의 전망은 매우 밝았다. 그리고 그 안에서 퀄컴은 기술력을 바탕으로 독점적 지위를 구축하고 있었다. 때문에 퀄컴의 미래 또한 성장성이 높다고 소개했다. 그 스토리는 아직도 퀄컴에게 현재진행형이다.

퀄컴의 가장 강력한 무기는 기술력이다. 모바일 칩셋과 프로세서 등과 관련해 퀄컴이 가지고 있는 표준특허만 6000만 건에 달하기 때문에 스마트폰 제조사가 퀄컴에 특허 사용료를 지불하지 않고 제품을 생산·판매 하기가 매우 어려운 산업 형태다. 이 덕분에 퀄컴은 한때 독점 표준 특허권을 바탕으로 시장점유율 80퍼센트 수준을 유지했다. 미디어텍, 삼성전자, 인텔 같은 경쟁자들이 시장에 진입하면서 시장점유율은 내려오기 시작했지만 모바일 시대인 현재, 퀄컴의 시장지배력과 특허 사용료를 포함한 매출의 절대적 규모는 아직 매력적이다. 시장조사기관 스트레티지 애널리스틱스에 따르면 지난해 글로벌 모바일 AP 시장에서 퀄컴은 38퍼센트의 점유율을 차지하며 2위 미디어텍(23퍼센트)과 격차를 유지하면서 선두를 고수했고, 매출액은 251억 달러(약 29조 2917억 원)를 달성했다. 이 중 특허 사용료는 무려 79억 달러(약 9조 2208억 원)를 기록했다.

5G의 표준 기업이 되려는 노력　이제는 5G 시대로 향하고 있다. CDMA(코드분할다중접속)부터 3G, 4G시대 대중화에 적잖은 역할을 한 퀄컴은 5G 시대 상용화를 앞두고 표준기술을 선점하기 위해 집중하고 있는 모양새다. 우선 퀄컴은 5G로 가는 길에 매우 중요한 이정표를 세웠다.

첫 번째로 5G 표준이 될 것으로 알려진 3GPP(무선 통신 관련 국제 표준을 제정하고자 1998년 12월 창설된 이동통신 표준화 기술협력 기구)의 NR(New Radio, 3GPP에서 만든 용어로 5G 이동통신을 구현하기 위한 새로운 무선 접속 기술)을 기반으로 한 5G 연결에 처음으로 성공했다. 그리고 다른 하나는 대규모 5G NR 테스트 및 상용화 계획을 앞당긴 것이다. 퀄컴은 AT&T, NTT 도코모, SK 텔레콤, 보다폰, 에릭슨 같은 통신업계 리더와 함께 테스트를 진행하면서 2020년으로 예정된 기존의 상용화 일정을 2019년으로 앞당겼다.

사물인터넷 시장에 진입　퀄컴은 사물인터넷 시장에서도 두각을 나타내고 있다. 이미 2014년도 한 해에만 순수 사물인터넷칩 판매액이 10억 달러에 달했다고 발표한 적이 있을 정도로 퀄컴은 사물인터넷 분야를 제2의 성장 동력으로 삼기 시작했다. 그리고 최근에는 스마트폰 운영시스템 시장의 80퍼센트를 점유하고 있는 구글과 협업한다고 선언했다.

구글이 기존 사물인터넷 플랫폼인 '구글홈'에서 개발자 기반으로 한 단계 더 진화된 '안드로이드씽스'를 출시했고, 퀄컴은 이와 관련한 반도체 모듈을 개발·공급하기로 하면서 양사 간 시너지를 기대할 수 있게 되었다. 또한 퀄컴은 자체적으로도 사물인터넷과 관련해 네트워크 시스템온칩을 기반으로 한 '메시네트워킹 플랫폼'을 제작 발표했다.

자율주행자동차 시장으로 진입 노력　최근 시장에서 퀄컴의 차기 성장 동력으로 가장 높게 평가하고 있는 것은 자율주행과 관련한 자동차 사업 부문이다. 지난 10월 세계 최대의 자동차용 반도체 업체인 NXP를 34퍼센트 프리미엄을 얹어 470억 달러(약 53조 8000억 원)에 인수한다고 밝혔다.

이는 당시 반도체 업계에서 사상 최대 규모이자 IT 업계 전체를 통틀어 봐도 역대 2위에 해당하는 인수합병이었을 정도로 시장에서의 파급효과도 컸다. 이 거래 하나로 퀄컴은 단숨에 자동차용 반도체 시장에서 1위로 올라서고, 전체 반도체 시장에서도 인텔, 삼성에 이어 업계 3위의 매출 규모를 확보한다.

퀄컴이 NXP 인수를 이상 없이 마무리한다면 어떤 긍정적인 효과를 거둘 수 있는지 살펴보자. 우선 자동차용 반도체를 포함한 자동차 산업 자체의 특징을 살펴볼 필요가 있다. 일반적으로 자동차 산업은 인명과 직접 연관이 있기 때문에 안전 규정이 무척 까다롭고, 제품 주기도 긴 편이라 완성차 업체와 부품 수급 라인을 형성해 온 업체 간의 카르텔도 견고한 편이다. 이번 인수가 문제없이 마무리된다면 퀄컴은 신규 업체로서 진입장벽이 높은 자동차 산업으로 단숨에 진입하는 데 성공함과 동시에 자동차 반도체 시장의 지배력도 함께 확보하는 것이다.

자율주행차 분야의 성장성과 두 기업 간의 겹치는 사업 부문이 없다는 것을 감안한다면, NXP 인수는 긍정적인 시너지와 장기적 성장 동력을 동시에 확보하는 방안이었다고 볼 수 있다.

알다시피 퀄컴은 독보적인 통신칩 기술력을 바탕으로 모바일, 네트워크 등 연결성을 구현하는 기술에 강하고, NXP는 보안, 자동차 반도체, 디지털시그널프로세서(DSP, 디지털 신호를 처리하는 연산기) 등 신산업 분야에 해당하는 다양한 솔루션을 보유하고 있다. 따라서 두 회사의 합병은 퀄컴이 자율주행차 산업으로 가는 교두보를 마련하는 데에 큰 힘이 될 것이다.

NXP 인수의 난관은 헤쳐 나가야 한다 그런데 최근 '행동주의 투자자'로 유명한 미국계 헤지펀드 엘리엇매니지먼트가 퀄컴의 NXP 인수에 제동을 걸었다. NXP의 지분 6퍼센트 수준을 보유해 최대 주주로 알려진 엘리엇은 인수 가격이 평가절하됐다고 보고 가격 인상을 주장하고 있는 상황이다. 주주의 80퍼센트 이상 동의를 얻어야 하는 퀄컴의 입장에서 엘리엇의 이번 문제 제기로 이미 동의한 주주가 변심하기라도 한다면 인수에 큰 변수로 작용할 것이다. 그리고 현재 상황에서 엘리엇이 단순히 수익률을 높이려는 목적으로 인수가 올리기 작전을 펼치는 것인지, 아니면 인텔이나 삼성전자 같은 다른 기업에 매각하려는 의도인지 파악하기는 쉽지 않다. 퀄컴 입장에서도 이미 한 차례 조정해서 합의를 본 인수 가격이기 때문에 추가 가격 인상안을 받아들일지도 미지수다.

지난해 삼성전자 사례에서도 확인했지만 헤지펀드의 본질인 수익 추구라는 관점으로 접근한다면, 현재의 매각 가격보다 더 높은 가격에 매각하는 것이 주주의 수익률 추구라는 측면에서 바람직할 수도 있다. 하지만 중장기적인 관점에서 볼 때, NXP 주주 입장에서도 퀄컴과의 인수합병은 AP 분야 세계 1위 기업의 성장 가능성을 공유한다는 점에서 긍정적인 효과가 크다고 생각한다. 퀄컴 입장에서도 인수가 조정을 받아들인다 하더라도 자율주행 시장으로의 진출과 함께 미래의 성장 동력을 얻을 수 있다는 장점이 있다. 물론 인수합병이라는 것이 단순히 시너지와 가치 판단만 가지고 성사되지는 않는다. 그러나 양사가 얻을 수 있는 장기적인 이점을 고려해보면 이번 인수합병은 좋은 방향으로 흘러가지 않을까 조심스럽게 예상해본다.

실적 동향

퀄컴의 2017년 2분기 실적 발표는 실망감을 남긴 채 끝났다. 최근 지속되고 있는 소송 탓에, 특히 애플 및 협력 업체의 로열티 미지급에 영향을 받아 매출과 이익의 성장세가 확연하게 꺾이는 모습을 보였다. 매출은 전년도 같은 기간에 비해 11퍼센트 감소한 54억 달러를 기록했고, 영업이익과 순이익은 전년동기대비 각각 51퍼센트, 40퍼센트 하락하며 8억 달러, 8억 6600만 달러를 각각 기록했다. 또한 이번 실적발표를 보며 시장에서 한 가지 더 우려하는 부분은 퀄컴이 장기적인 성장성을 보고 인수한 NXP의 실적도 좋지 않다는 점이다. NXP의 2분기 매출은 전년동기대비 7퍼센트 감소한 22억 200만 달러를 기록했다. 영업이익은 5000만 달러로 지난해 동기간 8400만 달러 적자에서 반등에 성공했지만, 회사 규모와 비교하면 만족할 만한 수준이 아니다. 이 또한 스탠다드 프로덕트 사업 철수로 생긴 기타수익 15억 9800만 달러가 영향을 준 것이다. 이런 실망스러운 실적 배경에는 스탠다드 프로덕트 사업이 2분기 실적에 반영되지 않은 점도 있지만, 보안식별 솔루션(SIS) 부문 매출이 전년동기대비 33퍼센트 감소한 것이 주요하게 작용했다. 최근 수요가 감소하고 있는 은행 카드 시장 상황에 따라 NXP의 평균판매단가(ASP)도 하락하기 시작했다. 현재 진행되고 있는 퀄컴의 진흙탕 같은 소송 싸움은 4분기 실적에도 영향을 끼칠 것으로 예상되고, NXP의 보안식별 솔루션 사업 부문의 비우호적인 시장 상황도 한동안 지속될 것으로 보이기 때문에 단기 실적과 주가는 부진이 예상된다. 하지만 퀄컴과 NXP가 가지고 있는 기술력과 시너지 효과 그리고 5G와 자율주행과 같은 4차 산업혁명이란 큰 흐름 속에서 본다면, 현재의 조정 국면을 기회로 삼을 수 있지 않을까 생각한다.

〈 매출 및 영업이익 〉

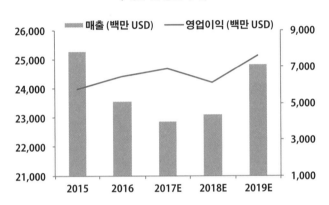

〈 재 무 제 표 〉

구분	2015	2016	2017E	2018E	2019E
매출 (백만 USD)	25,281	23,554	22,861	23,123	24,829
영업이익 (백만 USD)	5,776	6,495	6,920	6,131	7,626
순이익 (백만 USD)	5,271	5,705	6,232	5,528	6,088
EPS (USD)	3.3	3.8	4.1	3.7	4.0
EPS (연간 성장률)	−27.2	17.8	−7.2	−11.4	8.8
ROE (%)	14.9	18.1	27.4	35.6	62.5
PER (배)	12.3	16.9	12.6	14.2	13.1
PBR (배)	2.3	3.0	2.4	2.8	3.0
배당수익률 (%)	3.9	3.9	4.2	−	−

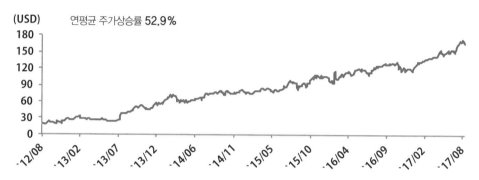

7. FACEBOOK (FB US)

2004년 7월 29일 설립 | www.facebook.com

- **시가총액 (백만 USD)** 486,152
- **52주 최고가** 175.5
- **5일 평균 거래량** 13,954,599
- **52주 최저가** 113.6
- **최근 종가** 167.4

(USD)　연평균 주가상승률 **52.9%**

이것만은 미리 알고 가자

1. 빅데이터 기반의 세계 최대 SNS회사
2. 인공지능 기술 다양화 및 고도화로 기존 경쟁 업체와의 차별성 확보
3. 기업 인수로 가상현실/증강현실 분야의 기술력 확보 및 시장 선점, 향후 성장의 수혜 기대

기업 현황 및 투자 포인트

SNS와 인공지능의 결합 2017년 3월 1일, 페이스북은 인공지능 알고리즘을 활용한 자살 방지 시스템을 구축했다고 발표하며 세상을 놀라게 했다. 현재 OECD 회원국 중 자살률 1위라는 오명을 쓰고 있는 대한민국 정부의 귀

가 솔깃할 만한 이 시스템의 구조는 페이스북이 가지고 있는 SNS 플랫폼을 기반으로 한 빅데이터와 인공지능 패턴 인식 알고리즘을 결합해 잠재적 자살 가능성이 있는 이용자를 구별하고, 메신저와 페이스북 라이브로 자살방지 단체 전문가와 상담할 수 있도록 하는 형태다.

현재 미국에서 시범적으로 운영하고 있다. 인공지능 기술이 가시화되고 발전할수록 영화 터미네이터에서 인간을 지배하는 인공지능으로 나오는 '스카이넷'처럼 인간을 위협하는 존재가 되지 않을까 우려하기도 하지만, 반대로 페이스북의 자살과 관련한 인공지능은 적절하게 잘 활용한 대표적인 사례가 아닐까 싶다.

인공지능 기술에서 페이스북이 강점을 보이는 이유는 주력 사업이 최근 머신러닝에서 가장 대세로 떠오르는 방법인 뉴럴 네트워크에 최적화되어 있기 때문이다. 뉴럴 네트워크는 수많은 데이터에서 공통점을 찾고 이를 최적화해 결과물을 도출하는 방식인데, 앞서 소개한 알파벳이나 마이크로소프트처럼 페이스북 또한 각 분야에서 방대한 빅데이터를 지속적으로 구축할 수 있는 사업 구조를 구축하고 있다.

사실 페이스북의 기초라고 할 수 있는 '뉴스피드' 기능에는 머신러닝을 이미 적용했다. '뉴스피드'는 사용자가 무엇을 보길 원하는지 예측하고 맞춤형 서비스를 제공한다. 또한 페이스북의 차별성 있는 강점은 사람들이 일상사를 효과적으로 소통하며 반응할 수 있는 플랫폼(뉴스피드, 좋아요 기능 등)을 가지고 있다는 것과 이를 바탕으로 모바일 시장 내에서 압도적인 시장 지배력을 보유하고 있다는 점이다.

투자를 받쳐주는 막강한 사용자층 현재 16억 명 이상인 페이스북의 월간 활동자(Monthly Active User, MAU) 수와 중국 정부의 시장 진입 규제를 감안한다면, 중국을 제외한 최소 전 세계 인구 4명 중 한 명은 한 달에 한 번 페이스북에 데이터를 제공한다고 볼 수 있다.

페이스북 사용자라면, 안면인식 기술이 조금 익숙할 것이다. 2014년 페이스북은 당시 얼굴 인식률이 97.25퍼센트(사람 인식률 97.53퍼센트 수준)에 달하는 '딥페이스' 프로그램을 발표하면서 세상을 놀라게 했다. 또한 2016년에는 45개 언어 자동번역 기술을 일반에게 제공하기 시작했다. 번역 또한 뉴럴 네트워크 기술을 이용해 현존하는 전 세계 6500여 개 언어를 번역하려 하고 있다.

사실 현재까지 언급한 페이스북의 인공지능 관련 기술들만 봐도 페이스북은 4차 산업혁명 시대를 대비한 경쟁사에서 한 발 더 앞서 있다고 볼 수 있다. 그러나 페이스북은 이런 기술을 단지 하나의 서비스로 국한하지 않고 지속적으로 발전시키고 응용해 광범한 인공지능 기능을 구현함으로써 차세대 성장 동력으로 삼으려 한다. 그 중 가장 가시적인 성과를 얻고 있는 부분이 바로 인공지능 비서 M과 자비스다.

2017년 4월 페이스북은 애플의 시리, 마이크로소프트의 코타나, 구글의 나우 같은 인공지능과 음성인식 기능이 융합된 인공지능형 음성인식 비서 서비스인 M을 매신저 앱에 탑재해 미국 시장에 출시한다고 발표했다. 상용화 시점으로만 본다면 애플, 아마존 등 경쟁사에 비해 다소 늦은 듯 보이지만 그 대신 음성인식 기능 외에 다른 기능을 탑재했다.

대표적으로 메신저에서 오가는 사용자 간 대화를 인식하고 여러 가지 의견을 제안하는 어시스턴트 기능이 있다. 예를 들면, 사용자의 대화 내용을 분석해 적합한 서비스(위치 공유, 차편 얻어 타기, 스티커 보내기, 계획 만들기, 송금 등)를 사용자에게 제안하고 수행하는 기능이다. 이런 어시스턴트 기능을 구글도 메신저에 탑재해 제공했지만 페이스북의 M은 딥러닝을 기반으로 한 뉴스피드 기능처럼 12억 명이 넘는 유저의 대화 패턴을 분석해 사용자와의 소통을 한 단계 업그레이드함으로써 구글 메신저의 어시스턴트와는 차별화했다.

신규 사업을 향한 계속적인 투자　페이스북은 소통 기능을 스마트홈 분야에도 적용하기 시작했다. 2016년 영화 '아이언맨'의 '자비스'를 구현하겠다던 페이스북 최고 경영자 마크 저커버그 선언 1년 만에 인공지능 음성 비서 자비스를 실제로 공개했다.

아직 완성 단계는 아니지만, 현재까지 공개된 기능에 따르면 스마트폰과 컴퓨터에서 사람의 언어를 이해하며 조명, 온도, 가전, 음악, 보안 등 다양한 시설을 제어할 수 있는 스마트홈 기능을 갖췄다. 또한 자비스는 사람의 취향과 습관을 파악할 수 있도록 얼굴, 행동, 사물 인식 인공지능 기술을 갖췄고 새로운 단어와 개념을 이해하는 딥러닝 기능을 활용해 아이와 놀아 줄 수 있는 수준이라고 밝혔다.

우리가 M과 자비스를 각별히 주목해야 할 이유는, 페이스북이 현재 가지고 있지 않은 오프라인 서비스를 제공할 수 있기 때문이다. 페이스북은 이미 중국을 제외한 전 세계 인구의 약 4분의 1 이상 유저를 확보하고 있다. 이 사용자가 앱 밖으로 나가지 않고 O2O 서비스를 제공받는다면, 페이스북의 시장 지배력은 분명 더욱 강화될 것이다.

2017년 4월 18일, 페이스북이 주최하는 가장 큰 행사이자 개발자 컨퍼런스인 'F8 2017'에서 페이스북의 차세대 성장 동력이자 미래 계획을 발표했다. 여러 가지 비전을 제시했지만 그 중에서도 가장 핵심이 되는 부분은 증강현실과 가상현실을 활용한 커뮤니케이션용 플랫폼 서비스 제공이었다. 사실페이스북은 증강현실/가상현실 사업에 매우 공격적인 행보를 지속해왔다.

2014년 3월 가상현실 스타트업인 오큘러스를 20억 달러(약 2조 2000억 원)에 인수했고, 지난해 말에는 증강현실 관련 스타트업인 MSQRD를 인수하면서 본격적으로 증강현실/가상현실 시대를 준비했다. 그 첫 번째 결과물이 2017년 F8에서 공개된 증강현실 플랫폼인 '카메라 효과 플랫폼'과 가상현실 앱인 '페이스북 스페이스'였고, 카메라 기술을 활용해 실체화하는 데 성공했다.

아직 시범 서비스 단계이지만, 텍스트, 이미지, 동영상에 국한된 소통방식에서 결국에는 증강현실과 가상현실로 전환될 것이라는 페이스북의 사업적 판단이 느껴지는 대목이었다. 현재는 증강현실과 가상현실의 대중화에 한계가 있지만, 만약 페이스북이 카메라 하나만으로 증강현실과 가상현실 안에서 이용자 간의 소통을 이끌어낸다면 페이스북은 분명 미래의 SNS 시장에서도 시장 지배적 위치를 공고히 할 가능성이 높다.

실적 동향

2017년 2분기 실적에서도 페이스북의 견조 실적 성장세는 증명되었다. 매출은 전년도 같은 기간에 비해 44.8퍼센트 증가한 93억 2000만 달러를 기록했고, 영업이익도 무려 61퍼센트 증가한 44억 달러를 기록했다. 매출과 이익, 두 마리의 토끼를 잡는 데 성공한 것이다. 이러한 호실적의 배경에는 전년동기대비 17.2퍼센트 증가한 페이스북의 월간활동자수(MAU : Monthly

Active User)가 양적 성장을 이끌었고, 광고 수요와 광고 노출이 증가함에 따라 가입자당 평균 수익(ARPU : Average Revenue Per User)이 23.8퍼센트 상승함으로써 질적으로도 성장한 점이 작용했다. 하지만 아직 4차 산업과 관련한 분야에서 뚜렷한 실적 성장세는 나타나지 않는다. 수익화 모델로 가장 잠재력이 높은 페이스북의 비즈니스 메신저 플랫폼인 챗봇도 현재 상담 → 구매 → 결제에 이르는 과정 중에서 수익을 찾는 방안을 연구 중인 것으로 알려져 있다. 또한 가상현실에 대한 투자도 지속적으로 진행하고 있다. 먼저 페이스북의 가상현실 플랫폼인 스페이스 기능을 강화하고 하드웨어 기기인 오큘러스 세트의 보급을 확대하고자 가격을 인하해 시장 내에서의 입지를 다지고 있다. 단기적으로는 광고 수익을 원천으로 해서 4차 산업혁명에 필요한 투자를 지속할 것으로 보인다. 향후 챗봇의 수익화에 성공하고 가상현실 시장이 대중화된다면 광고 이외의 분야에서도 매출 성장을 이끌어 낼 것으로 보인다.

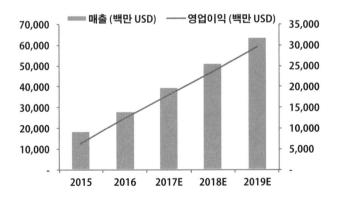

〈 매출 및 영업이익 〉

〈재 무 제 표〉

구분	2015	2016	2017E	2018E	2019E
매출 (백만 USD)	17,928	27,638	39,097	50,648	63,215
영업이익 (백만 USD)	6,225	12,427	17,891	23,415	29,512
순이익 (백만 USD)	3,669	10,188	17,659	21,941	27,021
EPS (USD)	1.3	3.6	5.8	6.9	8.6
EPS (연간 성장률)	17.0	171.8	36.4	19.4	25.2
ROE (%)	9.1	19.7	24.1	23.1	21.9
PER (배)	81.1	33.0	29.0	24.3	19.4
PBR (배)	6.7	5.6	6.5	5.2	4.1
배당수익률 (%)	–	–	–	–	–

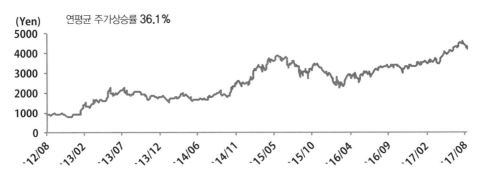

8. SONY (6758 JP)

1946년 5월 7일 설립 | www.sony.net

- **시가총액 (십억 엔)** 5,343
- **52주 최고가** 4,616.0

- **5일 평균 거래량** 5,747,960
- **52주 최저가** 2,930.0

- **최근 종가** 4,226.0

연평균 주가상승률 **36.1%**

(Yen)

이것만은 미리 알고 가자

1. 게임에 특화된 일체형 가상현실 헤드셋(PS VR) 판매 1위 기업
2. 게임, 영화, 애니메이션 등 경쟁력 있는 가상현실 콘텐츠 자체 제작 기반 확보
3. 4차 산업 전반에 필수적인 이미지 센서 시장의 압도적 1위 기업

기업 현황 및 투자 포인트

기술력과 콘텐츠를 모두 갖춤으로써 재도약한다 70/80세대에게 소니는 워크맨(Walkman, 휴대용 음악재생기) 시리즈로, 만약 그 이후 세대라면 콘솔 게임기인 플레이스테이션과 바이오 노트북이 친숙할 것이다. 사실 소니는

1960년대 말부터 2000년대에 이르기까지 전자제품 시장을 선도했다. 하지만 이후 무리한 사업 확장을 하다가(엔터, 금융 등), 시장 변화에 늦게 대응했고 경쟁이 심해지면서 한 순간에 1위 자리에서 내려왔다. 이제는 전자제품 시장에서 오히려 삼성전자, LG 전자 등의 기업을 추격하는 모양새다.

하지만 가상현실/증강현실과 관련한 제품이 점차적으로 성장기로 진입하면서 상대적으로 기술력과 콘텐츠 모두를 보유하고 있는 소니는 재도약의 전환점을 맞이했다.

가상현실과 증강현실에 관련한 제품은 이전에도 시장에 선보였지만, 관심을 본격적으로 받게 된 것은 2016년도에 불어 닥친 '포켓몬 고' 열풍이 시발점이다.

당시 시장에서는 포켓몬 고의 개발회사인 닌텐도가 어떻게 증강현실 기술을 활용한 게임이 성공적인 상품이 될 수 있는지 방향점을 제시했다고 평했다. 포켓몬 고의 성공 사례에서 주목해야 할 부분은 증강현실 기술도 있지만 무엇보다 사용된 콘텐츠다. 80년에서 90년 세대라면 이미 포켓몬 시리즈에 친숙하기 때문에 게임 스토리에 거부감이 전혀 없었다.

가상현실이 주도하는 시장으로 진입 증강현실이란 기술을 통하면 '나'란 존재도 만화 속 캐릭터가 될 수 있다는 심리적 요소가 포켓몬 고가 성공한 근간이 되었다고 볼 수 있다. 하지만 현재 시장에서는 증강현실 콘텐츠가 부족해 증강현실 헤드셋보다 가상현실 헤드셋 판매 성장이 압도적인 상황(전체 헤드셋 판매량의 98퍼센트)이다.

가상현실 기술은 1980년 비디오 게임 업체인 아타리를 중심으로 한 실리콘밸리 IT 기업이 개발했다고 알려져 있다. 그래서 가상현실은 대부분 게임이란 범주 안에서 활용되고 있다. 삼성전자, 구글, 오큘러스, 소니, HTC 등의 국내외 가상현실 헤드셋 개발 회사가 저가 보급형 라인을 출시함에 따라 게임회사들은 가상현실 기술을 접목한 게임 출시에 더욱 박차를 가하고 있는 실정이다.

그 중 소니는 성공적인 게임 콘텐츠 라인과 플레이스테이션이란 대표 콘솔 게임기까지 보유하고 있어 가상현실 콘텐츠와 헤드셋 판매 시장을 동시에 잡을 수 있기에 경쟁사에 비해 유리한 상황이다. 실제로 IDC에 따르면, 소니는 플레이스테이션4 판매에 힘입어 2017년 1분기 전체 가상현실 헤드셋 시장(출하량 기준, 총 230만대)에서 삼성전자(21.5퍼센트)에 이어 18.8퍼센트를 기록했고 일체형 가상현실 헤드셋 시장에서는 게임이란 콘텐츠를 활용해 압도적으로 1위를 기록했다. 이로써 가상현실 시장에서 성공적인 위치를 차지했다.

게임 콘텐츠라는 장점 현재 가상현실 헤드셋 사업의 핵심 요소로 평가되는 게임 콘텐츠를 살펴보자. 지난 6월, 세계 최대 규모의 게임 전시회 E3가 미국 캘리포니아 로스앤젤레스에서 개최됐다. 올해 행사는 예상대로 굵직한 게임개발사가 가상현실/증강현실 게임을 대거 소개하는 장이었다. 그 중 닌텐도의 대표 캐릭터인 슈퍼마리오 시리즈 중 하나인 '마리오 카트' VR 버전, 소니의 플레이스테이션 대표작인 '파이널 판타지 시리즈'의 VR 버전, 그리고 FPS(1인칭 슈팅 게임) 게임의 교과서로 불리는 '둠' VR 버전 등이 주목을 받았다.

이런 전시회는 앞으로 나올 게임을 직간접적으로 경험할 수 있기 때문에 향후 가상현실 헤드셋 업체의 예상 실적을 가늠할 수 있는 좋은 기회다. 이런 측면에서 플레이스테이션의 대표 흥행작인 '파이널 판타지' 시리즈 VR 버전의 출시는 소니에게 상당히 고무적인 부분이다.

소니의 플레이스테이션 유저라면 히트작에 대한 정보는 이미 알고 있을 테지만 다시 한 번 설명하자면, 플레이스테이션으로 출시된 수많은 히트작 중 가장 흥행에 성공했다고 평가받는 게임은 1987년 출시 이후 현재까지 무려 1억 개 이상 팔린 파이널 판타지 시리즈다. 파이널 판타지는 닌텐도의 게임기 슈퍼패미콤으로 출시되던 게임이었으나 '시리즈 7'부터 소니의 플레이스테이션으로 바꿔서 출시됐다. 파이널 판타지 시리즈 7의 대성공으로 플레이스테이션의 판매는 폭발적으로 증가했고, 그 결과 게임기 시장에서 메인 스트림 위치에 단번에 올라섰다.

파이널 판타지 7은 일본 외에도 미국, 유럽, 한국 등 전 세계적으로 흥행에 성공했고 현재까지도 파이널 판타지 시리즈 중 최고의 명작으로 찬사를 받고 있다. 현재 플레이스테이션 가상현실 기기의 판매 증가세를 이끄는 게임 콘텐츠에 '파이널 판타지 VR 버전'이 추가되면 분명 소니의 가상현실(PS VR) 사업에 긍정적인 요인으로 작용할 것이다.

계륵이던 엔터테인먼트 사업부가 효자가 되어 돌아올 가능성 소니의 가상현실 사업에 주목해야 할 다른 한 가지 이유는 소니에 엔터테인먼트 사업부가 있다는 사실 때문이다. 현재 삼성전자와 구글이 주력하고 있는 모바일 가상현실 시장은 게임을 제외한 영화, 교육 등의 콘텐츠 분야가 판매량을 이끌고 있는 상황이다. 그런데 삼성전자나 구글은 이런 콘텐츠를 자체 생산하는 부분에서는 경쟁사인 소니에 비해 뒤쳐져 있다. 소니는 영화사업 부문인 소니픽쳐스를 보유하고 있기 때문에 모바일 가상현실 분야에 적합한 콘텐츠를 직접 생산 및 배급이 가능하다. 특히, 2017년 소니픽쳐스의 영화 라인업을 살펴보면, 블록버스터 작품인 '스파이더맨: 홈 커밍', '블레이드러너 2049', '다크 타워' 등 SF 영화와 '스머프: 비밀의 숲'과 같은 애니메이션을 배급하는 등 콘텐츠 측면에서 다양한 연령으로 접근이 가능한 상황이다.

소니는 게임과 영화 등 엔터테인먼트 콘텐츠를 생산해 가상현실 헤드셋에 접목할 능력이 있으므로 향후 시너지 효과를 가장 많이 볼 기업으로 예상된다.

다양한 분야에 접목 가능한 이미지 센서 기술 보유 4차 산업혁명 측면에서 소니를 주목해야 할 마지막 이유는 '이미지 센서(광학적 이미지를 전자신호로 변환해주는 센서)' 기술을 보유하고 있기 때문이다. 최근 5월 23일, '2017년 경영설명회'에서 소니 경영진은 2017년 실적 회복을 견인할 동력은 이미지 센서라고 발표했다. 소니는 이미지 센서 분야의 강자다. 지난해 이미지 센서 글로벌 시장 점유율은 소니가 44.5퍼센트(매출액 기준)를 기록하며 2위 삼성(18퍼센트)과 큰 격차를 유지했다.

제품 소형화 및 경량화에 경쟁력이 있는 소니는 현재 애플에만 1억 개 이상을 납품하고 있는 상황이고, 스마트폰 업체가 듀얼 카메라를 채택함에 따라 지속적으로 수요는 증가하고 있다(참고로 현재 가장 쉽게 찾아볼 수 있는 이미지 센서 기술이 적용된 사례는, 스마트폰 카메라에서 사람의 표정 등 피사체의 움직임을 감지해 자동으로 사진을 촬영하는 기술이다).

경쟁력 높은 이미지 센서 기술과 가상현실의 접목, 그로 인한 PS VR의 차별화도 우리가 가상현실 시장에서 소니를 유심히 바라봐야 할 대목이다. 단순히 그래픽 좋은 가상현실 화면을 제공하는 데 그치는 게 아니라 이미지 센서 기술을 활용해 동작인식 기능을 가상현실에 접목한다면 다른 경쟁 업체는 따라 하기 힘든 경쟁력과 잠재력을 보유할 수 있게 된다. 그렇지 않더라도 이미지 센서 기술은 4차 산업혁명 분야(가상현실, 자율주행차, 드론, 보안시스템, 스마트공장, 사물인터넷 등)의 성장과 함께 필수적으로 증가할 분야이기 때문에 소니의 미래는 매우 밝은 상황이다.

실적 동향

소니의 2017년 1분기(3월 결산, 4월~6월) 실적은 '명가재건'이란 이야기가 나올 정도로 역대급 이익을 기록했으며 실적 반등에 완벽하게 성공했다. 매출부터 살펴보면, 전년도 같은 기간에 비해 약 15퍼센트 증가한 1조 8600억 엔을 기록하며 당초 시장예상치인 1조 7300억 엔을 상회했다. 영업이익은 전년동기대비 180.5퍼센트 증가한 1576억 엔을 기록했다. 이는 시장예상치인 1333억 엔을 넘어선 것은 물론 2007년 2분기에 기록한 1213억 엔 이후 가장 많은 영업이익에 해당하는 실적이다. 이런 호실적에 힘입어 회사 측은 올해 영업이익이 지난해보다 73퍼센트 증가한 5000억 엔에 이를 것으로 기대하고 있다. 만약 이 예상이 현실화된다면 72년 소니 역사상 두 번째로 높은 영업이익을 달성하는 것이다. 순이익도 전년동기대비 무려 282.1퍼센트 증가한 809억 엔을 기록했다. 물론 이런 호실적에는 지난해 2분기 큐슈 지역에 발생한 지진으로 구마모토 공장을 가동 중단한 데 대한 기저효과가 작용하긴 했다. 그렇다 하더라도 실적의 절대적인 규모는 역대급 수준이며 실적의 개선세도 뚜렷하게 보인다는 면에서 소니의 미래를 보다 긍정적으로 바라볼 수 있다.

소니의 실적을 사업 부문별로 살펴보자. 호실적에 가장 주요하게 작용한 부분은 프리미엄급 TV(1500달러 이상) 사업 호조와 이미지 센서 분야의 실적 반등이다. TV를 포함한 '홈 엔터테인먼트와 사운드(HE&S)' 분야의 매출은 전년동기대비 8.9퍼센트 증가한 2569억 엔을 기록했고 영업이익도 11.6퍼센트 증가한 226억 엔을 기록했다. 전체 TV 판매 대수는 줄었지만 프리미엄급 TV 라인 판매가 호조를 보이며 매출과 이익이 모두 좋아졌다. 이미지 센서 부문에서는 모바일 기기용 판매가 늘어 전년동기대비 41.4퍼센트 증가한 2043억 엔을 기록했고, 영업이익은 전년동기 435억 엔 손실을 기록한 수치에서 벗어나 554억 엔 이익을 기록해 실적이 반등했다. 그리고 우리가 주목하고 있는 소니의 '게임과 네트워크 서비스(G&NS)' 부문도 수익성이 좋은 '퍼스트 파티 게임(소니의 자회사가 직접 개발한 게임)'의 부재로 영업이익은 감소했지만 PS VR의 판매 증가로 성장세는 유지했고, 향후 가상현실 게임 시장이 대중화되면 가상현실 부문의 실적도 기대할 만하다.

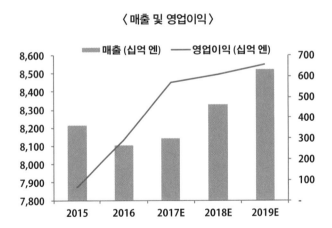

〈 매출 및 영업이익 〉

〈 재 무 제 표 〉

구분	2015	2016	2017E	2018E	2019E
매출 (십억 엔)	8,216	8,106	8,142	8,329	8,522
영업이익 (십억 엔)	65	292	568	610	657
순이익 (십억 엔)	−126	148	306	341	385
EPS	−113.0	119.4	240.2	266.6	293.0
EPS (연간 성장률)	9.6	흑자전환	313.7	11.0	9.9
ROE (%)	−5.5	6.2	11.3	11.4	11.4
PER (배)	N/A	27.4	17.6	15.9	14.4
PBR (배)	1.5	1.7	1.9	1.7	1.6
배당수익률 (%)	0.3	0.3	0.5	−	−

9. 3D Systems (DDD US)

1993년 5월 14일 설립 | www.3dsystems.com

- **시가총액 (백만 USD)** 1,467
- **5일 평균 거래량** 1,470,183
- **52주 최고가** 23.7
- **52주 최저가** 12.0
- **최근 종가** 12.6

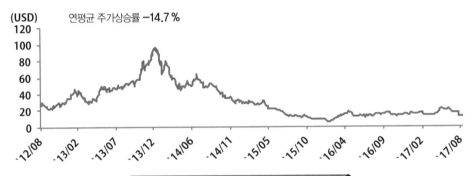

이것만은 미리 알고 가자

1. 확실한 3D 프린터의 성장성
2. 낮아진 주가 부담과 실적 반등
3. 경쟁사 대비 높은 기술력

기업 현황 및 투자 포인트

성장통을 벗어나고 있는 3D 프린터 산업 2011년에서 2014년 사이 3D 프린터가 상업화 단계로 접어들었다는 소식이 전해지면서 관련 업체의 주가는 하늘 높이 날았다. 사실 그 당시 3D 프린터를 바라보는 세상의 시선은 현재 4차 산업혁명을 바라보는 시선 이상으로 뜨거웠다. 마치 3D 프린터만 있으면 그 어떠한 것도 제작할 수 있는 것으로 비춰지면서 3D 프린터 산업과 관련한 기업의 성장성도 무궁무진해 보였다. 물론 지금도 3D 프린터의 가능성은 그 누구도 의심하지 않고 있으며, 향후 제조업과 의학 분야에서 큰 변혁을 가져올 것이라는 믿음은 아직도 유효하다. 그러나 주식시장은 다르게 움직였다. 2014년 말, 3D 프린터의 한계점이 드러나면서 상용화에 회의론적 시각이 형성됐다. 관련 업체의 주가도 2014년을 고점으로 큰 폭의 하락을 경험했다. 하지만 올해 들어 선도 업체의 실적이 긍정적으로 나타나기 시작하면서 주가 흐름에서도 큰 변화의 모습이 보인다. 특히, 3D 프린터 대표 업체인 3D 시스템즈와 스트라타시스의 실적이 반등하면서 주가도 2017년도 들어 50퍼센트 이상 상승했다. 그렇다면 현재 3D 프린터 산업의 주가는 대세 상승의 시작일까? 아니면 일시적 반등일까?

산업 자체의 문제점 4차 산업혁명 투자자의 관점에서 결론 내리기 전에, 무궁무진한 성장 가능성이 있다고 가장 오랫동안 주목을 받아온 3D 프린터 산업의 현황부터 짚어볼까 한다. 투자 측면에서 접근했을 때 앞서 소개한 4차 산업혁명 관련 기업과는 달리 주의해야 할 점이 몇 가지 있다. 첫 번째로, 3D 프린터 산업 자체가 가지고 있는 문제점이다. 쉽게 설명하자면, 2015~2016년 3D 프린터 기업의 주가가 부진했던 이유는 소비자용 3D 프린터 제품 상용화에 실패했기 때문이다. 당시 출시된 3D 프린터의 비싼 가격과 소재의 한계 탓에 시장에서는 개인용 3D 프린터의 상용화 가능성에 의구심을 나타냈다. 거대한 크기와 느린 출력 시간도 한계 요인으로 거론됐다. 이는 결국 3D 프린터 업체의 실적으로 나타났고, 주가는 산업의 성장 기대감과 현실이란 벽 사이에서 큰 괴리를 보이며 큰 폭의 하락을 경험했다. 그렇다면 현재는 상용화에 성공했을까? 그래서 최근 주가가 가파르게 반등한 것일까? 필자의 생각은 '반은 맞고 반은 틀리다'다. 우선, 3D 프린터의 가격 부분은 상용화에 일정 부분 성공했다고 볼 수 있다. 2014년 2000달러 수준이던 3D 프린터는 개인용 시장에 진출하기에 적절하지 않았다. 하지만 보급형 라인이 시장에 출시되면서 가격은 200달러 수준까지 하락했고 개인 시장에서 자리를 잡기 시작했다. 또한, 기업 간 경쟁이 고도화되면서 제품 기능이 개선되고 획일화된 3D 프린터 라인업도 다양화되기 시작했다. 특히, 크기나 속도 면에서도 개선이 나타나기 시작했다. 3D 프린터의 핵심 요소라고 볼 수 있는 소재와 도면 측면에서는 일반 사용자가 자유롭게 사용하기까지 아직 시간이 더 소요될 것으로 보이지만 이런 부분은 앞서 소개한 4차 산업혁명 관련 기업 모두에게 적용되는 조건이다. 기업이 성장하는 데 필요한 성장통이라고 볼 수 있다. 성장 산업과 기업에 투자하는 4차 산업혁명 투자자라면 조급한 마음과 단기적인 안목을 버리고 중장기적인 안목에서 접근할 필요가 있다.

한 종목에 집중하는 기업의 문제점　두 번째로 주의해야 할 점은, 투자 대상인 3D 프린터 기업에 존재하는 구조적 문제점이다. 사실 투자자 입장에서 투자 대상이 속해 있는 시장이 가지고 있는 '체계적 위험'과 기업 자체가 가지고 있는 고유의 위험 요인인 '비체계적 위험'은 당연히 감내해야 하는 부분이다. 그럼에도 불구하고, 주의할 점으로서 언급하는 이유는 앞서 소개한 4차 산업혁명과 관련한 기업과는 사업 구조가 사뭇 다르기 때문이다. 앞서 설명한 기업은 핵심 사업 부문에서 수익을 내면서 4차 산업혁명과 관련한 미래 먹거리를 찾아 신규 사업 부문에 투자하거나 진출하는 모습으로 볼 수 있는데, 3D 프린터 기업은 사업 부문이 다양하지 않고 대부분 3D 프린터 산업을 핵심 사업 부문으로 영위하고 있는 구조기 때문에 3D 프린터 업황에 따라 실적이 변한다. 즉, 민감도가 매우 높다고 볼 수 있다. 다시 말해, 주가 흐름과 실적이 업황에 직접 영향을 받는다. 어찌 보면 지극히 당연한 이야기라고 할 수 있다.

앞에 언급한 기업 사례를 가지고 비교해보면, 조금 더 쉽게 이해될 것이다. 앞에 소개한 페이스북이나 구글은 기업 수익 대부분이 모바일과 온라인 광고에서 나오고 있는 상황이라 설령 4차 산업과 관련한 사업 부문의 실적이 부진하더라도 각 기업의 전체 실적은 큰 영향을 받지 않는다. 3D시스템즈나 스트라타시스는 기업 수익 대부분이 3D 프린터와 직결(상품, 서비스, 교육 등)되기 때문에 업황에 매우 민감할 수밖에 없다. 3D 프린터 대표 기업으로 언급되는 회사는 3D시스템즈와 스타르타시스다. 두 기업의 현재 시가총액은 3D시스템즈는 약 15억 달러, 스타르타시스는 약 12억 달러 수준으로 다른 순수 3D 프린터 업체에 비해 대형급이다. 두 기업이 차지하는 시장점유율은 2016년 매출액 기준으로 30퍼센트(스타르타시스 17퍼센트, 3D시스템즈 13퍼센트) 수준이다. 그러나 최근 HP 같은 기업이 3D 프린터 시장에 진출하면서 경쟁이 심화됨에 따라 시장점유율이 지속적으로 하락하고 있다. 특이하게도 2016년 '출하량 기준'으로는 두 기업이 전체에서 차지하는 비중이 약 6퍼센트 수준에 머문다. 다시 말해, 시장 경쟁이 심해 제품의 판매량 면에서 압도적인 기업은 존재하지 않는 상황이나 3D시스템즈와 스타르타시스의 경우는 높은 기술력과 브랜드 파워를 바탕으로 고부가가치 분야에서 실적을 쌓고 있다고 볼 수 있다. 이런 점에서 우리는 두 기업에 주목해야 한다. 만약 굳이 하나의 기업을 관심 있게 지켜봐야 한다면 3D시스템즈를 추천한다. 비록, 현재 시장점유율 기준으로는 스타르타시스가 1위를 유지하고 있지만 최근 발표한 실적 발표까지 고려하면 투자자의 입장에서 3D 시스템즈가 더욱 편안하다. 그 이유는, 스타르타시스에 비해 3D시스템즈가 더욱 뚜렷이 실적이 반등했고 현재 주가 수준도 전고점 대비 부담 없는 수준으로 내려왔기 때문이다.

전략을 변경해 실적 반등을 맞이한 두 기업 3D시스템즈의 최근 실적을 경쟁사인 스타르타시스와 함께 살펴보자. 2014년 이후, 두 기업 모두 폭발적인 성장세가 꺾이면서 매출 부분에서 역성장을 기록했다. 영업이익이나 순이익 측면에서 작년까지 적자를 벗어나지 못했다. 그나마 다행인 부분은 회사의 기초 체력을 뜻하는 재무상태나 현금흐름 모두 양호한 수준을 보이고 있고, 밸류에이션(내재된 가치 대비 시장 평가 수준) 부담도 과거에 비해 낮아졌다. 왜 놀랄 만한 실적 성장이 없음에도 불구하고 두 기업의 주가 흐름은 올해 들어 가파르게 반등했을까? 단지, 4차 산업혁명이라는 하나의 테마 때문에 작용했을까?

시장은 두 가지에 주목했다. 변화된 사업 전략과 실적 반등이 그것이다. 2014년 3D시스템즈와 스타르타시스를 포함해 3D 프린터 산업은 소비자용 3D 프린터 시장을 성장 동력으로 삼아 P(가격)가 아닌 Q(물량)의 성장에 주력하면서 프린터 판매 증가에 초점을 두었다. 당시, 관련 기업은 너나 할거 없이 보급형 라인을 출시하기 시작했고, 이익률이 하락함에도 제품 가격을 낮추면서 물량 확대에 집중했다. 그러나 소비자용 3D 프린터 시장이 생각보다 더디게 성장하면서 당시 예상한 장밋빛 전망과는 다른 양상이 나타나 실적과 주가가 큰 폭으로 하락했다. 2015~2016년 쓰디쓴 성장통을 겪은 3D 시스템즈와 스타르타시스는 소비자용 3D 프린터 시장에 주력하기보다 높은 기술력을 요구하는(항공, 자동차 등과 같은) 산업용 3D 프린터 시장에 집중했다. 기술 및 소재가 발전함에 따라 기존 프로토타입 생산에 국한됐던 산업용 3D 프린터의 활용도가 제품 생산 및 공급으로까지 확대됐고, 치과 같은 헬스 케어 관련 시장에서 3D 프린터 활용이 두드러지게 성장하면서 두 기업 모두 에게 가시적인 성장 동력으로 작용하기 시작했다.

실적 동향

올해 들어 3D 프린터 업체의 주가 반등에는 2017년 1분기 실적이 가장 주요하게 작용했다. 대장주를 중심으로 한 3D 프린터 업체에 대한 기대감이 형성되면서 전반적으로 투자심리가 살아나기 시작했다. 우리는 실적 반등의 물꼬를 먼저 열어 제친 3D시스템즈에 관심을 가질 필요가 있다. 3D시스템즈는 경쟁사가 증가해 가격 하락 압박을 받는 어려움 속에서도 비용관리를 개선해 영업이익의 적자폭을 크게 줄이기 시작했고, 의료 및 산업용 3D 프린터를 중심으로 한 시장의 성장 덕분에 2017년 1분기부터 실적이 바닥을 형성한 후 반등의 조짐이 나타났다. 그 결과, 2017년 예상 순이익은 적자에서 벗어나 흑자 전환을 예고하고 있다.

조금 더 자세히 살펴보자. 3D시스템즈 2017년 실적 발표에 따르면, 1분기에 이어 2분기 실적도 매출을 중심으로 전반적으로 전년동기대비 반등했다. 특히, 2분기에 헬스케어와 소재 사업부에서 각각 25퍼센트, 8퍼센트 매출 증가를 기록하며 강한 성장세를 보였고, 3D 프린터 관련 소프트웨어 매출도 9퍼센트 증가하면서 전체 매출 성장을 함께 견인했다. 하지만 3D 프린터 상품 매출은 경쟁이 심화돼 14퍼센트 하락했고, 주문 제작형 상품(On-demand Manufacturing) 매출도 5퍼센트 감소했다. 2분기 영업이익은 소재 부문을 중심으로 한 연구개발 비용이 증가함으로써 영업손실이 전년동기대비 확대됐다. 그 결과 순이익도 전년대비 35퍼센트나 감소(연결기준)한 860만 달러를 기록했다. 그래도 한동안 유지하던 적자에서 완벽히 벗어난 모습을 보이며 2017년 흑자전환의 기대감을 높였다. 회사의 2017년 예상 실적에 따르면, 매출은 2016년에 대비 2~6퍼센트 수준으로 성장하리라 예상되며, 주당순이익(연결기준)은 전년대비 비슷한 수준인 46퍼센트다. 1분기 실적 발표 때와 비교해 다소 눈높이가 낮아진 것은 사실이나 최근 3개년도에 비해서는 회복되는 모습인 것은 분명하다.

장기적인 안목으로 투자할 필요성 3D시스템즈나 스타르타시스 두 기업 모두 과거 2014년 이전의 성장세에 비교한다면 실적 성장통을 겪고 있는 것은 사실이다. 시장에서는 3D 프린터 산업이 생각보다 더디게 성장하고 잇따른 경쟁사가 진출하면서 산업 내 경쟁 심화 기조로 접어들었다고 보고 있다. 차츰 진행되는 3D 프린터의 판매 단가(ASP) 하락은 업체의 실적 기대감도 끌어내리고 있는 상황이다. 이런 부정적인 환경이 있기 때문에 중장기적으로 3D 프린터 시장의 파이가 커지지 않는다면 기존 업체의 실적은 분명 부정적일 수밖에 없다. 하지만 이런 어려운 상황 속에서도 아직까지 대다수 시장 참여자들은 3D 프린터가 변화시킬 미래 사회와 산업의 성장성에 희망을 품고 있다. 그렇기 때문에 3D 프린터 기업의 발전 방향과 대응책을 지속적으로 지켜볼 필요가 있다. 3D 프린터 산업의 장기적인 성장 방향을 확신한다면, 높은 기술력을 바탕으로 양호하게 현금을 꾸준하게 창출하고 있는 두 기업에 주목하자. 그 중 실적 반등세가 다소 우위에 있는 3D시스템즈에 보다 관심을 가지길 추천한다.

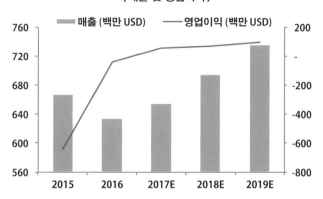

〈 매출 및 영업이익 〉

〈 재 무 제 표 〉

구분	2015	2016	2017E	2018E	2019E
매출 (백만 USD)	666	633	655	694	735
영업이익 (백만 USD)	−642	−38	53	72	93
순이익 (백만 USD)	−655	−38	49	62	71
EPS (USD)	−5.9	−0.4	0.4	0.6	0.6
EPS (연간 성장률)	N/A	N/A	−4.1	26.3	15.1
ROE (%)	−66.7	−5.9	5.8	5.5	7.2
PER (배)	N/A	N/A	28.6	22.6	19.7
PBR (배)	1.5	2.4	2.2	2.2	2.2
배당수익률 (%)	−	−	−	−	−

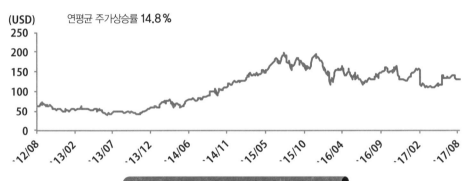

10. Palo Alto (PANW US)

2005년 2월 28일 설립 | www.paloaltonetworks.com

- **시가총액 (백만 USD)** 12,194
- **5일 평균 거래량** 986,063
- **52주 최고가** 165.7
- **52주 최저가** 107.3
- **최근 종가** 128.6

(USD) 연평균 주가상승률 **14.8 %**

이것만은 미리 알고 가자

1. 빅데이터, 사물인터넷, 클라우드 서비스 성장의 러닝메이트
2. 사이버테러와 개인정보 보호 강화 트랜드의 직접적 수혜 산업
3. 기술력과 인지도를 두루 갖춘 순수 사이버 보안업체

기업 현황 및 투자 포인트

4차 산업혁명과 함께 등장할 보안 산업 부흥기 4차 산업혁명과 관련해 주
목해야 할 해외 기업을 소개하며 마지막으로 사이버 보안 분야를 이야기하려
한다. 사실, 사이버 보안은 안철수연구소의 V3를 사용해본 컴퓨터 세대부터
갤럭시S의 홍채인식을 사용하는 모바일 세대까지 일상 생활에서 널리 퍼져

있는 매우 친숙한 개념이다. 최근 사이버 테러에 대한 경각심이 높아지고 개인정보 보호에 대한 중요성이 갈수록 강조되면서 사람들과 기업체들은 사이버 보안에 대한 필요성과 중요성을 인지하고 있다. 그렇다면 사이버 보안 분야도 4차 산업혁명과 함께 기하급수적으로 발전하며 성장세를 보일까? 대답은 '현재는 알 수 없다'이다. 하지만 누구도 부인할 수 없는 사실은, 사이버 보안은 개인정보 보호뿐 아니라 빅데이터, 클라우딩 컴퓨팅, 사물인터넷, 인공지능과 같은 기술을 상용화할 때 함께 고려해야 할 필수 요소이기 때문에 많은 투자가 필요하다는 것이다. 필자를 포함해 시장 내 투자자 대부분은 사이버 보안 산업의 성장성에 큰 이견을 보이지 않는다. 4차 산업혁명의 근간을 이루고 있는 것이 바로 데이터 집약성(빅데이터)이며, 정보를 활용하고(인공지능), 서비스를 구현하려면 데이터의 이동(통신 네트워크)도 자유로워져야 하기 때문에 정보 보안은 필연적으로 중요해질 수밖에 없기 때문이다. 투자 측면에서 사이버 보안 산업과 기업을 살펴보자.

먼저, 보안 산업과 관련해서 주목할 만한 기업을 알아보자. IDC에 따르면, 2016년 기준으로 전 세계 보안 시장은 350억 달러 규모이고, 세부적으로는 네트워크, 엔드포인트, 웹, 메세징 등의 영역으로 나뉜다. 규모 면으로 본다면, 네트워크와 엔드포인트(서버 시스템이나 사용자 PC, 모바일 장치처럼 네트워크에 최종적으로 연결된 IT 장치) 보안 시장이 가장 큰 규모를 형성하고 있으며, 통신 네트워크를 기반으로 한 4차 산업과의 동반 성장 측면에서 바라봐도 이 두 분야가 가장 기대를 받고 있는 시장이다. 최근 글로벌 사이버 테러 위협이 증가하고 인공지능 기술이 발전함에 따라 차세대 지능형 보안 기술의 시장 규모도 가파르게 증가하고 있다. 따라서, 투자자 입장에서는 시장 규모 및 성장성을 감안해 네트워크와 엔드포인트 보안 시장으로 접근하는 편이 안정적이다.

최강자가 없는 보안 시장   현재 글로벌 보안 시장을 2016년 매출액 기준으로 나눈다면 시스코(Cisco, 14퍼센트), 체크포인트(CheckPoint, 12.6퍼센트), 팔로알토네트웍스(Palo Alto Networks, 11.4퍼센트), 포티넷(Fortinet, 9.8퍼센트), 화웨이(Huawei, 4.9퍼센트) 순으로 탑5를 형성하고 있다. 이는 전체 시장 중 52.7퍼센트에 해당한다. 최근 1년 간의 성장성을 보면 팔로알토네트웍스(27.6퍼센트), 포티넷(24.6퍼센트), 화웨이(78.4퍼센트) 순이다. 우리는 어떤 기업에 주목해야 할까? 안타깝게도 퀄컴, 엔비디아, 페이스북처럼 해당 산업군에서 압도적으로 1등인 회사는 없다. 앞서 설명한 보안 시장 내 가장 큰 줄기인 네트워크와 엔드포인트 보안 시장을 동시에 리딩하는 기업도 존재하지 않는다. 투자자 입장에서는 네트워크와 엔드포인트를 구분해 접근하는 것이 좋을 것이다. 일단 각 분야에서 두각을 나타내고 있는 시스코와 팔로알토네트웍스를 각각 살펴보길 바란다.

먼저, 가장 큰 줄기 중 하나인 네트워크 보안 시장을 알아보자. IDC에 따르면, 2020년까지 네트워크 보안시장은 연평균 9.2퍼센트 성장이 예상되는데 세부 보안 시장 중 가장 높은 성장성이 기대되고 있는 분야다. 그 가운데 네트워크 장비와 서비스 제공 회사인 시스코가 시장 점유율 약 13퍼센트를 차지하며 리딩기업으로 자리잡고 있다. 하지만 네트워크 하드웨어를 주력으로 판매해오던 회사인 시스코 내에서 보안 분야의 매출 비중은 4퍼센트 정도로 경쟁 보안 회사에 비해 기여도가 미약한 편이다.

강력한 현금 창출력을 기반으로 하는 시스코   투자자 입장에서는 업계 1위인 시스코의 동향을 면밀히 살펴볼 필요가 있다. 현재 시스코는 네트워크 하드웨어에 집중된 사업구조를 가지고 있으나, 네트워크 보안 시장에서 매년

두 자릿수 매출 성장률을 보이고 있을 정도로 사업 부문 내에서 집중하고 있다. 게다가 시스코는 가장 강력한 무기인 막대한 현금 창출 능력과 보유 현금이 있다. 2010년 이후 총 200억 달러(22조 4700억 원) 이상을 투자해 40여 개의 IT 기업을 인수했다. 그 중 사물인터넷 회사가 4개, 가상현실/증강현실 회사가 1개, 네트워킹 회사가 5개, 보안 솔루션 회사가 3개로 최근 인수한 13개 기업이 4차 산업혁명과 보안 솔루션 분야에 관계된 회사일 정도로 공격적인 투자를 진행하고 있다. 가장 최근 인수합병을 발표한 옵저버블네트웍스(Observable Networks)는 머신러닝을 바탕으로 엔드포인트 분야에 보안 솔루션을 제공하는 회사다. 시스코는 인수와 자체 개발을 병행해 4차 산업혁명 관련 기술과 엔트포인트 보안 분야를 동시에 강화했다. 시스코는 궁극적으로 네트워크 관련 하드웨어와 소프트웨어 판매부터 보안 서비스 및 교육까지 제공함으로써 통신 네트워크 산업 내에서 토탈케어 서비스를 제공하겠다는 목표를 제시했다. 만약 계획대로 진행된다면, 시스코가 가지고 있는 탄탄한 통신 네트워크의 하드웨어 판매 망을 통해 네트워크 보안과 그 외 보안 관련 솔루션 소프트웨어의 매출은 성장할 것이다. 시스코가 단순한 네트워크 장비 회사가 아닌 사이버 보안 기업으로 성장할 가능성도 주목해야 한다.

가파른 상승세와 보안 전문 기업이라는 장점의 팔로알토네트웍스 두 번째로 주목해야 할 분야는 엔드포인트 보안 시장이다. 엔드포인트 보안 시장이 2020년까지 연평균 3.4퍼센트 성장할 것으로 IDC는 전망했다. 네트워크 보안 시장만큼 가파른 성장세를 보이는 시장은 아니나, 최근 워너크라이 같은 랜섬웨어가 증가하고 사물인터넷이 발전하면서 엔드포인트 자체가 증가함에 따라 꾸준하게 시장은 성장해 약 100억 달러의 규모를 형성하고 있다. 최근 열린 '안랩ISF스퀘어 2017 위드 바이소프트' 세미나에서도 엔드포인트는 '보안의 시작점'이라고 강조했다. 그렇다면 엔드포인트 보안 시장에서 가장 주목해야 할 기업은 어디일까? 팔로알토네트웍스, 파이어아이, 임퍼바(Imperva), 프루프포인트(Proofpoint)가 대표적인 플레이어다. 그 중, 팔로알토네트웍스는 2014년 사이버라(Cyvera)를 약 2000억 달러에 인수하면서 엔드포인트 시장에 본격적으로 진출했다. 그 결과 2016년 올해의 엔드포인트 보안 솔루션 제품으로 선정될 정도로 경쟁력 있는 트랩스(Traps)라는 상품을 보유할 수 있었다. 팔로알토네트웍스의 보안 솔루션 서비스 포트폴리오는 경쟁사에 비해 다양하다. 그 덕분에 경쟁사 대비 압도적으로 많은 고객을 보유함으로써 고객 보유율을 확보할 수 있었다. 이는 안정적인 매출과 현금 창출(고객 기반 보안 소프트웨어 사용료 수취)로 이어졌다. 최근에는 머신러닝을 기반으로 한 자동 행동 분석 분야의 선도 기업 라이트사이버(LightCyber)를 약 1050억 달러에 인수하면서 인공지능 기술을 활용한 보안플랫폼도 강화했다.

　팔로알토네트웍스는 시스코와는 다르게 방화벽(Core firewall)을 중심으로 한 보안 애플리케이션 레벨의 소프트웨어 판매를 주력으로 하는 순수 보안 솔루션 회사다. 애드온 방식으로 소프트웨어 업데이트를 해주고 보안 솔루션 서비스를 제공하기 때문에 사용자인 기업체 입장에서는 설치비가 절약되고 관리가 용이해진다. 그 결과, 팔로알토네트웍스는 무섭도록 빠르게 성장했다. 2016년 4분기 매출액 기준, 전년동기대비 무려 27.6퍼센트 증가하면서 보안 전체 시장 내 2위 업체인 체크포인트와 비슷한 수준으로 성장했다. 최근 가트너 자료에 따르면, 기술 측면에서 기업체 네트워크 방화벽 보안 시장에서 가장 높은 평가를 받았을 정도로 높은 경쟁력과 인지도를 확보하고 있다. 이런 점에서 사이버 보안 분야에서 하나의 기업을 골라야만 한다면 순수 사이버 보안 회사인 팔로알토네트웍스를 추천한다.

●● 실적 동향

팔로알토네트웍스의 2017년 6월 결산 실적은 2016년에 이어 고성장 시나리오를 계속해서 써내려 가고 있다. 특히 매출에서 성장세가 두드러졌다. 4분기 매출(4~6월)은 전년동기대비 27퍼센트 성장을 기록했고, 2017년 전체 매출은 무려 28퍼센트 성장한 18억 달러였다. 이번 4분기 매출 성장률은 사이버 보안 시장 내에서 가장 높은 수준이며, 신규 고객 유입도 역사상 가장 높은 분기를 기록하며 성공적인 성장 그림을 그렸다. 이런 성장세가 내년에도 이어질 것으로 회사 측은 내다보고 있다. 회사 측이 제시한 2018년 예상 매출에 따르면 2017년도 대비 21~23퍼센트 증가한 21억 2000만~21억 6000만 달러 수준이다. 순이익 측면에서도 팔로알토네트웍스는 성공적인 4분기 실적을 기록했다. 4분기 순이익(Non-GAAP 기준)은 전년동기대비 무려 41.7퍼센트 증가한 8550만 달러를 기록했고, 주당순이익도 전년동기대비 39.3퍼센트 증가한 92퍼센트를 기록했다. 여타 사이버 보안 업체에 비해 전체적으로 성공적이었다.

4차 산업혁명이 진화하면서 함께 성장할 보안 시장은 팔로알토네트웍스를 포함해 다른 보안 업체에게 큰 기회로 작용할 것이고 실적 측면에서도 큰 폭으로 성장할 교두보임은 분명하다. 그 중에서 팔로알토네트웍스는 탄탄한 기술력을 바탕으로 신규 고객이 계속 유입되고 있고, 이에 따라 보안솔루션 사용 매출도 증가하면서 전반적인 실적 성장으로까지 연결되고 있다. 또한 팔로알토네트웍스는 소프트웨어 업그레이드와 기술력 확보에도 지속적으로 투자하고 있다. 보안 산업의 특성상 사용자인 기업체가 기존에 사용하던 보안 솔루션 제공 업체를 잘 변경하지 않기 때문에 지금 보여주는 팔로알토네트웍스의 성장세는 한동안 지속될 것으로 예상한다.

〈 매출 및 영업이익 〉

〈 재 무 제 표 〉

구분	2015	2016	2017E	2018E	2019E
매출 (백만 USD)	928	1,379	1,740	2,130	2,563
영업이익 (백만 USD)	−134	−190	339	446	607
순이익 (백만 USD)	−165	−226	242	315	420
EPS (USD)	−2.0	−2.6	2.6	3.3	4.2
EPS (연간 성장률)	N/A	N/A	55.1	26.3	28.2
ROE (%)	−31.6	−33.1	18.5	4.4	46.7
PER (배)	N/A	N/A	49.6	39.3	30.7
PBR (배)	25.9	14.3	13.6	11.1	10.8
배당수익률 (%)	−	−	−	−	−

해외주식 거래에 앞서 이것만은 알아 두자

Q 해외주식을 거래하려면 어떻게 해야 하나요?

A 우선 증권사 계좌가 필요합니다. 계좌는 일반적으로 증권사 지점을 방문해서 개설하나 인터넷 사이트에 접속하면 온라인으로도 가능하며 이외에 은행 지점에서 증권연동계좌를 동시에 개설하는 방법도 있습니다. 현재 대부분의 증권사는 하나의 종합계좌만으로도 국내 및 해외주식을 동시에 거래할 수 있도록 서비스 중입니다.

그런 다음 투자하고자 하는 금액을 계좌에 입금하고 환전합니다. 환전은 투자 금액에 적용 환율을 곱하면 되는데 대체로 증권사 사이트에 환율 계산기 기능이 탑재되어 있어 어렵지는 않습니다. KB증권은 KB국민은행의 전신환 환율이 적용되며 환전은 오전 9시부터 오후 11시까지 언제든 가능합니다. 물론 외화를 가지고 계신 투자자라면 이를 직접 입금해 투자할 수도 있습니다.

이제 온라인 서비스 또는 전화로 주문해 주식을 실제로 매입하면 됩니다. 국내 투자자의 관심이 높고 자본시장 규모도 큰 일부 국가는 온라인으로 직접 주문이 가능하지만 그렇지 않은 국가는 아직 증권사를 통한 전화 주문만 가능한 상황입니다. KB증권은 미국, 일본, 홍콩, 그리고 중국 증시에 온라인 직접 주문이 가능하며 그 외에는 점포 또는 본사 해외상품지원부를 통한 전화주문만 가능합니다.

주문이 끝나면 HTS(홈트레이딩시스템) 또는 MTS(모바일트레이딩시스템)로 주식매매거래 체결 또는 미체결 여부, 수수료 및 제세금 등 매매정산 현황과 같은 거래내역 조회를 할 수 있습니다.

Q 해외 주식 투자가 가능한 지역은 어디인가요?

A 최근 국내 증권사가 해외주식 서비스를 점차 확대해 가고 있어서 자본 시장이 웬만큼 발전한 지역의 증시라면 투자에 무리가 없습니다. 예를 들어 KB증권에서 2017년 7월 현재 주식 투자가 가능한 지역은 아래 표와 같습니다.

KB증권의 해외주식 투자가능지역(2017년 7월 기준)

구분	서유럽	북유럽	남유럽	아시아	남태평양	미주
온라인 (HTS,MTS)				일본, 중국, 홍콩		미국
전화 주문	영국, 독일, 프랑스, 네덜란드, 아일랜드, 스위스, 오스트리아, 벨기에	덴마크, 핀란드, 노르웨이, 스웨덴	그리스, 스페인, 이탈리아, 포르투갈	일본, 중국 홍콩, 태국 싱가포르, 인도네시아, 베트남	호주, 뉴질랜드	미국, 캐나다

※ 중국 본토의 상해, 심천거래소에서는 각각 후강통 및 선강통 대상종목만 투자 가능

Q 주식 거래 시 수익이 발생한다면 세금은 어느 정도이며 어떻게 처리해야 하나요?

A 해외주식 거래로 발생하는 세금은 크게 배당소득과 매매차익에 대한 양도소득 두 가지로 나눌 수 있습니다.

우선 해외주식을 보유하던 중 배당을 받으면 해당 국가의 조세조약에 따라 배당소득세를 납부해야 합니다. 일반적으로 국내 증권사를 통해 거래하는 경우 국내 세법에 의해 14퍼센트(지방소득세 별도)의 세율로 원천징수합니다. 이때 이미 해외에서 배당소득에 대한 세금을 원천징수했다면 국내 세법의 세율 14퍼센트에서 해외 현지 원천징수세율을 차감한 세금을 국내에서 원천징수해야 합니다.

양도소득세는 매매차익(매도금액−매수금액−제비용)에서 양도소득기본공제(연간 250만 원 한도)를 한 잔액에 세율(22퍼센트, 주민세 포함)을 곱한 금액이 이에 해당됩니다. 배당소득과 달리 해외주식의 양도소득세는 매년 1월 1일부터 12월 31일까지(결제가 이루어지는 시점 기준) 매도한 내역을 다음 연도의 신고 기간에(5월 1일부터 5월 31일까지) 자진 신고한 후 납부를 완료해야 합니다.

국내 대표
4차산업혁명주
TOP 8

- 각 기업 차트의 최근 종가는 2017년 8월 18일이 기준이며, 주가상승률은 최근 5년간 연평균 주가상승률이다.
- 각 기업의 사업현황 및 실적 전망치는 작성일 기준과 현재 시점 간의 차이가 다소 있을 수 있다.

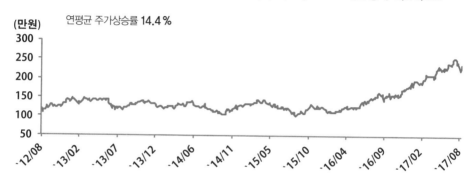

1. 삼성전자 (005930 KS)

1969년 1월 13일 설립 | www.samsung.com

- **시가총액 (십억 원)** 308,330
- **5일 평균 거래량** 164,021
- **52주 최고가 (원)** 2,566,000
- **52주 최저가 (원)** 1,456,000
- **최근 종가** 2,376,000

연평균 주가상승률 **14.4 %**

(만원)

300
250
200
150
100
50

`12/08  `13/02 `13/07  `13/12 `14/06  `14/11 `15/05  `15/10 `16/04  `16/09 `17/02  `17/08

이것만은 미리 알고 가자

1. 대체불가 글로벌 1위 반도체 회사
2. 본격적으로 진출한 인공지능 시장과 사물인터넷 분야와의 시너지
3. 하만(Harman) 인수로 기대되는 자율주행차 분야
4. 가상현실 시장에서 시장점유율 확대

기업 현황 및 투자 포인트

반도체 분야에서 타의 추종을 불허하는 1위 업체 최근 2017년 2분기 실적 발표가 있었는데 삼성전자가 24년 동안 중앙처리장치(CPU) 시장에서 '왕'으로 군림해온 인텔을 제치고 세계 최대의 반도체 기업으로 올라섰다. 매출 규

모 면이나 영업이익 측면 모두 인텔에 압도적 우위를 점하며 글로벌 1위의 반도체 기업이 되었다. 그 배경에는 수년간 모바일 시장이 급성장한 덕분에 D램과 SSD(솔리드스테이트드라이브) 수요가 급증했고 가격도 빠른 속도로 상승한 점이 작용했다. 더욱 긍정적인 사실은 삼성전자의 반도체 사업 부문의 실적이 일회성이 아니라는 것이다. 스마트폰 보급률 증가와 테블릿 PC 시장 성장 그리고 웨어러블과 4차 산업혁명이란 기조 속에서 대용량 데이터 처리는 더욱 중요한 요소가 되어 가고 있다. 때문에 반도체 시장에서는 우호적인 환경이 지속될 것으로 보인다. 이런 점을 고려한다면, 삼성전자의 메모리 반도체 사업 부문, 즉 D램 및 3D 낸드 플래시메모리 부문은 수요 증가 및 가격 호조에 힘입어 실적이 크게 성장할 것으로 기대된다. 또한 과점 체제가 굳어져가는 메모리 반도체 시장과 달리 경쟁이 치열해지고 있는 시스템 반도체 부문(비메모리 부문)에서도 삼성전자는 적극적으로 사업을 확대하고 있어 반도체 기업으로서의 입지는 더욱 탄탄해질 것으로 예상된다.

빅스비로 대변되는 인공지능 비서 시장 진출 하지만 삼성전자의 반도체 사업 부문은 우리가 여기서 다루는 4차 산업혁명과 직결되는 사업이 아니다. 물론 4차 산업의 대중화로 가는 과정 속에서 삼성전자의 반도체가 핵심 부품이며, 삼성전자를 바라보는 긍정적인 시각을 부정하는 사람은 없을 것이다. 그러나 이 책에서는 좀 더 4차 산업혁명과 관련된 삼성전자의 사업 부문을 살펴보려 한다.

글로벌 종합 IT 기업인 삼성전자는 4차 산업혁명과 연결된 다양한 분야에서 두각을 나타내고 있지만, 그 중에서 하나를 꼽으라고 한다면 최근 갤럭시 S8과 갤럭시 S8 플러스에 탑재해 상용화한 음성인식 인공지능 서비스 '빅스비(Bixby)'를 들 수 있다. 빅스비는 과거 삼성전자가 선보인 'S보이스'의 후속으로서 '구글 어시스턴트'처럼 딥러닝을 기반으로 한 인공지능 서비스다. 두 서비스의 기능을 직접적으로 비교하기는 어렵지만, 기본적으로 딥러닝에 필수인 데이터 측면에서 검색 서비스 사업을 하는 구글이 방대한 자료를 제공할 수 있다는 장점이 있고 안드로이드 스마트폰에 적용되므로 보편성 측면에서도 구글의 인공지능 서비스가 우위에 있다고 말할 수 있다. 하지만 삼성전자가 우위에 있는 백색가전 사업 부문을 활용한 '스마트홈'과 최근 빠르게 성장하고 있는 '삼성페이'와의 호환성을 고려한다면, 국내 시장에서는 빅스비의 경쟁력이 조금 우위를 점할 것으로 예상한다. 실제로 빅스비는 초기에 독자적인 시스템을 구축했으나, 최근에는 SDK(Software Development Kit)를 공개하며 에코 시스템을 형성하려고 노력 중이며, 가전제품에도 오픈 플랫폼을 적용하면서 호환성을 높이고 있다. 또, 삼성페이가 결제시장에 진출해 단기적 수익을 창출한다기보다는, 장기적으로 빅데이터 구축에 필요한 정보를 제공할 것이므로 인공지능 서비스 등과 같은 다양한 부가가치를 생성할 것으로 예상된다.

스마트카 시장 진출의 신호탄 올해 삼성전자는 커넥티드카(인터넷과 모바일 기기, 그리고 나아가 운전자와 연결된 자동차를 의미한다)용 인포테인먼트(정보+오락) 분야 1위인 하만을 약 9조 4000억 원에 인수하며 본격적으로 자율주행차 시장에 진출했다. 하만은 자동차 오디오 부문 시장을 41퍼센트나 차지하고 있는 독보적인 1위 기업이고, 인포테인먼트 부문 시장도 24퍼센트나 차지하고 있다. 그 외에도 텔레매틱스(GPS 정보와 무선통신이 결합돼 정보, 안전, 금융, 오락 서비스 등을 제공하는 기능), 보안, OTA(Over the Air, 무선통신을 이용한 소프트웨어 업그레이드) 등과 같은 자율주행에 필요한 기술을 보유하고 있다. 따라서 시장에서는 이번 인수로 삼성전자의 반도체 사업 부문과 인공지능 기술이 결합해 시너지를 내리라 예측한다. 하만의 시장지배력도 동시에 확보할 수 있다는 측면에서도 삼성전자의 자율주행차 시장 진출은 생각보다 빠르게 가시적 성과를 낼 것으로 평가하고 있다. 실제로 자율주행차 분야를 담당하고 있는 삼성전자의 전장 사업 분야는 가시적 성과를 내기 시작했다. 최근 자율주행차 임시운행을 허가받았는데, 현대차의 그랜저를 기반으로 딥러닝 알고리즘이 바탕이 된 인공지능 기술이 각 장치를 조작하고 데이터를 분석하며 자율주행을 구현하는 소프트웨어를 삼성전자 종합기술원이 개발했다. 또한 삼성전자는 전장 분야 기업으로는 유일하게 차세대 스마트카 표준을 정하는 '5GAA(5G Automotive Association)' 이사회 신규 멤버로 선임되면서 연구 방향이나 기술 표준을 적용하는 면에서 이점을 얻을 것으로 생각된다.

삼성전자는 상반기 투자자 포럼에서 2025년까지 디지털 칵핏(디지털 운전석), 텔레메틱스, 클라우드 플랫폼, 사용자 인터페이스(인공지능/증강현실), 첨단운전자보조 장치인 ADAS 등의 분야에서 협업이 가능하다고 밝혔다. 만약 차질없이 진행된다면, 향후 삼성전자는 자율주행차 시장에서 입지를 다질 뿐만 아니라 실적에도 기여할 것으로 보인다.

모바일 가상현실 기기의 지배자 마지막으로 삼성전자의 주목할 만한 4차 산업 분야는 바로 가상현실이다. 앞서 소니를 설명하며 언급했지만 가상현실 시장을 다시 복습하자면, 지난해 전 세계적으로 가상현실 기기가 630만 대 판매되었는데 이 중 삼성전자가 461만 대로 1위를 기록했다. 모바일 가상현실 기기에서는 압도적인 시장점유율이다. 물론 아직까지 모바일 가상현실 기기는 품질이나 콘텐츠 확보 측면에서 한계가 있는 게 사실이다. 삼성전자는 콘텐츠 부족이라는 한계를 극복하고자, VRB홈과 VRB포토 등 2종의 가상현실 어플리케이션을 출시한 미국 스타트업 VRB를 550만 달러에 인수했고, 미국 디지털 미디어 매체 버즈피드, 나우디스와 파트너십을 체결했다. 또한 가상현실은 디스플레이 시장을 구조적으로 키울 수 있는 분야이기 때문에 OLED 시장에서 입지가 탄탄한 삼성전자라면 가상현실과의 시너지 효과도 기대해 볼 수 있다. 아직 가상현실이 초기 단계의 시장이지만, 향후 미래의 플랫폼 시장에서 한 축을 담당하게 된다면 삼성전자는 4차 산업혁명과 함께 성장할 것이다.

•• 실적 동향

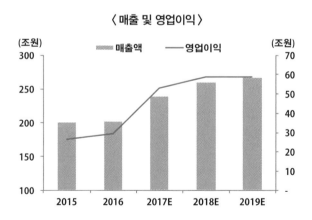

〈 매출 및 영업이익 〉

〈재 무 제 표〉

구분	2015	2016	2017E	2018E	2019E
매출 (억원)	2,006,535	2,018,667	2,388,920	2,596,270	2,671,997
영업이익 (억원)	264,134	292,407	527,488	587,882	589,429
순이익 (억원)	190,601	227,261	407,320	452,170	456,443
EPS (원)	109,883	136,760	261,744	299,661	302,603
EPS (연간 성장률)	−19.0	24.5	91.4	14.5	1.0
ROE (%)	11.2	12.5	20.0	19.2	16.9
부채비율	35.3	35.9	35.1	31.3	28.0
PER (배)	11.5	13.2	9.1	7.9	7.9
PBR (배)	1.1	1.4	1.5	1.3	1.2
현금배당수익률 (%)	1.67	1.58	1.52	1.74	1.92

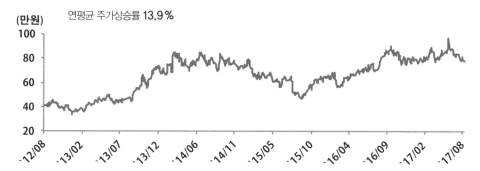

2. NAVER (035420 KS)

1999년 6월 2일 설립 | www.navercorp.com

- **시가총액 (십억 원)** 25,414
- **52주 최고가 (원)** 975,000
- **5일 평균 거래량** 107,403
- **52주 최저가 (원)** 736,000
- **최근 종가** 771,000

(만원) 연평균 주가상승률 **13.9 %**

이것만은 미리 알고 가자

1. 빅데이터 + 인공지능 기술 = 중장기 성장성 확보
2. 클라우드 시장에 본격 진출한 한국 1위 인터넷 기업
3. 핀테크(금융과 ICT 융합) 시장 진출을 위한 교두보 마련

기업 현황 및 투자 포인트

빅데이터를 확보하기 좋은 환경 덕분에 인공지능 분야에서 강점 미국의
대표 검색엔진이 구글이라면 우리나라에는 네이버가 있다. 인터넷을 사용하
는 우리나라 국민이라면 알고 있는 자명한 사실이다. 네이버가 국내 시장에

서 압도적인 시장점유율과 인지도를 확보하고 있다는 반증이기도 하다. 구글과 네이버는 비슷하게 시작했지만, 회사가 성장하는 과정에서 각각 속해 있는 시장의 특수성을 반영해 사업의 방향성이 달라졌었다. 최근에는 4차 산업혁명을 준비하는 각국의 대표 기업으로서 비슷한 방향으로 결이 맞춰지고 있다. 현재 네이버가 어떻게 4차 산업혁명을 구상하면서 준비하고 있는지 한번 살펴보자.

4차 산업과 관련해 네이버는 인공지능 기술 분야를 최우선으로 여기고 있다. 인공지능에 관심이 있는 투자자라면 네이버가 2017년 들어 인공지능에 관련한 기술을 하나씩 선보이고 있다는 사실을 눈치 챘을 것이다. 대표적인 예로, 맞춤형 콘텐츠 제공(여행, 뉴스, 상품 등)이 있다. 또한 하반기 출시 예정인 '인공지능 스피커'와 '스마트보드', '스마트렌즈'도 인공지능을 기반으로 한 다양한 서비스다. 이것은 아마도 네이버의 가장 큰 장점인 빅데이터 분야에서 비롯되었을 것이다. 현재 네이버는 검색시장의 약 70퍼센트 수준의 점유율을 유지하고 있고, 온라인 포털 시절부터 축적한 다양한 정보도 빅데이터를 구현하는 면에서 큰 무기로 작용했을 것이다. 또한 최근에는 모바일 앱 환경에서도 검색부터 쇼핑까지 이어지는 서비스를 제공하고 있으므로 여타 국내 기업과 비교해 가장 좋은 환경에 놓여 있다. 빅데이터는 앞서 구글과 페이스북의 머신러닝 알고리즘을 설명하며 언급했듯이 인공지능을 구현하는 가장 필수적이고 원천적인 부분이다. 그래서 네이버의 인공지능 사업 분야의 성장성도 높을 것으로 판단된다.

4차 산업혁명의 필수 사업군인 클라우드 서비스에 진출 두 번째로 네이버가 준비하고 있는 분야는 클라우드 컴퓨팅이다. 우리나라의 클라우드 산업은 미국처럼 크게 형성되어 있지는 않지만, 네이버는 2013년 6월에 데이터센터 '각'을 구축하면서 국내 클라우드 시장에 본격 진출했다. 지난 4월에는 아마존의 AWS와 비슷한 NPB(네이버 비즈니스 플랫폼) 서비스를 시작했다. B2B 영역에서 자사의 클라우드 서비스를 제공하기 시작한 것이다. 또한 지난 6월에는 4차 산업에 대비하고자 추가적으로 4800억 원을 투자해 용인에 두 번째 데이터센터를 건립하겠다는 계획도 밝혔다. 사업자 입장에서도 클라우드 서비스를 이용하면 초기 투자비용을 줄일 수 있고 유지 관리도 용이하다는 장점이 있다. 따라서 클라우드 서비스 시장은 성장할 가능성이 크며, 이는 곧 네이버의 수익성 측면에 긍정적인 효과를 가져올 것으로 기대된다. 또한 중장기적으로는 구글처럼 클라우드 서비스와 인공지능 기술을 접목해 인공지능 플랫폼을 제공하는 비즈니스까지 확대할 가능성이 있다. 네이버의 클라우드 서비스 시장에서의 행보는 성장성 측면에서 주목할 만한 부분이다.

금융사업과 정보통신 사업의 연계 마지막으로 네이버에 주목해야 할 분야는 핀테크다. 2015년 6월 출시한 '네이버페이'는 현재 국내 전자상거래 시장의 9퍼센트를 차지할 정도로 네이버의 인터넷, 모바일 플랫폼을 기반 삼아 빠르게 자리잡아 가고 있다. 또한 오프라인에서도 네이버페이 체크카드 및 신용카드를 출시하며 결제시장 진출에 박차를 가했다. 결제 시장 진출은 소위 사회에서 통용되고 있는 핀테크의 진정한 의미와 다소 거리가 있지만 최근 네이버는 핀테크 시장을 향한 교두보를 마련했다. 지난 6월 26일 공시를 통해 네이버는 미래에셋대우와 자사주 5000억 원을 맞교환 하는 거래를 성사했다고 밝혔다. 네이버는 미래에셋대우의 지분 7.1퍼센트, 미래에셋대우는 네이버 지분 1.7퍼센트를 확보했으며, 글로벌 진출과 공동 사업 추진에 전략적 제휴를 한다고 발표했다. 물론 네이버가 미래에셋대우와 어떤 전략적 제휴를 할지도 모르는 이 시점에서 시너지를 낸다고 장담하기는 어렵다. 그러나 미래에셋대우가 지니고 있는 금융 분야의 전문성과 연계할 수 있으므로 인공지능을 접목한 로보어드바이저 서비스 등 다양한 분야의 신상품을 출시할 가능성은 높아졌다. 미래에셋대우의 유럽과 미국을 포함한 전 세계 9개국 글로벌 네트워크를 활용할 수 있고, 이와 관련해 네이버 라인이나 금융사업부가 신규 시장에 진출할 수 있기 때문에 장기적으로 이번 전략적 제휴는 네이버에게 실보다 득이 더 많을 것으로 예상된다.

●● 실적 동향

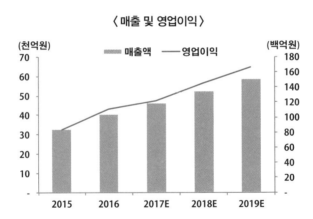

〈 매출 및 영업이익 〉

〈재무제표〉

구분	2015	2016	2017E	2018E	2019E
매출 (억원)	32,539	40,226	46,002	52,152	58,341
영업이익 (억원)	8,302	11,020	12,151	14,573	16,580
순이익 (억원)	5,170	7,591	8,503	10,491	11,958
EPS (원)	15,737	22,732	25,335	31,300	35,624
EPS (연간 성장률)	14.1	44.4	11.5	23.5	13.8
ROE (%)	26.5	26.2	21.0	21.2	19.9
부채비율	93.3	54.3	48.8	43.6	40.4
PER (배)	41.8	34.1	30.4	24.6	21.6
PBR (배)	9.0	6.2	5.2	4.2	3.5
현금배당수익률 (%)	0.17	0.15	0.16	0.17	0.19

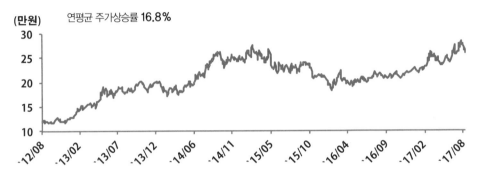

3. SKT (017670 KS)

1984년 4월 20일 설립 | www.sktelecom.com

- **시가총액 (십억 원)** 21,276
- **52주 최고가 (원)** 288,000
- **5일 평균 거래량** 123,534
- **52주 최저가 (원)** 215,500
- **최근 종가** 263,500

(만원)　연평균 주가상승률 **16.8%**

30
25
20
15
10

'12/08　'13/02　'13/07　'13/12　'14/06　'14/11　'15/05　'15/10　'16/04　'16/09　'17/02　'17/08

이것만은 미리 알고 가자

1. 5G 시대와 사물인터넷의 대표적인 수혜 기업
2. 세계 최초 5G 커넥티드카 기술 보유 및 자율주행차 산업의 대표적 기업
3. 국내 제1호 음성인식 인공지능 스피커 출시 기업

•• 기업 현황 및 투자 포인트

국내 통신망 사업자 중 1위라는 장점 누차에 걸쳐 4차 산업혁명에 5G 기술이 핵심이라고 말해왔다. 그 이유는 고화질 영상 스트리밍, 자율주행차, 가상현실 라이브 스트리밍 등 4차 산업과 관련한 신사업 분야에서 방대한 데이

터를 생산하는데 이를 초저지연·초고속으로 송수신해야 하기 때문이고 이를 충족하는 게 5G 망이기 때문이다. 그래서 우리는 국내 통신업체를 주목해야 한다. 5G는 기술 발전을 거듭해 2020년 정도에 상용화될 것으로 보고 있지만, 그 파생 효과는 상상 이상이기에 현재부터 통신업체의 사업 현황과 방향성에 관심을 가질 필요가 있다. 다행스럽게도 5G 시장은 국내외 통신업자 간 기술력 차이가 크지 않은 상황이다. 또한 산업 특성상 각 기업이 각자 내수 시장에 주력하기 때문에 설령 기술 격차가 벌어진다 하더라도 국내 기업에 미치는 영향은 적다. 이런 이유로 4차 산업혁명 시대가 온다 하더라도 국내 통신업체는 기존의 방어적 성격을 계속 유지할 것이다. 4차 산업혁명 기대주에 투자하는 입장에서, 이 시장이라면 시장점유율 1위를 오랜 기간 유지하고 있고, 5G 망뿐 아니라 사물인터넷, 자율주행, 음성인식 인공지능 스피커 같은 4차 산업에 투자를 지속하고 있는 SK 텔레콤에 관심을 가질 필요가 있다.

자체적 사물인터넷 망 구축으로 무궁무진한 발전 가능성 SK 텔레콤이 4차 산업혁명에 대비해 어떤 준비를 하고 있는지 살펴보자. 먼저 SK 텔레콤이 올해 1월에 발표한 투자 계획을 눈여겨볼 필요가 있다. 3년간 총 11조 원을 투자하는데 그 중 5G 같은 미래형 네트워크에 6조 원 그리고 새로운 ICT 산업 생태계 조성과 육성에 5조 원을 투자하겠다고 밝혔다. 가장 주목해야 할 부분은 5G 분야다. 2019년까지 미래형 네트워크 구축과 상용화를 목표로 하고 있기 때문에 현재도 계속 투자를 집행하고 개발 중이다. SK 텔레콤은 국내 회사로는 유일하게 '5G 글로벌 공동 협력체'에 참여해 표준 기술을 개발하고 있다. 지난 7월 글로벌 시장조사기관 '쥬니퍼 리서치'는 세계에서 5G

상용화에 가장 유망한 통신사로 SK 텔레콤을 선정했다. 물론 이러한 예측이 SK 텔레콤의 실적을 끌어올릴 수 있는 결과물은 아니다. 하지만 향후 5G 시대를 선점한다면 이와 관련해 파생되는 사물인터넷과 소물인터넷(대용량이 아닌 적은 데이터 전송에 특화된 분야) 부문에서 성장할 수 있다. 실제로 SK 텔레콤은 2016년부터 사물인터넷 전용망 구축에 힘쓰고 있다. KT와 LG 유플러스가 소물인터넷에 필요한 NB-IoT(협대역 사물인터넷, 저용량 광역 데이터 서비스) 망을 공동 준비중인데 비해, SK 텔레콤은 '로라(LoRa, Long Range)'를 자사의 전용 소물인터넷 전용망으로 내세우고 있다. 새로운 표준망을 구축해야 하기 때문에 초기 비용이 많이 들지만 한 번 구축하고 나면 장비나 칩셋이 저렴해져 낮은 비용으로 사물인터넷을 구현할 수 있다는 장점이 있다. 현재도 스타트업과 협업해 생활밀착형 서비스 상품을 출시하고 있는데, 사물인터넷 망 구축이 마무리된다면, 가정용 기기의 연결뿐 아니라 스마트 가로등, 스마트 계측기, 스마트 시티, 스마트 빌딩 등 더욱 폭넓은 분야에서 활용이 가능하기 때문에 성장 가능성은 무궁무진할 것이다.

경쟁력 높은 커넥티드카 기술 두 번째로 SK 텔레콤에서 주목해야 할 부분은 5G 커넥티드카 분야다. SK 텔레콤은 지난해 11월 세계 최초로 5G 커넥티드카 'T5' 시연에 성공하면서 세간의 이목을 끌었다. 시속 170킬로미터로 달리는 자동차 안에서 5G 기술을 이용해 주변 차량은 물론이고 신호등, CCTV 등에서 나오는 대용량 정보를 실시간으로 주고 받아 전후방의 장애물이나 돌발 상황을 인식하고 대처할 수 있었다. SK 텔레콤은 자율주행차 분야에서도 국내 업체 가운데 두각을 나타내고 있다. 자율주행차 분야 세계 1위인 엔비디아와 지난 5월 협력을 체결하고, 자율주행에 필요한 초정밀지도를 제작하고 무선 센서를 이용한 자율주행차 관련 서비스를 올해 하반기에 선보일 예정이다. 이 또한 결국 통신망이 바탕이 되어야 하는 기술이기에 4차 산업혁명을 대비하고 있는 SK 텔레콤의 경쟁력은 높다고 볼 수 있다.

인공지능을 향한 다양한 관심 마지막으로 SK 텔레콤은 인공지능 기술 분야에도 심혈을 기울이고 있다. 2011년부터 준비해 인공지능 기술, 음성인식, 자연어 처리 엔진 등을 개발해왔고, 그 결과 2016년 9월 국내 최초로 음성인식 인공지능 서비스인 '누구(NUGU)'를 출시했다. 지난 6월까지 누적 판매량 14만 대를 돌파했고, 사용자와 나눈 대화 건수가 일 평균 50만 건으로 누적 1억 건을 넘어 상용화에 성공했다. 또한 이런 인공지능 엔진을 기반으로 빅데이터를 축적하고 클라우드 서비스까지 제공하고 있다. 최근에는 본격적으로 금융, 건설, 유통 등 이종 산업과 융합할 만한 서비스를 개발하기 시작했고 IBM의 대표 인공지능 서비스인 '왓슨'과 제휴를 맺은 SK C&C와 손잡고 '한국형 인공지능 플랫폼'을 개발하는 데 주력하고 있다. 향후 SK 텔레콤의 한국형 인공지능 플랫폼이 보급되고 상용화에 성공한다면, 손쉽게 사물인터넷, 커넥티드카, 자율주행 서비스까지 이루어질 것으로 예상된다. 그렇게 될 경우, 결국 SK 텔레콤의 데이터 사용량이 늘어나고 실적도 성장할 것으로 기대한다.

실적 동향

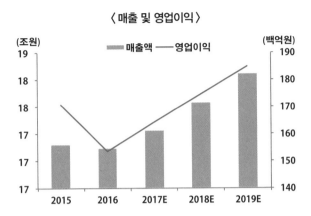

〈 매출 및 영업이익 〉

〈 재 무 제 표 〉

구분	2015	2016	2017E	2018E	2019E
매출 (억원)	171,367	170,918	173,426	177,511	181,772
영업이익 (억원)	17,080	15,357	16,436	17,456	18,480
순이익 (억원)	15,159	16,601	23,983	24,320	24,317
EPS (원)	18,807	20,756	29,776	30,038	30,052
EPS (연간 성장률)	−15.7	10.4	43.5	0.9	0.1
ROE (%)	10.2	10.7	14.4	13.3	12.2
부채비율	85.9	94.2	83.5	76.7	70.5
PER (배)	11.5	10.8	8.9	8.8	8.8
PBR (배)	1.0	1.0	1.1	1.0	0.9
현금배당수익률 (%)	4.64	4.46	3.82	3.86	3.86

4. 카카오 (035720 KS)

1995년 2월 16일 설립 | www.kakaocorp.com

- **시가총액 (십억 원)** 7,897
- **5일 평균 거래량** 364,876
- **52주 최고가 (원)** 124,500
- **52주 최저가 (원)** 69,900
- **최근 종가** 116,500

(만원)　연평균 주가상승률 **1.8%**

이것만은 미리 알고 가자

1. 국내 최대 SNS 플랫폼과 인공지능의 결합
2. 챗봇을 통한 대화형 서비스의 진화
3. 카카오뱅크 돌풍, 핀테크 부문의 사업 확장 기대

기업 현황 및 투자 포인트

　　해외의 성공 사례를 접목하기 쉬운 환경　미국에 페이스북이 있다면 우리
나라에는 카카오가 있다. 두 회사는 중심 사업 구성에서 다소 차이가 있지만
소셜네트워크를 '사람 간의 연결'이라는 광의적 의미로 해석해보면 비교 대

상이 될 수 있다. 각 기업이 속한 시장의 특수성이 존재하기는 하지만 두 기업 모두 자국 시장에서의 압도적인 시장점유율을 바탕으로 창출되는 광고 매출이 수익의 원천이란 점도 매우 유사하다. 카카오가 모바일 인스턴트 메신저 사업을 한다는 측면에서, 페이스북이 최근 4차 산업혁명을 주도하고자 인공지능 비서 기능을 페이스북 메신저에 탑재했다는 사실은 참고할 만한 부분이다. 그렇기 때문에, 카카오 기업의 잠재적인 성장 가능성을 기대하는 투자자라면, 페이스북과 구글처럼 다양한 글로벌 소셜 네트워크 서비스 플랫폼을 운영하는 회사의 비즈니스 모델을 참조해 미래의 사업 방향성을 가늠할 수 있을 것이다. 그럼, 4차 산업혁명과 관련된 카카오의 비즈니스 진행 상황 및 계획을 살펴보도록 하자.

카카오가 가장 활발하게 적용하고 있는 4차 산업혁명 분야는 인공지능 기술이다. 이미 2015년 6월부터 활용되고 있는 다음(Daum)의 맞춤형 뉴스 서비스 '루빅스'는 인공지능 알고리즘의 결과물이다. 단순히 에디터가 뉴스를 선택하고 노출하는 것이 아니라, 이용자 취향에 맞는 맞춤형 뉴스를 제공한다. 네이버도 인공지능 알고리즘으로 맞춤형 뉴스를 제공하지만, 사용자의 선호도 정보없이 추천 서비스에 집중해 정보의 다양성을 높였다는 측면에서 다르다고 볼 수 있다.

카카오톡 기반의 대화형 서비스가 가능하다는 장점 카카오는 주력 비즈니스인 카카오톡이 압도적인 국내 시장점유율을 차지하고 있다는 점을 감안해 '대화형 인터페이스' 개발에 집중하고 있다. 카카오톡이란 플랫폼을 활용한다면 경쟁우위를 확보할 수 있고, 향후 자연어 처리 기능과 머신러닝 알고리즘이 발전하면 할수록 카카오의 '대화형 인터페이스' 서비스는 독보적인 경쟁력을 가질 것으로 예상된다. 아마도 이런 기술이 융합된 결과물이 출시 예정인 카카오톡용 챗봇일 것이다. 최근 오픈한 카카오뱅크에 적용된 챗봇 기능은 아직 초보 단계라 고객 대응율이 떨어져 많은 민원을 야기하기도 했다. 하지만 인공지능 기술이 발전해 한 단계 업그레이드된 챗봇이 카카오톡에 활용된다면, 페이스북처럼 B2B로의 사업 확장도 생각할 수 있을 것이다. 게다가 카카오의 장점인 O2O 서비스(택시, 네비, 뷰티 등)와 인공지능 기술이 융합하면 '대화형 플랫폼'이 '커머스 플랫폼'으로 진화할 수도 있을 것이다.

카카오뱅크 출시로 하나의 플랫폼에서 일상 생활 가능 최근 제2의 인터넷 뱅크인 카카오뱅크가 '계좌 개설까지 7분'이라는 파격적인 고객 편의 서비스를 들고 나오면서 돌풍을 일으켰다. 케이뱅크 때와 비교해보면 서비스 시간의 단축이란 부분도 흥행에 한몫을 했지만 '카카오톡'이란 SNS 서비스가 고객들에게 심어준 신뢰감이 카카오뱅크에도 작용하면서 특별한 마케팅 비용 없이 흥행몰이에 성공했다는 점이 눈에 띈다. 동시에 주식시장에서도 카카오 기업은 소위 '핫'했다. 단기간에 늘어난 가입자 수와 예적금, 대출 상품의 폭발적인 성장세에 시장은 긍정적으로 반응했다. 또한 중장기적으로 카카오가 '핀테크' 비즈니스로 도약할 것이란 성장성에 높은 점수를 받기도 했다. 카카오의 인공지능 기술인 챗봇과 O2O 서비스 그리고 금융서비스가 결합해 카카오란 플랫폼 안에서 일상생활을 영위하는 데 불편하지 않는 수준까지 간다면, 카카오는 더더욱 성장할 것이라 기대된다. 사실 이 부분은 현재 페이스북이 지향하고 있는 모습이기도 하다. 만약, 국내 시장으로 국한해서 본다면 금융서비스까지 탑재했기 때문에 카카오가 서비스의 다양성 측면에서 페이스북보다 경쟁력이 높다고 본다.

실적 동향

〈 매출 및 영업이익 〉

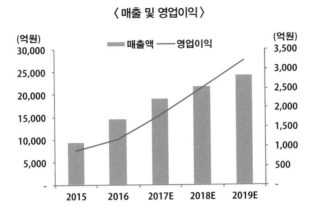

〈 재 무 제 표 〉

구분	2015	2016	2017E	2018E	2019E
매출 (억원)	9,322	14,642	19,112	21,802	24,304
영업이익 (억원)	886	1,161	1,799	2,488	3,213
순이익 (억원)	788	655	1,306	1,671	2,231
EPS (원)	1,269	874	1,836	2,324	3,065
EPS (연간 성장률)	−79.3	−31.1	110.1	26.6	31.9
ROE (%)	3.0	1.9	3.6	4.3	5.5
부채비율	23.3	48.1	47.8	47.7	47.7
PER (배)	91.2	88.2	63.4	50.1	38.0
PBR (배)	2.7	1.5	2.2	2.1	2.0
현금배당수익률 (%)	0.14	0.19	0.13	0.14	0.14

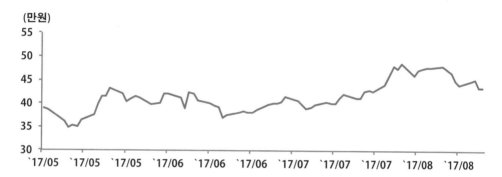

5. 현대로보틱스 (267250 KS)

2017년 5월 10일 설립 | www.hyundai−robotics.com

- **시가총액 (십억 원)** 7,068
- **5일 평균 거래량** 93,016
- **52주 최고가 (원)** 489,000
- **52주 최저가 (원)** 329,000
- **최근 종가** 434,000

이것만은 미리 알고 가자

1. 국내 최대 로봇 회사
2. 스마트공장 수혜 기업
3. 탄탄한 자회사를 바탕으로 한 안정적 성장 기대

•• 기업 현황 및 투자 포인트

현대 중공업이 재편된 지주회사 지난 2017년 5월 10일, 현대중공업 그룹이 기업분할을 통해 4개의 기업(현대로보틱스, 현대일렉트릭, 현대건설기계, 현대중공업)으로 재상장됐다. 그 중에서 시장에서 가장 큰 주목을 받은 기업이 지주회사 역할을 하는 현대로보틱스다. 그 이유는 말 그대로 현대로보틱스가 다른 3개 회사의 지주회사 역할을 하는 부분도 있지만, 그만큼 현대중공업 그룹에서 향후 4차 산업혁명과 함께 성장할 로봇 산업에 무게를 두었다는 해석도 작용했기 때문이다. 이제 현대중공업 그룹에서 현대로보틱스 그룹으로 변신함으로써 현대로보틱스가 그룹 내 컨트롤 타워 역할을 담당한다.

그럼 생소할 수도 있는 현대로보틱스를 알아보자. 2016년 기준으로 제품별 비중을 살펴보면 회사 이름처럼 산업용 로봇이 67퍼센트, LCD용 로봇이 30퍼센트, 부품 및 서비스가 3퍼센트를 차지한다. 로봇 사업의 핵심 기술인 제어 기술을 독자 개발했고 산업용 로봇 분야는 국내시장 점유율 1위를 차지할 만큼 손꼽히는 로봇 기업이다. LCD 로봇 분야는 세계 시장에서 30퍼센트를 차지하는 중국 시장에서도 20퍼센트를 상회하는 점유율을 보이고 있다. 그만큼 중국 내에서도 기술력을 인정받고 인지도를 높이고 있다는 의미다. 현재 23종의 산업용 로봇 생산 라인을 보유하고 있으나, 4차 산업혁명 시대가 오면 로봇과 스마트공장 시장이 본격적으로 성장할 것에 대비해 제품군을 100종까지 확대한다는 전략을 취하고 있다.

스마트공장과 함께 로봇 시장이 성장할 가능성 4차 산업혁명과 관련한 현대로보틱스의 성장성은 어느 정도일까? 지난해까지 38조 규모이던 세계 로봇시장은 2021년에 약 6배 이상 성장할 것으로 보고 있다. 현대로보틱스가 성장한 시장에서 어느 정도 수혜를 직접 볼지는 현재로선 가늠하기는 어렵다. 하지만 로봇 시장에서 가장 가시성이 높은 분야는 확실히 산업용 로봇 분야다. ICT와 결합한 형태인 스마트공장 시대가 오면 더욱 빠른 속도로 성장할 것이다. 글로벌 기업과 비교한다면 스마트공장과 관련해 '아마존 포비아'

란 말을 만들어낸 당사자인 아마존이 있다. 이 신조어는 아마존이 오픈한 물류창고를 언급하다가 나타난 용어다. 아마존은 로봇과 ICT 기술을 융합해 로봇 1000여 대로 재고정리부터 결제, 배달까지 모두 자동화함으로써 인건비를 획기적으로 줄였다. 이를 상대할 수 없던 경쟁 유통라인은 아마존을 두려워했고 아마존 포비아(공포증)란 말까지 만들어냈다. 앞에서 4차 산업혁명은 급격한 생산성 증가라 한 적이 있는데 이와 관련한 분야가 스마트공장이다. 이는 다른 4차 산업 분야보다 근시일 내에 실현될 가능성이 아주 높다. 따라서 국내 스마트공장 시장이 꽃피면 현대로보틱스의 성장도 꽃피울 것으로 예상된다.

자회사를 비롯한 자금 창출 능력 현대로보틱스의 안정적인 성장을 전망하는 이유는 당사의 높은 기술력과 함께 자회사의 안정적인 현금 창출 능력에 주목하기 때문이다. 먼저 기술력 측면에서, 현대로보틱스는 로봇제어 및 관리 부문의 독자적 원천기술을 바탕으로 스마트공장 구축 서비스인 HRMS (Hyundai Robot Management Systems)를 제공하는데, 이미 7개국 24개 공장이 이를 적용하고 있다. 또한 2012년부터 2016년까지 연평균 76억 원 이상을 연구개발에 투자하는 등 지속적으로 투자하고 있다. 현대로보틱스는 자회사인 현대오일뱅크와 현대글로비스의 지분을 91.3퍼센트, 100퍼센트 각각 보유하고 있다. 두 회사 모두 2017년 1분기 영업이익 기준으로 3548억, 165억 원을 각각 기록할 정도로 우수한 현금창출능력을 보유하고 있다. 이는 결국 중장기 관점에서 모회사인 현대로보틱스가 성장하는 데 밑바탕이 될 것으로 보인다.

실적 동향

〈 매출 및 영업이익 〉

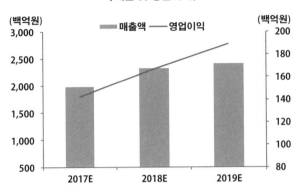

〈 재 무 제 표 〉

구분	2015	2016	2017E	2018E	2019E
매출 (억원)	N/A	N/A	197,821	232,264	242,117
영업이익 (억원)	N/A	N/A	14,241	16,666	18,911
순이익 (억원)	N/A	N/A	11,062	10,928	11,619
EPS (원)	N/A	N/A	93,283	57,115	62,549
EPS (연간 성장률)	N/A	N/A	N/A	−38.8	9.5
ROE (%)	N/A	N/A	N/A	15.9	15.3
부채비율	N/A	N/A	120.5	114.0	98.5
PER (배)	N/A	N/A	4.7	7.6	6.9
PBR (배)	N/A	N/A	1.2	1.0	0.9
현금배당수익률 (%)	N/A	N/A	N/A	0.02	0.02

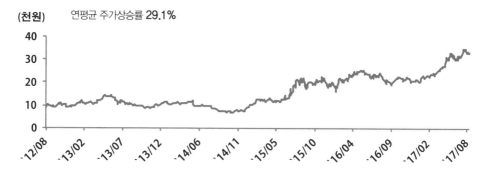

6. 더존비즈온 (012510 KS)

1977년 8월 20일 설립 | www.douzone.com

- **시가총액 (십억 원)** 1,000
- **5일 평균 거래량** 53,336
- **52주 최고가 (원)** 35,650
- **52주 최저가 (원)** 19,150
- **최근 종가** 33,700

(천원) 연평균 주가상승률 **29.1%**

이것만은 미리 알고 가자

1. 국내 전사적 자원 관리(ERP) 시스템 시장점유율 1위 기업
2. 클라우드 서비스(Saas) 국내 대표 기업
3. 스마트공장 성장 수혜 기업

기업 현황 및 투자 포인트

전사적 자원 관리 시장의 최강자 4차 산업혁명 시대에 기하급수적으로 증가하는 데이터를 처리하고자 국내 대기업, 중소기업 구분 없이 모두 클라우드 서비스를 받아들이고 있다. 클라우드 서비스라고 하면 서버 인프라나 플

랫폼을 주로 생각하고, 그에 대한 투자가 상대적으로 활발하게 진행되고는 있으나, 일부 기업은 필요로 하는 서비스만 사용하고 싶을 때 이용하기를 바란다. 이를 충족시켜 주는 서비스가 SaaS(Software as a Service)다. SaaS는 기업이 새로운 소프트웨어 기능을 구매하는 데 드는 비용을 대폭 줄여주는 동시에 일정 기간 동안의 사용량을 기반으로 비용을 지급하므로 인프라 또는 플랫폼 투자와 관리에 드는 비용 부담을 피할 수 있다. 때문에 특히 자금 여력이 없는 중소기업일수록 SaaS를 채택하는 경향이 강하다. 이런 기업의 요구를 공략한 국내 기업이 바로 더존비즈온이다.

먼저 더존비즈온의 주요 서비스를 알아보자. 더존비즈온은 기업용 정보화 소프트웨어 전문 업체로 지난해 매출 기준으로 ERP 솔루션이 56.8퍼센트, 클라우드 사업이 24퍼센트, 보안·그룹웨어가 17퍼센트를 차지했다. 특히 ERP 솔루션 서비스는 회사의 모든 정보와 공급사슬관리, 고객 주문 정보까지 통합적으로 관리하는 시스템을 말하는데, 더비즈온은 이 분야에서 국내 시장 1위에 해당하고 국내 고객사만 13만 곳에 달할 정도로 경쟁력이 높다. 최근에는 외국 ERP 솔루션을 쓰던 대기업이 이를 국산화하려는 움직임이 있고, 더존비즈온이 맞춤형 유지보수 솔루션을 제공함에 따라 고객군도 확대되는 추세다.

기존 산업과 클라우드 서비스의 접목 더존비즈온의 ERP 시스템은 4차 산업혁명과 어떤 시너지를 일으킬까? 사실 ERP 시스템 자체가 4차 산업혁명과 직결되는 부분은 아니다. 하지만 더존비즈온은 2011년 기존 ERP 시스템을 클라우드 형태로 소프트웨어만 제공해 SaaS 시장을 개척하면서 4차 산업혁명의 필수 인프라인 클라우드 서비스 시장에 진출했다. 더존비즈온의 클라우드 시스템은 설치비 및 유지보수 측면에서 기존 ERP 시스템보다 유리하고 수익성도 높기 때문에 기존 고객이 클라우드로 전환한다면 궁극적으로 수익성 개선으로 나타날 것이다. 또한, ERP 시장의 특성상 기존 고객은 데이터 유실에 대한 리스크, 신규 시스템 적용의 어려움, 유지, 관리, 보수 등 여러 가지 요인 때문에 다른 시스템으로 넘어가지 않으려 한다. 정부 정책도 더존비즈온의 사업 방향에 힘을 실어주었다. 정부는 2019년까지 클라우드 컴퓨팅 도입률을 현재보다 10배 이상 높은 30퍼센트까지 확대한다는 목표를 제시하면서 각종 규제 완화 및 세제 지원 등 우호적인 환경을 조성했다. 따라서 4차 산업혁명과 함께할 더존비즈온의 클라우드 서비스 확대와 전환율 증가는 미래의 성장 원동력이 될 것으로 예상된다.

∙∙● 실적 동향

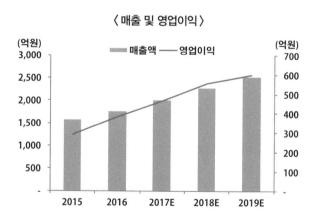

〈 매출 및 영업이익 〉

〈재무제표〉

구분	2015	2016	2017E	2018E	2019E
매출 (억원)	1,577	1,768	2,005	2,286	2,515
영업이익 (억원)	290	384	465	555	600
순이익 (억원)	217	282	359	436	479
EPS (원)	720	949	1,202	1,455	1,606
EPS (연간 성장률)	98.3	31.8	26.7	21.0	10.4
ROE (%)	17.2	19.8	21.6	22.1	20.6
부채비율	60.8	54.3	50.6	42.1	40.3
PER (배)	28.5	22.6	28.0	23.2	21.0
PBR (배)	4.6	4.2	5.6	4.7	4.0
현금배당수익률 (%)	1.07	1.35	0.76	0.76	0.86

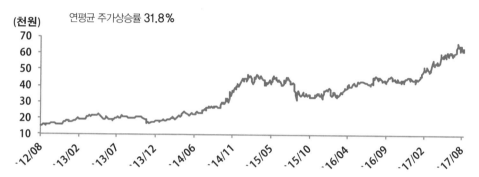

7. 고영 (098460 KQ)

2002년 4월 25일 설립 | www.kohyoung.com

- **시가총액 (십억 원)** 860
- **52주 최고가 (원)** 67,400

- **5일 평균 거래량** 29,086
- **52주 최저가 (원)** 41,700
- **최근 종가** 62,900

(천원)   연평균 주가상승률 **31.8%**

이것만은 미리 알고 가자

1. 글로벌 3D 정밀 검사장비 업체
2. 스마트공장, 스마트카 시장 수혜
3. 수술용 로봇 시장 진출로 추가적인 성장 원동력 마련

•• 기업 현황 및 투자 포인트

초정밀 기기를 검사하는 기술력 확보 고영의 주력 제품은 전자제품과 반도체 제조 공정 중 발생하는 불량품을 검사하는 3D 정밀검사 장비다. 크게 SPI(Solder Paste Inspection, 기판 위에 기기를 부착할 때 도포하는 재료를 솔더 페이

스트라고 하는데 이를 검사하는 장비)와 AOI(Automated Optical Inspection, 기판 제조 공정에서 발생하는 불량을 광학적으로 검사하는 장비)로 나뉜다. 당사는 두 제품 모두에 3D 측정검사 기술을 적용한 제품을 보유하고 있다. 이 제품은 글로벌 시장점유율 1위를 차지할 만큼 경쟁력이 있다. 최근 기술이 발전하면서 스마트폰, 웨어러블 같은 전자제품은 날로 정밀해져 혁신적인 기능을 아주 작은 기기에 탑재하고 있다. 그 때문에 IT 제조 업체들은 불량률을 줄이려고 노력한다. 그 대표적인 노력이 바로 2D AOI 장비에서 3D AOI로의 전환이다. 2D AOI 장비는 평면 이미지로 기판을 측정할 수밖에 없는데 3D AOI는 높이와 체적까지 확인해 이를 수치화하기 때문에 불량률을 줄일 뿐 아니라 근본 원인을 찾아 제거할 수 있다. 이를 채택한 고객사 입장에서는 문제점을 완벽히 해결하고 불량률을 현저히 낮춤과 동시에 투입 인원도 최소화함으로써 궁극적으로 제조 원가도 절감할 수 있다. 현재 점차적으로 고영의 3D 검사장비를 채택하는 업체가 늘어나는 추세다. 또한 인공지능 기술을 적용한 스마트 공장이 늘어나면, 수치화 기능까지 제공해 데이터를 축적하도록 해주는 3D AOI 검사장비가 각광을 받을 것으로 예상된다.

스마트카 시장의 성장도 고영에게 유리한 방향으로 흐를 것으로 예상된다. 자동차 시장에서 플러그인 하이브리드, 자율주행, 커넥티드카 같은 스마트카 컨셉이 적용되면 자동차 부품 중 전장 부품(차량용 카메라모듈, 무선통신모듈, 전기차용 배터리 제어시스템 등)의 비율이 지속적으로 증가할 것이다. 그러면 전장 부품을 검사하는 3D AOI의 매출도 성장을 본격화할 것으로 생각된다. 실제로 검사장비의 최대 매출처는 통신장비였으나, 최근 자동차 산업이 최대 매출처로 부상하고 있다.

초정밀 기술을 로봇으로 확대 마지막으로 4차 산업혁명과 함께 고영을 주목해야 하는 이유는 의료용 수술 로봇 분야 때문이다. 고영이 진출하고자 하는 분야는 신경외과나 이비인후과에서 진행하는 미세수술 영역으로서 기술적으로 매우 어려워 복강경 로봇 시장 같은 경우 뚜렷한 선도 기업이 없는 초기 단계의 시장이다. 신체구조상 내시경이 침투하기 어려운 부분은 수술 부위의 해부학적 구조를 시각화하고 수술 경로를 제시하는 내비게이션 시스템을 활용해야 하는데 거기에 초정밀 3D 측정 기술이 필요하다. 고영은 이런 요구를 파악하고 소형화된 수술 로봇과 의료영상 기반의 내비게이션 소프트웨어 그리고 초정밀 3D 의료용 센서를 이용한 수술 가이드 로봇 시스템을 개발했다. 또한 지난해 12월 국내 최초로 식품의약품안전처로부터 뇌수술용 의료 로봇에 대한 제조허가를 획득했고, 미국에서는 하버드 의과대학과 뇌수술 로봇을 공동 개발하면서 미국 식품의약국(FDA)의 승인도 준비 중에 있다. 올해 말을 기점으로 의료용 수술 로봇 부문에서도 매출이 발생할 것으로 예상된다. 로봇 기술과 왓슨 같은 인공지능이 결합되는 시장이 온다면, 의료용 초정밀 3D 측정 기술을 보유하고 있는 고영의 성장도 매우 빠르게 진행될 것이기에 지금부터 주목할 필요가 있다.

실적 동향

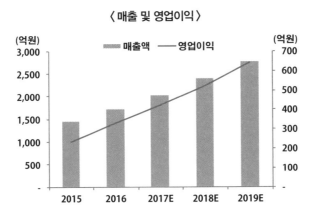

〈 매출 및 영업이익 〉

〈 재무 제표 〉

구분	2015	2016	2017E	2018E	2019E
매출 (억원)	1,459	1,718	2,023	2,400	2,762
영업이익 (억원)	234	332	419	520	641
순이익 (억원)	235	297	372	430	512
EPS (원)	1,728	2,173	2,667	3,078	3,649
EPS (연간 성장률)	5.0	25.8	22.7	15.4	18.6
ROE (%)	19.0	20.6	21.3	20.7	20.8
부채비율	20.8	24.1	22.5	22.2	22.9
PER (배)	22.4	20.8	23.6	20.4	17.2
PBR (배)	3.9	3.8	4.5	3.7	3.2
현금배당수익률 (%)	0.78	0.88	0.64	0.68	0.76

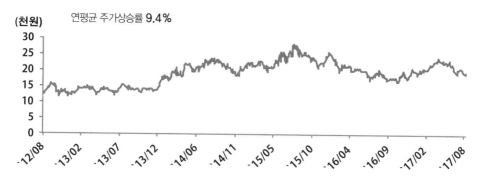

8. 한컴MDS 테크놀로지 (086960 KQ)

1998년 12월 29일 설립 | www.mdstec.com

- **시가총액 (십억 원)** 173
- **5일 평균 거래량** 26,460
- **52주 최고가 (원)** 24,150
- **52주 최저가 (원)** 16,250
- **최근 종가** 19,600

(천원)   연평균 주가상승률 **9.4%**

이것만은 미리 알고 가자

1. 국내 1위 임베디드 소프트웨어(내장형 제어 시스템) 솔루션 업체
2. 사물인터넷 기기 관리 플랫폼과 클라우드 서비스 결합
3. 자율주행차 시장 수혜 기업

●•● 기업 현황 및 투자 포인트

사물인터넷 플랫폼과 소프트웨어에서 강점 전 세계적으로 사물인터넷 시장이 확장됨에 따라 국내에도 사물인터넷 바람이 불고 있다. 가트너는 국내 사물인터넷 시장이 2020년까지 연평균 29.3퍼센트 성장해 13조 7000억 원 규모로 형성될 것으로 예상하고 있다. 현재 국내에는 스마트폰, 태블릿 PC

등을 활용해 기기 간을 연결하는 초기 단계의 사물인터넷 시장이 형성되고 있다. 그러다 보니 디바이스 시장의 비율이 압도적이다. 하지만 기술이 발전하고 시장이 성장하면 결국 첨단 기기를 제어하는 솔루션, 즉 소프트웨어 시장이 당연히 크게 성장한다. 이런 측면에서, 국내 시장에서 '임베디드 소프트웨어(내장형 제어시스템)' 솔루션 1위인 한컴MDS 테크놀로지를 주목할 필요가 있다. 투자자의 시각으로 4차 산업혁명과 관련해 어떤 부분에서 성장 가능성이 있는지 살펴보도록 하자.

한컴MDS 테크놀로지의 주력 사업 부문부터 확인해 볼 필요가 있다. 한컴MDS 테크놀로지는 과거 인터넷 시대가 열리자 사물에 인터넷을 연결시키는 임베디드 기기 개발 및 솔루션 제공 사업을 시작했다. 이제는 사물인터넷 시대에 호응해 인터넷과 기기를 단순히 연결시켜주는 회사에서 사용자 편의에 맞춘 사물인터넷 기기 관리 플랫폼과 클라우드 서비스를 B2B 위주로 제공하는 회사로 거듭났다. 그 덕분에 산업용 스마트 기기와 스마트공장 같은 초연결 시스템이 보편화되면 될수록 한컴MDS 테크놀로지의 핵심 사업 부문은 꾸준히 성장한다. 향후 4차 산업혁명이 진행되면 국내 사물인터넷 시장도 함께 성장할 것이므로 이에 따른 수혜를 받을 기업이다.

자율주행자동차 시장에 적합한 기술과 제품 보유 자율주행차량에 적용되는 핵심 기술은 사물과 차량을 통신으로 이어주는 기술이다. 이를 V2X(Vehicle to Everything communication)라 하는데 지난해 8월, 한컴MDS 테크놀로지는 이 분야 세계 1위인 코다와이어리스와 제휴를 맺고 본격적으로 자율주행 시장에 진출했다. 특히, 고객사가 ADAS, 전기차, 자율주행차 등을 연구개발함에 따라 한컴MDS 테크놀로지가 보유한 자동차용 임베디드 소프트웨어 개발 솔루션과 임베디드 운영시스템 플랫폼 그리고 차량용 인포테인먼트의 실적이 크게 성장

했다. 자율주행차 시장은 아직 상용화 단계로 가지 못했기 때문에 향후 시장이
열리면 한컴MDS 테크놀로지의 자율주행차 분야는 더 크게 성장할 것으로 예
상된다.

실적 동향

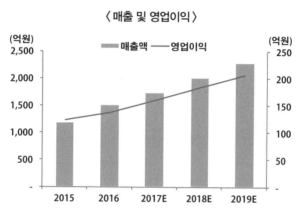

〈 매출 및 영업이익 〉

〈 재 무 제 표 〉

구분	2015	2016	2017E	2018E	2019E
매출 (억원)	1,178	1,503	1,722	1,995	2,276
영업이익 (억원)	123	136	159	183	206
순이익 (억원)	110	110	129	148	167
EPS (원)	1,197	1,133	1,350	1,530	1,730
EPS (연간 성장률)	3.9	−5.3	19.2	13.3	13.1
ROE (%)	11.5	10.5	12.0	12.4	12.6
부채비율	32.0	48.4	50.6	50.8	50.9
PER (배)	21.9	18.1	14.5	12.8	11.3
PBR (배)	2.4	1.8	1.6	1.4	1.3
현금배당수익률 (%)	1.07	−	1.43	1.43	1.43

Part 4
간접투자자들을 위한 국내외
4차 산업혁명 테마주 펀드 살펴보기

—

우리는 지금까지 투자자로서 4차 산업혁명을 어떻게 바라봐야 하는지를 말해왔다. 파트 1에서 4차 산업혁명이 무엇인지 본질을 알았고, 파트 2에서 어떤 산업에 투자 가능성이 있는지 살펴보았다. 그리고 파트 3에서 각 산업별 대표 기업을 자세히 분석했다. 이 책을 잘 따라 왔다면 투자자로서 많은 대비가 되었을 것이다. 그러나 세상 모든 일이 그렇듯이 아는 것과 행동하는 것은 다른 문제다. 머릿속에 지식이 쌓였다 하더라도 실행할 수 있는 환경이 안 되면 무용지물이다.

특히 이 책에서 말하는 주식투자는 더 그렇다. 엄청나게 빨리 변화하는 속도가 4차 산업혁명의 특징이라고 말했는데, 개인이 그 속도를 따라가며 산업군과 기업을 모두 살펴 현명한 투자를 하기에는 시간이 부족하다. 그러나 이 기회를 놓치기는 싫은 사람들을 위해 파트 4를 준비했다.

파트 4에서는 4차 산업혁명이라는 기회를 놓치기는 싫지만 여건이 되지 않는 투자자에게 펀드의 세계를 소개한다.

물론 펀드가 만능 해결책은 아니다. 펀드도 손해가 날 수 있다는 것은 염두에 두어야 한다. 다만 펀드를 알아보고 투자를 시작하면서, 직접 투자하기 전에 감을 잡을 수 있을 것이다. 펀드를 그런 용도로 사용해도 좋다는 말로 추천을 대신한다.

1. 개별 기업에 투자하는 리스크를 줄이는 간접투자수단, 펀드

21세기 들어 주식투자자들을 당황스럽게 하는 일들이 많이 일어나고 있다. 2000년대 초 휴대폰 산업에서 1인자이던 노키아가 애플과 삼성전자에게 시장을 다 뺏기고 휴대폰 사업 부문을 마이크로소프트에 매각하는 일이 벌어지고 1980년대 글로벌 가전제품 왕국이던 소니는 2000년대 초 막대한 적자가 누적되자 2013년 들어 국제신용평가사들에 의해 신용도가 '투기등급'으로 강등당하기도 했다.

기술 혁신이 일어나고 산업 간 융·복합이 가속화될수록 산업 내의 승자와 패자도 빠르게 뒤바뀐다. 정보통신기술진흥센터에 따르면 1980년도만 해도 IT·가전기기의 글로벌 20대 기업 중 8개는 일본 기업이었다. 하지만 이후 디지털, 모바일화라는 트렌드 변화에 대응하지 못하면서 2010년부터 캐논을 제외하고 전부 20대 그룹 밖으로 밀려났으며 삼성전자, 텐센트, 바이두 등이 그 빈 자리를 채웠다.

분명 4차 산업혁명이 우리 생활을 완전히 바꾸어 놓을 만한 기술혁신이라는 것과 향후 5년 이내 관련 시장이 얼마나 성장할 것인지는 파트 2에서 충분히 살펴보았다. 하지만 과연 이 시장의 수많은 플레이어 중 어떤 기업이 승자가 되고 패자가 될지는 예측하기 정말 어렵다. CEO의 자질과 역량, 협력업체와의 기술·마케팅 제휴 현황 등 계량 지표로는 평가하기 어려운 다양한 요인이 작용하기 때문이다.

만약 4차 산업혁명 테마주에 투자하고 싶지만 이런 이유로 망설이는 독자분이 계시다면 펀드에 간접 투자할 것을 권유한다. 펀드는 다수의 투자자로부터 돈을 모아 펀드매니저의 분석 및 판단을 근거로 투자하는 간접 투자 상품이다. 소액으로도 다양한 주식에 투자할 수 있어 분산투자 효과를 누릴 수 있다. 다시 말해 해당 산업 전체에 분산투자하므로 개별 기업 투자에 따르는 위험을 분산해 주는 효과가 있다. 뿐만 아니라 전문가인 펀드매니저의 분석이 개입되니까 비전문가가 직접 주식을 골라 투자해야 하는 부담이 준다. 펀드를 운용하는 자산운용사에는 다수의 펀드매니저와 이를 도와주는 애널리스트가 있어 보다 전문적이고 체계적인 투자가 가능하다. 실제로 한국거래소(KRX)의 통계자료를 보면 역사적으로 펀드매니저 같은 기관투자자가 개인투자자보다 우수한 성과를 꾸준히 내어 왔다.

간접 투자 수단인 펀드는 은행이나 증권사에서 가입과 환매가 가능한 일반 주식형펀드와 HTS(홈트레이딩시스템)에서 주식처럼 자유롭게 사고 팔 수 있는 상장지수펀드 두 가지로 나눌 수 있다.

일장일단이 있지만 통상 경험이 적고 소액으로 시작하는 초보 투자자라면 펀드매니저가 알아서 운용해 주는 일반 주식형펀드가, 매매 타이밍을 직접 잡을 줄 알고 시간에 여유가 있는 투자자라면 운영 보수가 저렴한 상장지수펀드가 적합하다.

2. 타이밍을 중시하는 당신에게 맞는 4차 산업 테마주 상장지수펀드(ETF)

The Fourth Industrial Revolution

●

●

4차 산업혁명이 처음 언급된 지난 해부터 이와 관련된 다양한 상장지수펀드가 해외 증시에 상장되었다.

지수에 연동돼 수익률이 결정된다는 점에서 인덱스 펀드와 유사하지만, 증권시장에 상장돼 주식처럼 실시간으로 매매 가능하다는 점에서 차이가 있다. 기존에는 각국 증시에서 고시하는 주가지수를 단순 추종했지만 최근 다양한 기관이 여러 가지 테마(고배당주, IT 대표주, 헬스케어주 등)를 바탕으로 고시하는 지수를 추종하는, 다양한 스타일의 상장지수펀드가 생겨나고 있다.

특히 앞서 알아본 것처럼 4차 산업혁명으로 직접 수혜를 입을 선진국의 주요 기업에 투자하고 싶다면, 개별 종목을 선별해 투자하기보다 여러 종목에 분산투자할 수 있는 ETF가 좀 더 적합해 보인다. 기술 변화와 산업의 융·복합 때문에 개별 기업의 불확실성이 상당히 크기 때문이다.

4차 산업혁명을 테마로 한 글로벌 ETF는 다른 나라에도 있지만 해외 주식에 투자하기 가장 용이하고 종류도 다양한데다 유동성도 풍부한 미국 상장

ETF가 주된 투자 대상이다. 현재의 테마별 ETF를 정리하면 아래 표와 같으며 2016년 이후 IT 산업 전반의 경기가 회복돼 상당히 양호한 성과를 내고 있다.

4차 산업혁명 테마 해외 ETF(상장지수펀드) (2017년 7월 7일 기준)

구분	펀드(ETF)명	티커/상장일	시가총액 (백만불)	연수익률 (퍼센트)
인공지능 /로봇	Global X Robotics & Artificial Intelligence Thematic ETF	BOTZ US/ 2016–09–13	179.8	(연환산)32.31
	Robo–Stox Global Robotics and Automation Index ETF	ROBO US/ 2013–10–22	706.9	38.80
통신/ 네트워크	iShares North American Tech– Multimedia Networking ETF	IGN US/ 2001–07–13	78.7	33.58
클라우드/ 빅데이터	First Trust ISE Cloud Computing Index Fund	SKYY US/ 2011–07–06	891.7	31.23
반도체/ 하드웨어	iShares PHLX Semiconductor ETF	SOXX US/ 2001–07–13	1,100.0	56.43
	SPDR S&P Semiconductor ETF	XSD US/ 2006–02–06	313.1	44.81
사물인터넷	Global X Internet of Things Thematic ETF	SNSR US/ 2016–09–13	50.2	(연환산)22.68
게임 (가상현실)	PureFunds Video Game Tech ETF	GAMR US/ 2016–03–09	28.2	41.88
3D 프린터	The 3D Printing ETF	PRNT US/ 2016–07–19	29.7	(연환산)25.53
SNS	Social Media Index ETF	SOCL US/ 2011–11–15	126.4	32.96

시큐리티 (스마트상점 등)	First Trust Nasdaq Cybersecurity ETF	CIBR US/ 2015-07-07	269.2	26.58
	PureFunds ISE Cyber Security ETF	HACK US/ 2014-11-12	1,150.0	25.49
핀테크	PureFunds ISEMobile Payments ETF	IPAY US/ 2015-07-16	129.1	29.88
산업전반 (글로벌)	iShares Global Tech ETF	IXN US 2001-11-16	1,200.0	36.33
산업전반 (미국)	Technology Select Sector SPDR Fund	XLK US/ 1998-12-22	16,700.0	28.71

* 자료 : 블룸버그(Bloomberg), 각 증권사 리포트 참조
* 연환산 수익률은 설정 후 1년 미만인 상장지수펀드에 한해 기준일까지 수익률을 연단위로 환산

　해외 ETF만큼 활성화되진 않았지만 최근 국내에서 4차 산업혁명 테마 ETF를 출시하기 시작하면서 투자자의 선택 폭은 더욱 넓어졌다. 다음 표로 해당 펀드를 정리했는데 우선 미래에셋자산운용이 모닝스타와 연계해 해외 4차 산업 테마 펀드인 '미래에셋TIGER모닝스타글로벌4차산업혁신기술증권 ETF'를 출시했다.

　앞으로 시간이 지날수록 더욱 다양한 '4차 산업혁명 테마 ETF'가 출시될 것으로 보인다. 삼성자산운용과 한국투자신탁운용도 각각 '로봇공학과 공장 자동화 관련기업' 및 'FANG(페이스북, 아마존, 넷플릭스, 구글)'에 투자하는 ETF 를 출시할 예정이라고 언론에 발표했다.

　이외에도 기존의 국내 IT/전자 ETF도 4차 산업혁명의 테마주 펀드로 주목 받고 있는데 삼성전자, 하이닉스, LG 전자 등 4차 산업혁명을 선도하는 국내 IT 기업과 관련 중소기업의 시총 비중이 국내 증시의 3분의 1에 달하기 때문 이다. 다음 표를 보면 4차 산업혁명이 본격적으로 사람들의 입에 오르내리던

지난 해 이후 최근까지 1년간 25~40퍼센트 대의 높은 성과를 보이고 있다.

4차산업혁명 테마 국내 ETF(상장지수펀드) (2017년 8월 13일 기준)

펀드(ETF)명	설정일	설정액 (억원)	수익률 (1M, %)	수익률 (3M, %)	수익률 (1Y, %)
미래에셋TIGER모닝스타글로벌 4차 산업혁신기술증권 상장지수 투자신탁(주식)	2017-07-28	300	–	–	–
미래에셋TIGER반도체증권 상장지수 투자신탁(주식)	2006-06-26	65	−3.68	7.45	27.39
삼성KODEX반도체증권 상장지수 투자신탁(주식)	2006-06-26	55	−3.74	7.25	25.78
미래에셋TIGER200IT증권 상장지수 투자신탁(주식)	2011-04-05	1536	−3.86	5.40	39.54
미래에셋TIGER코스닥150IT증권 상장지수 투자신탁(주식)	2015-11-11	1410	−2.49	1.92	−5.61
삼성KODEX합성−미국IT증권 상장지수 투자신탁(주식)	2014-06-11	51	4.42	5.21	27.63

※ 이외에 KB 자산운용에서는 전 세계 IT, 반도체 섹터 기업들에 투자하는 KB STAR 글로벌 4차 산업 IT ETF를, 삼성자산운용에서는 로봇 및 산업자동화 관련 글로벌 기업에 투자하는 KODEX글로벌4차산업로보틱스 ETF를 각각 상장했다.

3. 일상에 바쁜 초보 투자자들에게 맞는 4차 산업 테마 주식형펀드

The Fourth Industrial Revolution

●

●

"대기업 차장으로 있는 44세의 B입니다. 4차 산업혁명에 대한 투자 성공 가능성은 저도 느끼고 있습니다만 회사 일 때문에 매일 야근에 회식을 밥 먹듯 하는 이런 상황에서 투자에 신경 쓰기가 쉽지 않네요."

위의 투자자처럼 만약 해외 주식계좌를 개설해 직접 ETF를 매매하는 것이 부담스럽다면 은행이나 증권사를 방문해서 편하게 가입할 수 있는 일반 주식형펀드에 관심을 가져보는 것도 좋다. 월 10만 원 정도의 소액으로도 투자가 가능하기 때문에 적금을 대체하는 서민 재테크 수단으로도 유용하다.

현재 국내에서 4차 산업혁명을 테마로 설정한 펀드는 다음 표와 같다. 이 외에 사모(49인 이하의 소수 투자자만 모집)로 출시해 이미 투자자를 모집한 펀드도 있을 수 있으나, 이 책에서는 언제나 누구나 투자 가능한 공모펀드를 기준으로 정리했다.

4차 산업혁명이 언급된 최근 1년간의 성과는 상당히 양호하다. 삼성픽테로보틱스펀드는 설정(2016년 8월)한 지 1년도 채 되지 않은 현재 22.1퍼센트의 높은 성과를 냈으며 피델리티글로벌테크놀로지펀드와 미래에셋글로벌그로스펀드도 최근 1년간 각각 41.4퍼센트와 32.7퍼센트의 성과를 거두었다.

4차산업혁명 테마 일반 주식형펀드 (2017년 8월 13일 기준)

펀드명	설정일	설정액(억원)	수익률(1M)	수익률(3M)	수익률(1Y)
삼성픽테로보틱스증권자투자신탁H (주식-재간접형)	2016-08-05	756	0.56	7.59	-
피델리티글로벌테크놀로지증권 자투자신탁 (주식-재간접형)	2015-06-17	1,851	-0.13	7.52	41.41
미래에셋글로벌그로스증권 자투자신탁 (주식)	2014-04-15	961	1.44	11.06	32.68
동부글로벌자율주행증권 자투자신탁 (주식)	2017-06-23	194	-	-	-
하나UBS IT코리아증권투자신탁 (주식)	2007-05-03	683	1.20	18.74	46.98
삼성픽테4차산업글로벌디지털증권 자투자신탁H (주식-재간접형)	2017-07-27	8	-	-	-
한국투자한국의제4차산업혁명 증권투자신탁 (주식)	2005-10-31	130	-2.65	4.67	9.83
KTB글로벌4차산업1등주 증권투자신탁 (주식)	2017-05-11	428	6.56	8.42	-

* 2017년 6월 말 '한국투자정통적립펀드'의 명칭과 전략을 '한국투자한국의제4차산업혁명증권'으로 변경
* 자료 : Bondweb, 펀드온라인코리아

펀드1 _ 삼성픽테로보틱스증권자투자신탁H

삼성자산운용이 스위스픽테자산운용의 픽테로보틱스펀드에 투자하는 재간접 형태로 2016년 8월에 출시했으며 로봇, 인공지능 관련 기업에 투자하는 펀드다. 픽테자산운용은 1805년 스위스 제네바에서 설립한 테마 전문 글로벌 운용사로서 총 운용자산 547조 원으로 스위스 금융회사 중 세 번째로 자산 규모가 크다. 로보틱스 외에 유틸리티, 워터, 프리미엄 브랜드, 클린 에너지, 바이오 기술 등 다양한 테마펀드를 운용하고 있으며, 테마별 전문 운용팀을 두고 있다.

이 펀드의 투자 분야는 산업 자동화를 목적으로 차세대 로봇을 생산하는 기업부터 로봇 관련 구현 기술을 제공하는 기업, 일상생활 자동화 솔루션을 개발하는 기업까지 다양하다. 세계 최대 산업용 로봇 제조회사인 일본의 '화낙', 소비자 로봇 분야인 미국의 '알파벳', 수술용 로봇 전문업체인 미국의 '인튜이티브서지컬' 등이 대표적인 편입 종목이다.

펀드2 _ 피델리티글로벌테크놀로지증권자투자신탁

피델리티자산운용 영국 본사에서 운용하는 글로벌테크놀로지펀드에 100퍼센트 재간접 투자하는 펀드다. 높은 기술력과 성장성을 갖춘, 미래 전망이 양호한 글로벌 IT 관련 기업에 분산투자하며 펀드의 운용기간(19년)이 길어 안정성이 높고, 설정 이후 성과도 꾸준히 양호하다. 대형 우량주의 비중이 높지만 소형주도 일부 있어 분산투자 효과는 물론이고, 시장이나 경기의 부침에 상관없이 수익을 낼 수 있다.

피델리티글로벌테크놀리지펀드는 클라우드 컴퓨팅, 디지털 광고, 전자상거래, 사물인터넷, 빅데이터 등 테크놀로지 섹터 전반에 투자하며 기술 변화와 진화의 혜택을 받는 소비재, 유통, 금융 관련 기업도 일부 편입한다. 영국 본사 리서치 조직과 각국 현지 법인 펀드매니저가 수시로 의견을 교환하며 우량 종목을 선별한다. 최종 포트폴리오는 40개에서 60개의 기업으로 꾸린다.

4월 말 기준으로 살펴본 주요 투자 대상은 알파벳(8.55퍼센트)과 애플(6.55퍼센트), 인텔(5.54퍼센트), 삼성전자(2.89퍼센트) 등이며 국가별로는 미국 기업이 절반 이상(63.03퍼센트)을 차지했다.

펀드3 _ 미래에셋글로벌그로스증권자투자신탁

국내외 성장주 펀드 운용의 대가인 미래에셋자산운용이 4차 산업혁명을 주도하는 글로벌 기업에 초점을 맞춰 운용하는 글로벌 성장주 투자펀드다. 여기서 글로벌 성장주란 거시경제의 불확실성이 높아지는 상황에서도 성장을 지켜갈수 있는 혁신 기업을 의미한다.

혁신 기업에는 다양한 테마가 있는데 그 중 과학기술 분야에 빅데이터와 소셜네트워크서비스, 사물인터넷이 포함된다. 이외에 경제 성장이 빠른 신흥국의 소비 환경 변화에 관련한 기업과 빨라지는 글로벌 인구 고령화와 함께 성장할 헬스케어 산업에 관련한 혁신 기업도 선별해 투자한다.

이 펀드는 총 1만 5000개 이상의 투자 가능 기업 중 계량적 분석(Quant)을 거쳐 상위 1퍼센트를 골라내고, 이후 20개에서 30개 종목에 집중해 포트폴리오를 구축하는 방식으로 운용되고 있다. 이 펀드의 국가별 투자 비중은 4월 말 기준으로 미국 58퍼센트, 중국 15퍼센트, 유럽 7.8퍼센트, 남미 3.7퍼센트, 인도 2퍼센트 순이다.

펀드4 _ 동부글로벌자율주행증권자투자신탁

동부자산운용이 글로벌 자산운용사 누버거버먼에 운용에 관련한 리서치 업무를 위탁하는 방식으로 자율주행차 관련 주식에 투자하는 펀드다. 누버거 버먼은 1939년 미국에서 설립했으며 2016년 말 기준 약 2600억 달러 규모의 자산을 운용 중인 종합자산운용사로서 3000개 이상의 관련 종목을 분석해 35개에서 65개 수준으로 기업 수를 맞춰 본 펀드에 포트폴리오를 제공하는 역할을 맡는다.

펀드5 _ 하나UBS IT코리아증권투자신탁

하나UBS자산운용이 4차 산업혁명에 따른 수혜가 예상되며 글로벌 핵심 경쟁력을 갖춘 다양한 국내 IT 기업 및 관련 기업에 분산투자하는, 국내 IT 관련주 테마 투자펀드다. 2007년 최초 설정 이후 시장평균보다 양호한 성과를 꾸준히 유지해 온 가운데 최근 IT 경기가 회복되고 4차 산업혁명에 관심이 늘어나 더욱 양호한 성과를 내고 있다.

2017년 1분기 말 현재 전체 편입종목은 56개이며 이 중 대형주가 60퍼센트, 나머지는 중소형주(KOSDAQ 포함)로 구성되어 있어 밸런스도 양호한 편이다. 대표 편입 종목으로는 삼성전자(22.2퍼센트), SK 하이닉스(8.9퍼센트), 삼성 SDI(5.4퍼센트), 네이버(3.8퍼센트), 에스에프에이(3.6퍼센트) 등이 있다.

펀드6 _ 삼성픽테4차산업글로벌디지털증권자투자신탁

삼성자산운용이 스위스픽테자산운용의 펀드에 투자하는 재간접 형태로 2017년 7월에 출시한 4차 산업혁명 관련 글로벌 기업 투자 펀드다. 구체적으로 공유경제, 핀테크, 소셜 미디어 등 7가지의 4차 산업혁명 관련 테마를 설정하고 각각의 핵심 기업에 분산 투자하는 식으로 운용되고 있다.

펀드7 _ 한국투자한국의제4차산업혁명증권투자신탁

한국투자신탁운용이 4차 산업 관련 및 혁신 기업 위주로 국내 주식에 주로 투자하는 펀드로서 2017년 6월 말 기존에 국내 대표주에 투자하던 투자펀드인 '한국투자정통적립식1호'의 명칭을 변경해 출시했다.

펀드8 _ KTB글로벌4차산업1등주증권투자신탁

현재 4차 산업혁명을 이끌고 있는 미국과 홍콩, 중국 본토의 기업을 대상으로 하며 사물인터넷, 가상현실, 인공지능 자율주행차 등 4차 산업혁명 시기에 각광을 받을 각 분야별 1등 기업을 선별해 투자하는 펀드다.

펀드 9 _ 교보악사로보테크증권자투자신탁

교보악사자산운용이 해외 운용사인 악사 프램링톤(AXA Framlington)에 위탁해 다양한 글로벌 로보틱스 기업들에 분산투자하는 주식형 펀드로서 2017년 9월에 출시되었다. 악사 프램링톤의 로보테크 투자 포트폴리오는 2015년 12월부터 2017년 5월까지 약 34퍼센트의 누적수익률을 시현했다.